Christian Needs Coaching

크리스천 욕구코칭

| 욕구를 다루는 영성 |

김성경 지음

크리스천 욕구코칭 _욕구를 다루는 영성

1판 1쇄 발행 2024년 12월 13일
저 자 김성경
기 획 김현섭
편집 및 윤문 김경아
감 수 박명재
표지디자인 마음선아 인스타 @maeumsuna_calli
디자인 조주영
발행처 수업디자인연구소 www.sooupjump.org
도서문의 031-502-1359 eduhope88@naver.com
주 소 경기도 군포시 대야2로 147, 201호
ISBN 979-11-983077-8-1
값 18,000원

들어가며

왜 사람은 잘 변하지 않을까?

 필자는 20년 가까운 세월 동안 육아모임을 하면서 부모를 돕는 일을 해 왔다. 책을 읽고 나눔을 하면서 늘 고민되었던 것이 '왜 인간은 잘 변하지 않을까'였다. 책을 읽으며 아이들에게 화를 덜 내겠다고 결심해 보지만 그 효과는 하루 이틀 정도밖에 되지 않았기 때문이다. 물론 '하루 이틀이라도 변하는 것이 어디냐'라고 생각했고, 그것이 쌓여서 조금씩 나아진다고 여겼다. 실제로 아주 서서히 나아지는 면도 있었지만, 기대에는 미치지 못했다. 내 안에서는 '왜 인간은 잘 변하지 않을까'라는 물음이 계속되었다.

 그러던 중 하나님께서 내게 귀한 길을 열어 주셨다. 대학원에서 상담 공부를 하다가 현실치료 이론의 다섯 가지 기본 욕구에 흥미가 생겨 연구를 하게 되었고, 연구한 것을 욕구코칭이라는 이름으로 사람들과 나누었다. 함께한 분들로부터 "한 번 들으면 더 궁금해진다. 생각이 바뀔 뿐 아니라 관계가 바뀌었다"라는 말을 들었다. 여러 사람의 반응을 보니, 잠깐의 변화가 아니라 본질적인 변화가 가능했다. 변화 이야기 중 몇 개를 소개한다.

"욕구코칭 연수를 듣고 나면 남편이 이해되고, 욕구끼리 부딪힘에 대해 배우면서 남편에게 미안해지기도 하고, 이런 나와 살아 주는 남편이 고맙다는 생각이 든다. 생각이 바뀌니 남편을 대하는 태도가 바뀌어 남편은 내가 연수 들으러 가는 날을 좋아한다. 온 국민이 욕구코칭을 들으면 좋겠다."

"내가 왜 다른 사람과 부딪히는지 그 원인을 알게 되었다. 알고 나니 내 행동을 조심하게 된다."

"학생이 예의 없고 투덜거리며 친구들과 자주 싸우는 이유를 알게 되었다. 알고 나니 그 학생을 볼 때 화가 줄어들었고, 어떻게 대해야 하는지 알게 되어 마음이 편안해졌다."

"욕구로 보니 내 맘대로 되지 않는다고 강요하기보다 나를 향해 오래 참고 기다리신 하나님의 모습을 따라가고 싶은 마음이 든다. 잘못을 잘 인정하지 않았는데 쿨하게 인정하고 싶은 마음이 든다."

"늘 오버하는 아이가 불편했고 바뀌어야 할 것이라 여겼는데, 나의 욕구 성향 때문에 불편한 것이었음을 알게 되니 오히려 아이에게 미안한 마음이 든다."

"오랫동안 무기력함과 우울로 꼼짝도 못했는데 나의 욕구가 어떠한지도 알고 욕구 추측과 격려를 받고 났더니 정말 오랜만에 집 안 청소를 할 힘이 생겼다. 욕구코칭은 에너지를 만들어 준다."

어떻게 이런 변화가 일어났는지 생각해 보았다. 그전의 육아모임은 스킬을 주로 다루었다. 이럴 때 이렇게 하고 저럴 때 저렇게 하고 하는 식이었다. 그러나 그런 방법론은 각각 다른 아이들에게 모두 통하지는 않기도 했고, 아이가 자라면서 변화하는 과정을 다 담아낼 수 없었다. 그러다 보니 부모의 원래 스타일이 다시 드러날 수밖에 없었던 것이다.

반면 욕구코칭은 그 사람이 왜 그런 행동을 하는지 이유를 알게 한다. 즉 사람을 보는 관점의 전환을 불러온다. 이해하고 바르게 해석하게 하는 것이다. 결국 변화는, 관점의 변화에서 오는 것이었다. 갈등이 올 때도 '너 때문'이 아니라 '나의 어떠함과 다른 사람의 어떠함이 부딪히는 것'으로 보게 되니 남 탓을 하지 않게 되기도 한다. 상대방을 문제라고 여기면 화가 날 수밖에 없다. 그러나 다름이라는 관점으로 보면 화가 나지 않는다.

때로는 나의 어떠함 때문에 화가 난다는 사실을 아는 순간, 상대방에게 화낼 필요가 없어지기도 한다. 관점 전환은 사람을 변화시키는 도구이며, 그 도구로 욕구가 적절함을 본다.

욕구코칭을 하면서 오랜 고민이 해소되었다. 욕구는 '행동하는 이유'이기에 행동을 보면 욕구를 추측할 수 있다는 면에서 근원을 파악할 수 있는 도구인 것이다. 발달단계 속에서 변화되는 모습도 욕구로 이해할 수 있기에 어느 시기의 누가 사용해도 무방한 도구이다.

말씀을 관계 속에서 적용하기 어려운 우리

성경은 관계에 관심이 많다. 관계 속에서 필요한 말씀들을 주셔서 적용이 가능하지만, 각각 다른 상황에서 겪는 문제들을 어떻게 해야 하는지 몰라 문제가 불거지는 경우도 많다. 신앙이 좋다는 사람도 관계는 어렵고, 세상에서는 존경받으나 가족관계에서는 원망을 듣는 사람들도 많다. 서로 이해하지 못해 갈등하다가 갈라서는 부부도 교회 내에서 종종 볼 수 있다. 욕구코칭은 관계, 즉 서로 이해하는 방법과 소통하는 방법을 알려주는 도구이다. 말씀을 관계에 적용하는 데 도움이 되기를 바라는 마음으로 욕구를 말씀 안에 계속 비추어 보고 욕구로 말씀을 보는 작업을 지속하고 있다. 이 과정에서 실제로 욕구코칭이 말씀 적용에 도움을 주는 도구임을 발견한다.

한 예를 들면, 사랑을 잘 베풀고 친밀감을 추구하는 사람인데 베풀고 친밀하게 대하는 만큼 기대하게 되니 서운함이 쌓여서 상처받고 괴로워하던 이가 있었다. 욕구로 보니 서운함이 정당한 것이 아니라 욕구의 부정적인 방향(죄성)임을 알게 되었다. 또 상대방은 오히려 관계에서 적절한 거리가 필요한 사람임을 알게 되니 서운함이 아니라 거리를 지켜 주지 못한 미안함이 생기는 것을 보았다. 욕구코칭이 말씀에서 강조하는 사랑을 더 깊이 할 수 있는 도구가 된 것이다.

이 책은 욕구코칭이 말씀과 십자가를 통과하기 위한 몸부림이다

"내가 다스려야 할 몸, 시간, 돈, 관계, 생각이 십자가를 통과하고 있나." 필자의 삶에 큰 여운을 남긴 말이다. 책상에 붙여 놓고 날마다 보며 새기는 말이기도 하다. 신앙인으로서 욕구코칭 또한 기독교적 관점에 맞아야 하며 십자가를 통과해야 할 이론이라고 생각한다. 그래서 욕구코칭을 개발한 이후부터 줄곧 성경을 묵상하거나 설교를 듣고 기도하는 모든 과정을 욕구로 보고 성경적으로 맞는지 고심하면서 자료를 정리하고 모아 왔다. 신학교 상담학 박사과정에서 배우며 누렸던 신앙적인 도전과 기독교적인 욕구 연구도 이 책을 쓰는 데 큰 줄기가 되었다. 그렇게 정리된 내용으로 진행한 크리스천 욕구코칭 세미나에 함께하신 분들이 신앙적으로 큰 도전을 받는 모습을 보고 용기를 내어 책을 쓰게 되었다. 신기하게도 연구소에 욕구코칭을 배우러 오는 분들의 90퍼센트가 기독교인이었다. 그들의 나눔 가운데 계신 하나님과, 교회 공동체를 회복하려고 노력하는 이들의 강력한 집필 요청이 이 책을 쓰는 데 큰 동력이 되기도 했다.

필자는 기도하며 이 책을 썼다. 이 책이 독자들의 욕구가 십자가를 통과하는 계기가 되기를 간절히 바란다. 하나님께서 이 책을 읽는 독자들로 하여금 욕구를 통해 자신을 이해하고 다른 사람을 이해함으로 겸손하여 다른 사람의 힘든 마음에 닿을 때까지 낮아지게 하시며, 사랑으로 서로를 용납할 수 있게 하셔서 이 땅에 하나님의 평화를 이루시기를 기도한다.

교회 공동체를 세우는 도구!

　서로 이해하지 못해서 구역모임에서 갈등을 겪는 경우도 많고, 신앙의 색깔이 맞지 않다고 교회를 떠나는 경우도 있다. '다름'을 맞지 않는 것, 틀린 것으로 보기 때문이다. 욕구로 이해하면 다름을 수용할 수 있다. 설교 스타일도 욕구 따라 다르고, 청중의 스타일도 욕구 따라 다르다. 욕구로 보면 상대방의 행동이 해석되고 예측도 가능하며 성숙의 방향도 알 수 있어서 다양한 욕구가 어우러지는 교회 공동체를 이루어 가는 데 도움이 된다. 욕구코칭을 배운 교회 사역자들이 교회 내에서 실제로 적용하면서 교회 내 소통과 성장의 도구로 사용하고 있다. 성도들이 욕구에 맞는 은사를 발휘할 수 있는 적절한 자리와 역할을 찾아가도록 중재하며 돕는 도구로 욕구코칭이 사용되고 있다.

　무엇보다 죄와 우상의 대상도 욕구에 따라 달라진다. 자신이 걸려 넘어지는 부분을 점검함으로써 개인의 내면이 성장하고 하나님 앞에서 자신을 돌아보는 데 욕구코칭이 도움이 될 수 있다.

아버님 유언을 따라 : 옳은 길로 인도하는 도구

　필자의 아버님은 시골교회 장로님이셨고, 필자에게 성경대로 살라는 뜻으로 성경이라는 이름을 지어 주셨다. 그 아버님이 몇 년 전 소천하기 전에 나에게 유언으로 주신 말씀이 있다.

> 많은 사람을 옳은 데로 돌아오게 한(올바른 길로 이끈: 새번역) 자는 별과 같이 영원토록 빛나리라 (단 12:3)

많은 이들이 욕구를 부정적인 방법으로 어긋나게 사용하여 갈등하고 괴롭다. 이들이 하나님 안에서 올바르게 욕구를 사용하도록 돕는 일을 열심히 해 나가려고 한다. 강의를 하거나 세미나로 사람들을 만나면서 하나님이 욕구코칭을 연구하게 하신 이유를 깨닫는다. 이 도구를 통해 하나님께서는 부모 자녀 간 갈등을 해결하기도 하셨고, 난감한 학생에게 대처하는 방법을 알게 하셨으며, 부부가 서로를 더 이해하며 품게 하셨다. 어떤 경우는 자신의 이중적인 모습이 이해되지 않아 오랜 기간 상담까지 받아도 해소되지 않았는데, 욕구로 자신을 보면서 자신을 이해하게 되고 수용할 수 있게 되기도 했다. 아버님의 유언처럼 옳은 길로 인도하는 작은 도구가 되고 있음이 감사하다.

이제 이 책을 읽는 이에게 하나님께서 역사하셔서 관계 속 어려움을 새롭게 보는 눈을 여시고 성숙에 이르도록 이끄실 것을 믿고 감사한다. 주님의 영광이 임하는 독서가 되기를 기도한다.

추천사

"하나님, 제게 사랑할 힘을 주세요." 이렇게 참 많이 기도했습니다. 하나님께서 제게 주신 이웃을 수용하고 사랑하는 게 저는 너무 힘들었거든요. 그러니 사랑이 부족한 저를 늘 탓하기 일쑤고, 감사보다 원망이 늘 앞서곤 했습니다. 제가 크리스천 욕구코칭을 먼저 알았더라면, 저는 "하나님, 제게 이웃을 이해할 수 있는 지혜를 주세요"라고 기도했을 거예요. 욕구코칭은 나 자신을 이해하고 돌보는 도구이자, 사랑할 수 없는 이웃을 이해할 수 있는 지혜의 도구입니다. 제게 욕구코칭은 기도의 응답이요, 사랑의 지평을 넓히는 축복의 통로입니다.

한성준(좋은교사운동 공동대표)

이 책을 통해 "욕구를 파악하는 것은 곧 나를 사랑하는 방법을 배우는 것이구나!"라는 깨달음을 얻었습니다. 이 깨달음은 나 자신을 이해하는 것을 넘어 타인을 깊이 이해하는 중요한 전환점이 되었습니다. 『크리스천 욕구코칭』은 욕구를 신앙적 관점에서 재조명하며, 관계와 내적 성장의 본질을 탐구하도록 돕는 귀한 도구입니다. 신학적 통찰과 실천적 지혜가 조화를 이룬 이 책은 행동과 사고의 변화를 통해 삶의 질을 향상시킬 것입니다. 신앙적 성숙과 인간관계의 조화를 추구하는 모든 분께 추천합니다.

권오희 목사(나무와숲학교 교장)

나의 욕구를 알아야 나의 마음을 이해할 수 있습니다. 그리고 상대방의 욕구를 알아야 상대방의 마음을 이해하고 서로 소통할 수 있습니다. 그래서 욕구는 나를 알고 상대방을 이해하는 지름길입니다. 하나님이 우리에게 선물로 주신 욕구를 잘 이해하고 사용할 수 있도록 김성경 선생님이 귀한 책을 출판하셨습니다. 욕구를 성경적으로 이해할 수 있도록 풀어서 설명한 이 책을 적극적으로 추천합니다. 많은 분이 이 책을 읽고 답답한 마음이 시원하게 해소되기를 기대합니다.

김준수 교수(아신대학교)

삶은 미로와 같다고 합니다. 특히 관계는 미로와 같은 삶의 복잡함과 애매함을 가중시킵니다. 그리스도인들도 예외는 아니지요. 이 책은 인간의 욕구 이해를 통해, 다양한 관계 속에서 고민하고 아파하는 우리 모두에게 자기 자신과 타인을 이해하고 수용하며 평화롭게 공존하는 삶을 선물합니다. 교회 공동체에 적극 활용되기를 기대합니다.

박명재 목사(세움교회, 파이디온선교회)

감사의 글

 이 책을 쓰면서 하나님이 섬세하게 인도하신 손길이 떠오른다. 욕구를 연구하며 새롭게 요청해 오는 강의들을 통해 욕구를 다른 영역과 접목할 수 있는 기회가 많았다. 필자가 전혀 생각하지 못했던 방향으로 욕구코칭의 영역을 넓히고 계심을 목도한다. 진로 욕구코칭, 욕구로 보는 학습코칭, 놀이 욕구코칭, 부부 욕구코칭, 인성과 욕구코칭, 돈과 욕구코칭, 욕구와 리더십, 부모 자녀 관계 욕구코칭, 기업 내 관계 욕구코칭 등 다양한 영역으로 범위가 확대되고 있다. 그리고 많은 이들이 욕구코칭을 배워 자신의 영역에 적용하고 가르치는 일을 하고 있다. 더 배우고 싶다는 사람들의 요구로 인해 기본에서 심화, 전문 과정까지 과정이 늘어나게 되었고, 민간자격 과정까지 생겼다. 이 길을 이끄시며 작은 자를 사용하시는 하나님께 감사와 영광을 돌린다.
 이 책에 영향을 미친 많은 분이 떠오른다. 먼저 크리스천 욕구코칭 책을 써 달라고 강력하게 요청해 주신 욕구코칭연구소 선생님들에게 감사하다. 그분들의 독려 덕에 책을 쓰는 동력을 얻을 수 있었다.

  욕구코칭 기본과정부터 심화과정과 전문과정 속에 자신의 삶과 깨달음 그리고 변화 과정을 나눠 주신 분들의 나눔이 귀한 자료가 되었기에 감사를 전한다. 강연으로 만났던 전국의 수많은 교사와 학부모, 교회 공동체 분들의 사례 덕분에 욕구코칭 내용을 더 확장할 수 있었기에 감사하다.

  욕구를 기독교적으로 연구하는 데 밑받침이 된 설교들이 많았는데 귀한 설교를 해 주신 목사님들에게 감사하다. 특히 박사과정을 하면서 신앙과 욕구가 어떻게 연결되는지 고민하게 하고, 신앙 속에서 욕구가 새롭게 거듭나는 방향을 찾도록 내적 힘이 되어 주고 연구의 불을 지펴 준 아신대학교 기독교 상담학과 교수님들에게 감사하다.

  무엇보다 편집 교정으로 큰 힘이 되어 준 김경아 코치의 섬세함과 논리성 덕분에 글이 좀 더 읽기 좋아졌다. 또 욕구코칭을 무한 지지해 주시면서 신학적 관점에서 문제가 될 만한 부분을 감수해 주신 박명재 목사님께도 감사하다.

  세상사를 늘 욕구라는 필터로 대화할 수 있는 상대인 남편 김현섭 소장과 자녀인 하림, 예준에게 진한 감사와 사랑을 전한다.

  마지막으로 이 모든 책의 내용을 쓰도록 내 생각과 마음 그리고 상황까지 이끌어 주신 하나님께 한 번 더 감사와 찬양을 드린다.

목차

들어가며	005
추천사	011
감사의 글	013

크리스천 욕구코칭의 필요성과 욕구 이해

1장. 크리스천 욕구코칭의 필요성　　　　　　　　　020
　욕구에 대한 이미지 전환이 필요하다! | 왜 욕구를 알아야 하나? | 욕구는 해석의 도구이다 | 욕구코칭은 말씀 실천에 도움이 된다 | 자유라는 쓰나미를 맞은 교회가 나아갈 방향은?

2장. 성경적 욕구 이해　　　　　　　　　　　　　036
　욕구의 정의 | 욕구코칭의 욕구에 대한 관점 | 욕구의 성경적 이해

3장. 5가지 기본 욕구의 이해　　　　　　　　　　042
　윌리엄 글래서의 5가지 욕구 이론 | 기본 욕구 이해하기

4장. 욕구별 신앙 특징　　　　　　　　　　　　　046

5장. 주제별 신앙과 욕구　　　　　　　　　　　　054
　욕구별 기도의 특징 | 설교를 들을 때 욕구별 특징 | 욕구별 설교자의 특징 | 욕구별 교회 선택의 기준 | 욕구별 성경 공부 스타일 | 욕구별 구제 스타일 □ 욕구로 보면 화가 가장 많이 나는 사람은 누구?

욕구 갈등과 죄

6장. 욕구의 내면 갈등　　　　　　　　　　　　　074
　상반된 욕구가 높을 때의 특징 | 신앙생활 속 욕구 딜레마 | 딜레마도 하나님을 닮았을까? | 욕구 딜레마를 해결하는 방법

7장. 욕구로 본 관계 갈등　　　　　　　　　　　　084
　관계 속 욕구 갈등 | 욕구별 갈등 요인 | 욕구로 갈등을 예방하고 해결하는 방법 | 건강한 의사소통이란 | 욕구 갈등을 통해 성장하는 우리 | 욕구로 협상하는 방법 | 갈등 속의 영적 싸움 자각하기 | 욕구별 소통법 | 욕구별 기억과 갈등

8장. 욕구와 우상 … 116

탐심과 우상의 근원 다루기 | 욕구로 보는 우상의 특성 | 욕구가 죄가 될 때 | 5가지 욕구별 죄가 될 수 있는 것 | 욕구를 변화시키기를 원하시는 하나님

욕구와 영적 성장

9장. 욕구와 자기 부인, 결핍 … 132

욕구를 부인한다는 것은 무엇인가? | 나의 욕구를 부인하려면 | 욕구 결핍과 자기 부인 | 결핍 대처법 □ 발달단계별 욕구 분출

10장. 욕구와 영적 성숙 … 146

성숙의 기준 | 가까이 주어진 욕구의 성숙 모델을 통해 배우기 | 수용이란 무엇인가? | 욕구로 성장한다는 것의 의미와 방법 | 공동체 속에서 성장하기

11장. 생존과 안정의 욕구, 신앙 성숙 방향 … 160

긍정 방향 특성

부정 방향과 성장 방향

완벽주의 | 다른 사람을 정죄한다 | 규칙과 상식의 절대화 | '만약'이라는 불안과 걱정, 염려 | 영역을 사수하려고 한다 | 익숙한 것으로 돌아가려 한다 | 모든 순간에 집중하려 한다

12장. 사랑과 소속의 욕구, 신앙 성숙 방향 … 178

긍정 방향 특성

부정 방향과 성장 방향

자기 방식의 사랑 강요 | 사랑하는 사람에 대한 자기화와 절대화 | 자책 | 뒷말과 끼리문화 | 신체화 | 의존성 | 과잉보호 | 모든 사람에게 좋은 사람이기를 원한다 □ 오지랖의 기준

13장. 힘의 욕구, 신앙 성숙 방향 … 194

긍정 방향 특성

부정 방향과 성숙 방향

자신의 잘못을 잘 인정하지 않는다 | 무조건 이기려고 한다 | 관계를 지배하려 하고 무례하다 | 자기 이익과 자리가 우선이다 | 자기 자랑과 교만 | 내 뜻인지 하나님 뜻인지 구별이 필요하다 | 시기가 있을 수 있다 | 성찰

이 약하다 | 감정에 무감각하다 | 인정받는 것에 매인다 | 안될 것 같으면 일찌감치 포기한다

14장. 자유의 욕구, 신앙 성숙 방향　　　　　　　　　　　　　208
긍정 방향 특성
부정 방향과 성숙 방향
하나님을 떠나기가 가장 쉬운 욕구 | 끈기가 없다 | '그럴 수 있어'에서 끝난다 | 틀과 습관을 못 만든다 | 훈계를 싫어한다 | 이해가 되어야만 믿는다 | 거리를 둔다 | 회피하는 성향이 있다 | 삶의 의미를 못 느낀다 | 은둔하고 혼자 있으려 한다 | 도움이 꼭 필요한 곳에 손을 못 내밀 수 있다
자유 욕구의 성장을 위해 건네는 '조심스러운' 조언

15장. 즐거움의 욕구, 신앙 성숙 방향　　　　　　　　　　　　229
긍정 방향 특성
부정 방향과 성숙 방향
탐닉과 중독 | 유혹에 빠지지 않게 조심하라 | 즐거움과 기쁨을 구분하라 | 공감이 약하다 | 성찰이 부족하다 | 알 수 없는 영역을 인정하라 | 때에 맞지 않는 격려와 칭찬 | 순진한 낙관주의 | 일상의 영성을 찾으라

04 우리에게 주신 욕구모델

16장. 성경 인물로 욕구 성장을 배우다　　　　　　　　　　　242
사울왕: 심사숙고 끝에 받은 자리, 결국 그것을 지키려다 끝난 인생
요나: 자유와 힘의 욕구로 하나님과 싸우다
느헤미야: 사랑, 힘, 생존으로 백성을 구하는 리더
사도바울: 힘과 생존의 부정 방향과 변화를 보여 주는 인물
엘리 제사장: 자녀 교육을 망친 친절한 허용형 부모
다윗: 부모로서 보이는 자유의 구멍

17장. 욕구로 하나님 닮아 가기　　　　　　　　　　　　　　263
하나님이 보여 주시는 5가지 욕구 □ 욕구로 기도하라. 예수님에게서 배우는 욕구 기도

나가며　　　　　　　　　　　　　　　　　　　　　　　　　278
참고문헌　　　　　　　　　　　　　　　　　　　　　　　282

Christian Needs Coaching

01

크리스천 욕구코칭의
필요성과 욕구 이해

1장.
크리스천 욕구코칭의 필요성

욕구에 대한 이미지 전환이 필요하다!

　욕구에 대해 어떻게 생각하는지, 이미지가 어떤지 기독인들에게 물었더니 '절제해야 할 것', '본능에 충실한 것', '많으면 피곤한 것', '거센 이미지', '이성의 반대말'이라고 대답했다. '욕심'이며 '일방적인 것'이라고 느끼기도 했다.
　부정적인 이미지 때문인지 우리는 욕구를 무시하고 산다. 알려고 하지 않는 경우도 많다. 그러다 보니 욕구가 마음속에 숨어 있는 괴물과도 같은 느낌이 되어 버린 듯하다. 왜 욕구라는 말에 이런 이미지를 갖게 되었을까?

　첫째는 개인의 경험 때문이다. 욕구를 모를 때는 그냥 넘어갈 일도, 자각하고 인정할수록 채우지 못하는 고통이 더 커지기에 피하고 싶어지는 것이다. 예를 들어 친밀함을 원하는데 배우자나 부모가 채워 주지 않는다면, 기대할수록 더 고통스러우니 친밀함을 원하지 않는 것처럼 포기하고 사는 것이다. 포기했다고 하지만 사실은 채워지지 않은 마음이다. 이 마음은 원망과 다른 불편함으로 가면을 쓰고 드러날 것이다. 욕구는 포기하고 무시할 때 오히려 엉뚱한 모습으로 불거져 자신과 다른 사람을 괴롭히게 되는 것이 문제다.

둘째, 사회적 시각 때문이다. "욕구불만이냐?"라는 말을 많이 한다. 문제행동과 욕구를 똑같이 취급해서 욕구 자체가 문제인 듯 느끼게 되는 것이다. 실제로 욕구불만이란 말은 욕구가 만족되지 않은 상태와 채워지지 않았을 때를 말하는 것이지 욕구 자체가 문제인 것은 아니다[1].

셋째, 기독인들이 욕구를 부정적으로 보는 데는 학자들의 영향력도 커 보인다. 기독교 상담학자인 로렌스 크랩(1995)에 의하면 욕구이론의 태동은 쾌락주의이며, 토마스 아퀴나스와 찰스 다윈, 프로이트로 이어지는 과정에서도 쾌락이나 무의식적 동기가 행동을 결정하는 것으로 보았다. 쾌락주의는 기독인들에게 나쁜 것이기에 욕구라는 말도 쾌락주의와 한통속으로 여겨진 결과라고 볼 수 있다.

왜 욕구를 알아야 하나?

욕구는 에너지이며 행동하게 하는 힘이다. 없어지지 않는다. 자신의 욕구를 모른다고 하더라도 욕구가 채워지지 않으면 허전함에 다른 것으로 채우려고 하게 된다. 채워지지 않은 욕구를 과하게 추구하여 욕망이 되고 중독이 되는 경우도 있다. 따라서 욕구를 선한 방향으로 채우도록 하나님 중심으로 재편하는 일이 중요하다.

---

1) 욕구불만: 간호학대사전 – 욕구만족이 저지되고 있는 상태로 여러 가지 적응기제 혹은 방어기제(공격적, 퇴행적, 고착적, 억압적 반응)가 작동한다.
생명과학대사전 – 욕구만족이 내외 상황에 의해 방해되어 내부에 생기는 상태를 욕구불만 상태라고 한다.

욕구란 원하는 것이다. 원하는 것이 무엇이냐고 물어보면 사람들은 눈에 보이는 물질적인 것이나 소유와 관련된 것을 주로 이야기한다. 물질과 소유하고 싶은 것 속에 있는 원함에 대해서는 대답이 어렵다. 세미나 중 한 분에게 원하는 것을 물었더니 돈이 필요하다고 했다. 돈으로 무엇을 하시겠냐고 물었더니 건물을 갖고 싶다고 했다. 건물을 가지면 무엇을 하고 싶으신지 물었더니 월세를 받으시겠다고 했다. 월세를 받으면 무엇을 하고 싶으신지 물었더니 또 건물을 사시겠다고 했다. 그렇다면 이분에게 욕구는 그저 건물이라고 할 수 있을까? 물론 많은 이들이 필요한 것을 욕구라고 표현하기에 주택에 대한 욕구라고 할 수도 있겠지만, 이것은 욕구를 채우기 위한 수단과 방법이라고 하는 것이 좀 더 맞다. 돈이 필요하다는 사람들의 마음속으로 들어가면 다양한 욕구가 있을 수 있다. 돈이 없어서 어렸을 적에 부모님과 떨어져 살았다면 사랑하는 사람과의 행복을 위해 돈이 필요할 수 있고, 무시당했다면 당당하게 살고 싶어서 돈이 필요하며, 때로는 자유롭게 살기를 원하는 마음 때문일 수도 있고, 즐기고 싶기 때문일 수도 있다.

여기서 말하는 욕구란 행동하는 이유이다. 인간은 원하는 것이 있기 때문에 행동한다. 때로는 혼날 만한 짓을 하기도 한다. 그렇다면 혼나기 위해서 그런 행동을 하는 것인가? 아니다. 혼나는 것 이면에 그 행동을 통해 얻는 것이 있기 때문이다. 관심을 얻기 위함일 수도 있고, 호기심 때문일 수도 있고, 그저 재미있어서일 수도 있다. 이면에 있는 행동하는 이유가 욕구이다.

욕구는 해석의 도구이다

관계를 잘하고 싶은 기독인에게 가장 큰 어려움은 뭘까? "나랑 안 맞아", "왜 저래?" 하며 이해할 수 없음이 아닐까? 이해하기 힘들면 결국 갈등으로 불거진다. 성경은 우리에게 차별 없이 각각의 다양성을 존중하면서 하나 되라고 하신다.

그렇다면 이런 '이해할 수 없음'으로 인한 고통을 극복하는 법은 무엇일까? 그것은 상대방의 다름을 올바르게 해석하는 것이다. 해석은 엄청난 파워를 가지고 있다. 해석을 어떻게 하느냐에 따라서 내 감정이 달라지기 때문이다. 2천 년 전의 철학자 에픽테토스는 인간의 고통은 그 사건 자체 때문이 아니라 해석 때문이라고 말했다. 실제로 똑같은 행동에 대해 긍정적으로 해석하면 스트레스를 받지 않지만, 부정적이거나 문제로 해석하면 감정에 파급효과가 크다. 현대 심리학자 중 루돌프 드라이커스 또한 "해석이 바뀌면 감정도 바뀐다"고 말했다. 웨스트민스터 신학교에서 상담을 가르치고 있는 데이비드 폴리슨은 "다르게 보기 시작할 때 다르게 해석하며, 다르게 해석할 때 다르게 반응하고, 다르게 계획하고, 다르게 행동하게 된다"라고 하였다. 관계는 해석이 핵심이다.

그러면 무엇을 어떻게 해석할 것인가? 행동하게 하는 힘을 해석할 수 있다면 근원을 해석하는 것이라 할 수 있다. 행동하게 하는 힘이란 무엇인가? 동기, 칭찬, 공감 등 다양한 요소들이 우리를 행동하게 하지만, 더 깊은 근원을 들여다보면 원하는 것이 있어서 어떤 행동을 하는 것이라고 할 수 있다. 그것을 우리는 욕구라고 부른다. 욕구가 행동의 이유이고, 감정 또한 욕구의 충족 여부에 따라 다르게 드러나는데도 그동안 기독인들에게 욕구란 부정적이고 나쁜 것으로 인식되어 있어서 제대로 다루지 못했다.

예수님도 나병환자를 보며 "원하노니 깨끗함을 받으라"고 욕구를 표현하고 계시다(마 8:3, 막 1:41). 욕구를 있는 그대로 바라보고 긍정적으로 해석했을 때 관계가 어떻게 달라지는지 사례를 통해 살펴보겠다. 부정적인 행동으로 다른 사람을 힘들게 하는 자녀가 있다. 어른이 안 된다고 해도 자기가 원하는 것은 끝까지 고집을 피우고, 어른이 시키면 바로 싫다고 표현하며, 자기 뜻대로 되지 않으면 화내고 울고 분위기를 망치는 아이이다. 이 아이를 예의 없고, 버릇없으며, 고집불통이고 말이 통하지 않는 아이이며, 자기밖에 모르고, 다른 사람 이야기를 수용할 줄도 모르니 앞으로 사회생활을 하는 데 분명 문제가 있을 것이라고 해석한다면 어떨까? 아이를 볼 때마다 스트레스를 받고 아이가 이런 행동을 할 때마다 화가 날 것이다. 그러나 다르게 한번 해석해 보자. 자기 생각을 명확하게 아는 아이이며, 뚝심이 있고 원하는 것을 성취해 낼 아이이며, 야곱처럼 밤새 씨름이라도 하는 간절함으로 기도할 수 있는 사람이며, 앞으로 똑 부러지게 자기 삶을 살아갈 아이라고 해석한다면 어떨까? 스트레스가 낮아질 수 있다.

 욕구로 바라보는 것은 그저 긍정으로 봐주려는 것이 아니다. 믿음의 눈으로 보는 것이다. 필자는 위의 부정적인 모습과 비슷한 자녀를 키웠다. 예의 없어 보이고 어른을 힘들게 하는 아이였지만 지금은 자신의 삶을 똑 부러지게 살아가는 사회인이 되었다. 하나님께서 키우실 것이라는 믿음, 아름답게 키우실 것이라는 소망으로 해석하는 것은 사랑이다. 사랑의 대접을 받는 아이는 용납받고 수용받는다는 느낌 안에서 성장할 것이다. 다르게 해석하는 도구로 욕구는 아주 괜찮다. 다르게 보는 방법이자 해석의 도구로서 다른 사람을 용납하는 데 욕구만 한 도구가 있을까?

욕구코칭은 말씀 실천에 도움이 된다

 욕구코칭은 관계에 대한 성경 말씀을 적용하는 데 도움이 되는 도구이다. 성경은 관계에 관심이 많다. 그중 에베소서 4장 2절 말씀을 여러 번역으로 보면 다음과 같다.

 모든 겸손과 온유로 하고 오래 참음으로 사랑 가운데서 서로 용납하고 (개역한글,

개역개정)
겸손함과 온유함으로 깍듯이 대하십시오. 오래 참음으로써 사랑으로 서로 용납하십시오 (새번역)
언제나 겸손하고 부드러우며 인내와 사랑으로 서로 너그럽게 대하고 (현대인의 성경)

이 말씀은 부르심을 받은 일에 합당하게 행하라는 1절의 전제가 선행한다. 우리 모두는 어딘가로 부르심을 받은 존재이다. 부모로, 자녀로, 형제로, 이웃으로, 직장인으로 또 교회에서는 교사, 집사, 권사, 장로, 목사 및 여러 역할로 부르심을 받았다. 이런 부르심에 합당하게 행하기 위해서 2절이 필요한 것이다. 겸손과 사랑과 용납! 다른 번역으로 보면 겸손하게 '깍듯이' '부드럽게' '너그럽게' 대하라고 하신다. 필자는 하나님이 주신 욕구코칭이라는 도구가 부르신 자리에서 겸손의 도구가 되고 사랑하는 방법이 되며, 용납하는 도구가 되고 있음을 확인한다.

사랑의 도구

욕구는 수용의 도구이며 사랑의 도구이기 때문에 우리에게 꼭 필요하다. "사랑은 허다한 죄를 덮느니라"(벧전 4:8)라는 말씀처럼 연약함을 덮을 수 있는 도구가 된다. 상대가 실망스러운 행동을 했을 때 어떻게 믿어 줄 것인가? 행동만 보면 믿어 주기가 어렵다. 뭔가 원하는 것이 있었기에 그 행동을 했다. 원하는 것을 이루면서도 자신과 타인에게 유익한 방법을 몰라서 이상한 행동을 한 것이다. 그러므로 원하는 것에 초점을 두면 덮어 주는 사랑이 가능하다. '원하는 것을 이루려고 노력했는데 방법이 잘못되었구나'라고 생각하면 덮어 줄 수 있는 마음이 생긴다.

실제 욕구코칭으로 집단상담이나 세미나를 하다 보면 특이한 현상을 하나 발견한다. 문제행동을 하는 이들도 욕구코칭 속에서는 부드러워진다는 것이다. 한 단체에서 이틀간 세미나를 진행한 적이 있다. 초대하신 분이 요주의 인물을 몇 분 이야기하시면서 강의에 태클을 걸어서 강사들이 난감한 상황이 벌어진 경우가 많으니 조심하라고 하셨다. 그런데 세미나에서 욕구를 찾아 주고 자신을 알아 가면서 이분들이 오히려 협조적으로 변하는 상황이 벌어졌다. 심지어 점심 식사하러 나갔다가 내게 선물을 사 와서 주시기까지 했다. 욕구가 문제 이면에 있는 마음을 보는 것이므로 공감과 더불어 수용받는다는 느낌을 주기 때문이 아닐까 한다.

또 욕구코칭 심화과정이나 전문과정을 하다 보면 직장에서 자주 혼나고 수용받지 못하는 이들도 욕구로 접근하고 욕구로 행동을 해석하는 이 공간에서는 수용된다고 느끼는 것을 보게 된다. 무엇을 잘하고 못하고에 상관없이 '원하는 것이 무엇이었을까'에 집중하는 일은 존재 자체에 집중하고 존재 자체를 수용하는 것이기 때문이다.

겸손과 말씀 실천의 도구

서론에서 잠깐 언급했듯이 필자는 하나님이 우리 속에 만들어 넣어 주신 욕구라는 도구로 사람을 보면서 겸손함을 배운다. 내가 잘한다고 여겼던 것들이 내가 잘나서가 아니라 욕구 때문인 경우가 너무 많다. 한 예를 들면 필자는 몸에 좋지 않으니 먹지 말아야 한다고 하면 딱 끊을 수 있다. 반면 남편은 참지 못하는 경우가 대부분이었다. 이런 상황을 보며 내가 성숙하고 의지력이 강한 사람이라고 생각했다. 그렇지 못한 남편은 미숙하고 의지력 박약인가 생각하기도 했었다. 그러나 욕구로 보니 내가 엄청난 착각을 했고 교만했음을 알았다. 내가 잘 참는 것은 생존의 욕구 중 건강에 대한 욕구가 강하고 그 부분을 중요하게 여기기 때문이다. 반면 남편은 건강보다 즐거움에 대한 욕구가 더 높기에 참지 못할 뿐이다. 다른 면에서는 나보다 더 큰 의지력을 발휘한다. 이처럼 욕구로 보면 내가 잘나서가 아니라 기본적으로 주어진 욕구가 어떠하냐에 따라 행동하는 면이 있음을 알게 된다.

또 다른 예를 들면 필자는 온유하고 용납하라는 주님의 명령이 조금은 쉽게 잘되는 편이다. 부드럽고 친절하며 웬만한 사람들은 잘 수용하고 받아 낼 수 있어서 나 자신도 그렇고 주변 사람들도 성숙하다고 여기는 사람이다. 그러나 욕구로 보니 이 또한 착각과 교만이었다. 내가 의지력이 강하고 성숙해서가 아니라 사랑의 욕구가 높고 힘의 욕구가 낮아서 온유와 용납이 상대적으로 쉬운 것이다. 타고난 욕구 성향이 그렇기에 나의 이런 면들이 하나님이 보실 때는 성숙이 아님을 알게 되었다.

또 하나, 사람들은 착실하고 순종적인 아이를 보면 부모가 잘 키워서 그런 듯이 여기는 경우가 많다. "어머, 애를 어떻게 키웠길래 저렇게 순종적일까요?" 하면서 부러워하기도 하고, 스스로 우쭐하기도 한다. 그러나 욕구로 보면 순종적이고 적응적으로 타고난 욕구가 있다. 아이 둘을 똑같이 키워도 한 아이는 순종적이고 한 아이는 그렇지 않다. 부모가 잘 키워서 그런 것이 아니라는 뜻이다.

다른 사람과 비교하지 않고 내게 주어진 것에서 얼마나 변화되고 있는지를 하나님 앞에서 보는 것이 성숙임을 알면 교만에서 조금이라도 벗어날 수 있다.

용납의 도구

문제행동을 하는 사람을 보면 대부분 판단하는 자의 자리에 서서 잘못되었다고 말한다. 그러나 욕구로 보는 습관이 익숙해지면 다른 사람의 문제행동을 판단하기보다는 그 사람의 마음으로 들어가 보게 된다. 그 사람이 왜 그런 행동을 했을지 그 마음에 대해 고민하게 되고, 어떤 상처와 결핍이 있기에 그렇게 행동하는지 궁금해한다. 이런 호기심은 판단하는 마음이나 미움과 불편함에서 벗어나 긍휼히 여기는 마음으로 나아가게 한다. 결국 용납하게 되는 것이다.

　예수님은 하늘 영광을 버리고 종의 형체를 입으셨다. 판단하는 높은 자리에 앉지 않으시고 우리들과 같이 되셨다. 우리들과 같이 되셨다는 것을 다른 말로 하면 우리의 입장이 되셨다는 뜻이다. 예수님의 낮아지심을 우리의 삶에 드러내고, 예수님처럼 상대의 입장이 되어 보도록 도우며, 그 사람의 마음과 상황까지 나아가서 용납하게 하는 도구가 욕구코칭이다.

　욕구로 바라보면 다른 사람이 나와 다름을 인정하게 된다. 인간관계에서 수많은 갈등이 나와 다름에 대한 부딪힘과 비판에서 시작한다. 이 갈등을 욕구로 보면 다름이지 문제가 아님을 알게 된다. 사랑의 욕구가 높은 이들은 친밀함을 원하기에 가까이 있고 자주 연락하고 모든 것을 공유하기를 원한다. 그렇지 못한 사람에게는 사랑하지 않는다거나 사랑이 없다고 하면서 비난하여 문제가 생기기도 한다. 그러나 자유의 욕구가 높으면 적절한 거리가 있어야 편하다. 사랑하더라도 모든 것을 공유해야만 사랑이라고 여기지 않는다. 이것은 서로 다름이지 잘못이 아니다. 이를 알고 나면 상대방에게 내 스타일을 강요하지 않게 되고, 이해가 되니 서운하더라도 잘못이라고 공격하지는 않게 된다. 필자가 만났던 초등 고학년 아이는 생존 욕구가 높아서 규칙과 상식이 중요하고 진지함을 좋아하는데, 늘 장난치고 놀리는 친구가 도저히 이해되지 않아서 그 아이를 향해 날이 서 있었다. 그러나 욕구를 알게 되니 스트레스가 조금은 줄었다고 표현했다. 덜 싸우게 되는 것이다. 때로는 나와 달라서 부딪히고 힘든 사람이 자신의 성숙 모델이라는 것을 알게 되어 고맙다는 마음까지 들기도 한다.

　또한 욕구로 보면 자신을 용납하게 된다. 나는 왜 이럴까 고민하는 경우가 많은데 욕구로 보면 답이 보인다. 내가 이런 것을 원하기 때문에 그것을 얻기 위해 이렇게 행동한다는 점을 파악하게 된다. 사실 문제행동을 판단(정죄)하는 마음으로 보면 그 행동이 바뀌기가 더 어렵다. 상담을 하면서 한 엄마를 만났었다. 자신이 아이들에게 화를 너무 많이 낸다는 것이다. 그 엄마는 화를 내고 나면 화를 낸 자신이 싫어서 더 예민해지고 결국 더 화가 나고는 했다. 화를 내면 안 된다는 마음은 감정을 다루지는 못하고 누를 분이기에 더 크게 폭발하는 경우가 대부분이다. 내가 왜 화내는지를 알고 진짜 원하는 것이 무엇인지 궁금해하는 방향으로 접근하면 스스로 수용하는 느낌이 든다. 화는 도구이다. 화를 통해 얻고자 했던 것, 즉 욕구를 제대로 알게 되면 화를 바르게 내거나 다른 방법으로 접근할 수 있게 된다.

선교(전도)의 도구

욕구에 관심이 많은 청소년 아이와 상담하다가 문득 하나님이 잘 믿어지지 않는다는 이야기를 들었다. 왜 하나님은 사람들이 불행하고 힘든 것을 내버려 두며, 왜 사람이 죄를 짓게 만들었는지 이해되지 않는다는 이유였다. 욕구로 하나님을 알려 주기 시작했다. 하나님의 형상대로 지음받은 인간에게 기본 욕구가 있다면 하나님도 그런 특성이 있으시다는 전제로 출발했다. 하나님은 자유의 욕구가 높으시다. 강제하는 것을 싫어하시는 분이라 우리에게 자유를 허락하셨다. 너에게 만약 작은 틀 안에 가둬 놓고 시키는 대로만 하라고 하고 다른 건 안 된다고 하면 어떻겠냐고 물었다. 물론 아이는 싫다고 했다. 하나님은 우리가 하나님을 믿는 것도 선악을 택하는 것도 자유롭게 선택하게 하셨다. 그래서 우리가 자유로운 선택에 따라 하나님을 찾는 것을 더 기뻐하신다고 강조했다. 우리가 믿기를 원하시지만, 믿음의 문을 억지로 열어젖히는 분이 아니라 문밖에 서서 문을 두드리시면서 우리가 문 열기를 기다리는 분이 하나님이심을 이야기해 주었다. 아담과 하와부터 시작해서 예수님의 십자가 그리고 성령님의 역사까지 창조 타락 구속의 흐름을 하나님의 속성인 자유와 사랑으로 설명했다. 아이는 재미있게 듣고 질문도 하며 한동안 그렇게 이야기를 나누었다. 우리 속에 계신 성령님을 느끼고 싶다고 해서 기도하면 느낄 수 있다고 이야기해 주었다. 아이는 이제 하나님을 믿을 수 있겠다고 하였다. 어쩌다 욕구라는 도구로 하나님을 설명한 것이 한 영혼을 믿음으로 인도하게 되었다니 이것 또한 하나님의 은혜였다.

나아가 감히 단언하건대 욕구로 해석하는 것, 즉 욕구코칭이 선교의 도구도 될 것이라 믿는다. 민족마다 욕구 특성이 다르다. 긍정적이고 흥을 즐기는 민족이 있고, 조심스럽고 무엇이든 오래 걸리는 민족이 있다. 그에 맞는 소통법으로 복음을 전하면 복음 전도의 효율이 더 높아질 것이라 믿는다. 욕구는 인간이라면 모두가 가지고 있는 것이기에 세계 어느 곳에서든 활용할 수 있을 것이다.

연구소에 오셔서 과정을 들었던 미얀마 선교사님이 미얀마에서 이 도구를 활용하는 모습을 보며 더 확신을 갖게 되었다. 어느 CCC 간사님은 몽골어로 욕구카드를 번역하여 욕구코칭을 전하기도 하셨다. 복음과 함께 서로 다름을 이해하고 수용하도록 돕는다면 성령의 역사하심과 아울러 관계 속에서 더 풍성한 만남들이 생기리라고 믿는다. 옳은 데로 돌아오게 하는 복음의 길에 손잡고 함께 나아가는 욕구코칭을 기대해 본다.

자유라는 쓰나미를 맞은 교회가 나아갈 방향은?

인간은 극단으로 치닫는 경향이 있다. 욕구를 억압하거나 아니면 분출한다. 아니, 억압하다 보니 결국 분출하는 방향으로 가게 된다는 말이 맞을 것이다.

욕구 억압의 시대가 키운 욕구 표출의 자녀들

우리나라도 욕구 억압의 시대를 겪었다. 기성세대는 민주화가 되기 전까지 정치 사회 문화적으로 욕구를 억압해야만 안전한 시대를 살았다. 생각을 자유롭게 표현할 수 없었다. 맞추어 살아가는 시대였다. 그러다 X세대를 기점으로 민주화를 맞이했고 시대정신에 맞물려 개인의 중요성이 부각되었다. 사람들이 자신을 중요하게 여기기 시작했다. 이는 욕구를 표출하면서 사는 것이 중요해졌다는 의미이기도 하다. 그러나 IMF가 터지면서 경제적 결핍 때문에 개인을 중요하게 여겨서는 살아남기 어려운 상황이 되다 보니 욕구를 또 억압하게 되었다. 마음은 개인이 중요하지만 행동은 집단을 우선시하는 '낀 세대'[2] 적인 특징을 가지고 살아가는 것이다. 혼란 속에서 살아남기 위해 자기는 없는 시대를 살았다. 하지만 자녀 양육에서는 개인의 중요성을 더 부각시켰다. 또한 이들이 갱년기를 겪으면서 표출을 시작했다. 고분고분 살던 사람들이 자기가 하고 싶은 말을 하기 시작하고, 감정 표현도 하기 시작했다. 먹고 싶은 것은 다 먹고, 가고 싶은 곳은 다 가며 살아간다. 이 표출을 보면서 자라나는 세대는 자유주의라는 시대적 상황과 맞물려 표출이 당연하다고 여기며 산다.

X세대가 키운 20~30대인 밀레니엄 세대는 확실하게 개인이 더 중요한 세대가 되었다. 부모가 개인주의적으로 자녀를 키운 데다 자유주의라는 시대적인 요소가 더해졌기 때문이다. 욕구를 참기보다 분출하는 시대가 되었다. 물론 이들도 나름 욕구를 참는 면이 많지만 그 전 시대에 비해 분출 쪽의 에너지가 훨씬 많다고 할 수 있다.

교회 공동체에 발붙이기 힘든 자녀 세대

바야흐로 포스트모던 시대이다. 이전에 믿고 추구하던 규범에 대한 믿음보다는 자신의 법칙이 더 중요하고 그것을 따라 움직인다. 다른 말로 '절대적 진

---

[2] 낀 세대는 X세대를 묘사하는 말 중 하나로 70년대생을 가리킨다. X세대는 주변 시선을 신경 쓰지 않고 나를 표현하려고 하는 20대를 보낸 첫 개인주의 세대이다. 그러나 IMF 직격탄을 맞으며 조직에 순응했고 이제는 기성세대가 되어 버렸다. 마음과 생각은 개인주의지만 행동은 단체를 위해 충성하는 어중간한 상태에 있는 세대이다. https://bravo.etoday.co.kr/view/atc_view/15377 참고

리는 없다'라고 주장하는 시대가 되었다. 기독교계 내에서도 이것은 심각한 문제로 드러나고 있다. 교회를 떠나거나 가나안 성도가 되거나 믿음을 저버리는 경우가 급상승했다.

2023년 목회데이터연구소에서 조사한 국민종교현황(데일리굿뉴스 2024년 1월 21일)을 보면 일단 종교를 가진 경우가 급격히 줄었다. 2004년에 57퍼센트까지 가던 종교인 비율이 2023년에는 37.1퍼센트로 떨어졌다. 그중 개신교의 비율은 16.6퍼센트까지 낮아졌다. 더 가슴 아픈 사실은 청소년 중고생의 기독교 비율이 13.6퍼센트밖에 안 된다는 사실이다. 교회에서도 이런 현상은 두드러진다. 부모가 교회에 오지만 아이들은 안 나오는 경우도 많다. 교회 성도 수에 비해 청소년부 인원이 현저히 적은 경우도 허다하다. 더 안타까운 사실은 앞으로 더 나빠질 것이라는 전망이다. 한국기독교목회자협의회는 10년 후 국내 기독교인 비율이 12퍼센트 수준까지 떨어질 것으로 전망한다. 그중 가나안 성도의 비율은 2023년 26.6퍼센트에서 10년 후 37.1퍼센트로 늘어날 것이라고 예상한다.

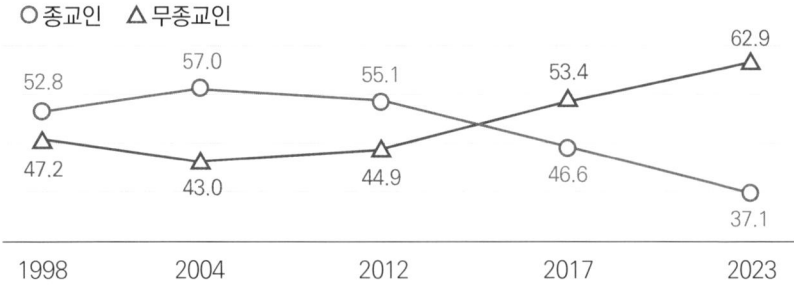

종교 인구 변화 추이 (만 19세 이상, %)

	성인 (만 19세 이상)	청소년 (중고생)
개신교	16.6	13.6
불교	12.4 37.1%	7.6 27.6%
가톨릭	7.8	5.7
기타	0.3	0.7
무종교인	62.9	72.4
계	100.0	100.0

종교 현황 비교 (성인 vs 청소년, %)

왜 이렇게 되었을까? 물론 기독교인들의 잘못된 행동으로 인해 이미지가 나빠진 탓도 있겠지만, 기독교가 절대적 진리를 추구하는 것에 대한 반감도 있다. 절대적 진리가 아니라 다양한 세계관과 다양성을 인정하는 것이 옳다고 여기는 시대 분위기도 한몫했다. 이에 따라 청소년에게도 더 이상 부모가 강요할 수 없을 뿐 아니라 부모의 강요가 오히려 역효과를 내게 되었다. 당연시되었던 위계질서를 해체하는 포스트모던 시대의 분위기도 영향을 주었다. 이전에는 그저 부모가 교회에 가자고 하면 갔고 강요도 어느 정도 통하는 시대였지만 이제는 아니다. 각자의 마음이 더 중요하기에 강요하지 않는, 아니 강요할 수 없는 분위기이다. 강요하면 더 엇나가는 욕구 상태이기에 강요할 수도 없다. 규범에서 벗어나고, 절대적인 것은 없으며, 개인이 중요한 시대이다. 우리의 자녀들은 대부분 자유의 욕구가 높아서 이런 성향을 띄고 있다. 청소년 기독교 비율이 더 낮은 이유도 이에 기인한다고 보인다.

문제는 기독교의 절대적 진리를 공격하는 자유로운 사상에 기독교계가 긴장하는 것을 넘어 시대정신이 드러나는 욕구 성향에 거부감을 가지게 되었고, 이는 자유의 욕구가 교회 공동체 안에 발붙일 공간이 없게 만든 면이 있다는 점이다.

'왜'라는 질문을 하면 신앙이 없다고 타박하니 궁금함과 의구심을 혼자 삭이다가 교회를 떠나 버린다. 이들은 꼭 예배를 교회에서만 드려야 하느냐 인터넷으로도 충분하다고 말하거나, 헌금은 꼭 교회에 하지 않고 필요한 곳에 직접 전해도 되지 않나 등의 말과 행동을 하는데 이는 교회의 구조적인 생존을 위협하는 것이기에 환영받지 못한다. 또 어깨가 다 드러나거나 배꼽이 보이는 옷 혹은 바지에 구멍이 뚫린 옷을 입고 와서 눈총을 맞기도 하고, 슬리퍼를 끌고 와서 한마디 충고를 듣기도 한다. 교회 모임에서 꼬치꼬치 질문하고 사생활을 이야기하는 것이 불편해서 교회에 나가기 싫다고 하는 사람도 있다. 결국 포스트모던 시대의 아이들은 교회가 자신과 맞지 않다고 생각해서 떠나게 되는 면이 큰 것이다.

자유의 욕구에 기름을 부은 팬데믹

코로나라는 복병이 욕구를 새롭게 드러내 시대를 바꾸어 놓은 영향도 크다. 3년 이상 어디에도 가지 못하고 집에서 인터넷으로 예배를 드리니 너무 편하고 좋았던 것이다. '신앙생활은 공동체 속에서'라는 신념이 깨졌다. 함께 있으면서 피곤하게 노력했던 것들을 이제는 하지 않아도 되니 세상 편한 것이다. 혼자 있는 것이 너무 좋아졌고, 사람들과 적절한 거리를 경험하고 나니 이 거리감이 오히려 안전하게 여겨진다. 애쓰지 않아도 되고 불필요한 갈등도 만들어지지 않는 이 상태에서 벗어나려니 쉽지가 않다. 또 인터넷으로 이곳저곳의 설교를 들으면서 내 교회라는 마음도 식었다. 코로나는 틀에 매이지 않고 자유롭게 혼자서 사람들과 거리를 두면서 평화를 누리고, 집에서 신앙생활을 할 수 있다는 자유의 욕구에 기름을 부었다.

포스트모던 시대에 코로나까지 겹치면서 시대정신이 자유로 수렴되고 있다. 교회가 자유라는 쓰나미를 맞은 느낌이라고 할 수 있겠다. 교회가 이런 자유 욕구의 성향을 가진 시대와 사람들을 이해하고 대비하지 않으면 땅끝까지 복음을 전하는 대신 한국에 다시 선교를 해야 하는 일이 벌어지지 않을까 우려되는 상황이 되어 버렸다.

이런 시대에 이 책이 교회가 자유의 욕구와 어떻게 공존할 것인가를 찾는 작은 해답이 되었으면 한다.

적용 질문 ??

1. 나에게 욕구는 어떤 이미지인가?

2. 각 세대가 추구하는 욕구와 교회 현실 및 교회가 이 시대에 해야 할 역할에 대해 토론해 보자.

2장.
성경적 욕구 이해

욕구의 정의

　욕구란 무엇인가? 사회심리학 사전에는 "사람을 움직이는 심리적 동인"이라고 하였다. 상담학 사전에는 "필요한 것이 결핍되었을 때 그것을 만족시키는 방식으로 행동하도록 동기화되는" 것으로 "사람이 구별되는 요인 중 하나"라고 하였다.

　욕구코칭의 욕구 정의는 '사람을 행동하게 하고 다름을 구별하는 요인'이며, '결핍과 부족함을 느낄 때 채우고 싶어 하는 심리적 상황이고, 과잉 현상이 생길 때 정상으로 돌아가려는 움직임'으로 보려고 한다.

　욕구를 이야기한 학자가 많다. 그중 에이브러햄 매슬로는 위계적인 욕구를 이야기했고, 앨더퍼는 생존과 관계, 성장이라는 세 가지 욕구를 주장했다. 윌리엄 글래서는 인간에게 기본적인 욕구 다섯 가지가 있다고 하였다. 욕구코칭은 윌리엄 글래서의 다섯 가지 기본 욕구를 통해 사람을 이해하려고 한다.

위계욕구 이론을 주장한 매슬로는 "결핍된 부분은 비어 있는 구멍과도 같아서 반드시 채워져야 하고, 다른 사람에 의해 채워진다"고 하였다. 일면 일리가 있는 말이다. 인간은 채워지지 못한 욕구를 채우려고 일평생을 노력하는 존재다. 하지만 반드시 채워져야만 하는 것은 아니다. 채워지지 않고 결핍된 상태로도 잘 사는 사람이 많고, 그 결핍을 통해 더 성장하는 사람도 많기 때문이다. 또 다른 사람에 의해 채워져야 한다는 말 역시 동의하기가 어렵다. 다른 사람이 채워 주면 좋겠지만 다른 사람에게서 채우려고 기대하는 순간 더 어려워지기 때문이다. 더불어 인간은 결핍을 채우지 않고도 하나님을 통해 더 큰 성장으로 나아갈 수 있는 존재이다.

윌리엄 글래서는 "모든 행동의 동기가 내면적 작용에 의한 것으로 남 탓이나 환경 탓을 할 수 없으며 욕구도 선택"이라고 말한다. 이 말에 전적으로 동의한다. 욕구도 결국은 본인의 선택인 것이다. 하나님도 우리가 자신의 삶에서 선택하며 살도록 하셨다는 면에서 그리고 자기 행동에 대해 선악 간에 책임을 질 수 있다는 면에서 성경적으로 접목하기에 긍정적이다.

기독교 관점에서 욕구를 바라본 학자들도 있다. 래리 크랩에 따르면, 욕구란 자연스럽고 필요한 것이다. 문제는 죄로 인해 하나님이 아닌 다른 비정상적인 방법으로 욕구를 충족하려 시도하는 것이다. 한편, 폴리슨은 욕구를 다스리고 제어되어야 할 것으로 본다. 욕구를 선택하는 것은 결국 신앙적이고 예배적인 문제이며 동기부여는 심리가 아니라 믿음에 의해 결정된다고 보았다.

욕구코칭의 욕구에 대한 관점

욕구에 대한 여러 관점을 토대로 욕구코칭의 관점을 정리한 필자의 논문(2024)을 요약해 보면 다음과 같다.

욕구는 자연스럽고 필요한 것으로 선하게 창조되었다. 죄로 인해 하나님이 아닌 비정상적인 방법으로 욕구를 충족시키려는 시도가 잘못된 것이다. 또 욕구 자체의 문제라기보다 욕구를 긍정과 부정 어떤 방향으로 사용하느냐에 따라 죄가 될 수도 있고 죄가 되지 않을 수도 있다. 욕구를 어떻게 사용하느냐는 신앙적이고 예배적인 문제이다. 심리보다는 신앙적인 문제라고 볼 수 있다. 또한 욕구를 채우면 좋지만, 인생에서 언제나 욕구를 채울 수는 없다. 결핍이 있어도 잘 살 수 있고, 하나님 안에서 다른 방식으로 채울 수도 있다. 다른 사람에 의해 채워져야 한다고 믿으면 갈등만 생기므로 스스로 채울 방법을 찾아야 한다. 스스로라 함은 뒷장에서 언급하겠지만 하나님이 채우시도록 의뢰하는 것도 포함된다. 또한 욕구로 인한 행동은 본인의 선택이며 자신이 책임져야 할 일로 본다.

욕구의 성경적 이해

창조: 인간은 하나님의 형상을 따라 지음받았다. 우리에게 있는 욕구 또한 하나님의 형상으로 지음받았다. 보시기에 심히 좋게, 선하게 창조되었다.

> 내가 주께 감사하옴은 나를 지으심이 심히 기묘하심이라 주께서 하시는 일이 기이함을 내 영혼이 잘 아나이다 (시 139:14)

성경적 상담학자인 로렌 휘트먼은 『성경적 상담의 길잡이』라는 책에서 인간은 하나님의 형상대로 기묘하게 창조되어 독특한 창조적 능력과 은사를 가지고 있다고 하였다. 우리의 욕구도 하나님의 형상대로 만들어졌으며 각각 독특하고 창조적인 능력과 은사를 가지고 있다.

타락: 안타깝게도 인간이 죄로 인해 타락하면서 욕구도 부패하였다. 이 부패는 욕구의 왜곡으로 이어졌다. 인간은 욕구를 부정적인 방향으로 쓸 뿐 아니라 욕구의 노예가 되기도 한다. 다른 사람에게 해를 끼치면서까지 욕구를

채우려고 하거나, 자신을 해치는 방법으로 욕구를 채우려는 중독에 빠지기도 한다. 하나님이나 다른 사람은 보이지 않고 오직 자신의 욕구에만 초점을 맞추는 것이다. 이것을 우상이라고 할 수 있겠다. 지금도 우리에게는 그 죄성이 이어지고 있다.

구속: 부패한 우리를 구원하시려는 하나님의 계획에 의해 예수님이 오셔서 하나님 나라를 선포하셨다. 하나님 나라는 특히 욕구에 임해야 한다. 욕구는 행동하게 하는 힘이기에 우리의 욕구가 보혈의 피로 새롭게 될 필요가 있다. 십자가를 통과해야 하는 것이다.

하나님 나라가 선포되었지만, 아직 완성되지 않았기에 우리는 하나님 나라와 죄 사이에 서 있다. 우리의 욕구는 자칫 잘못하면 죄 된 방향으로 나간다. 조금만 방심하면 죄의 지배로 인해 욕구가 우상이 되기 일쑤다. 우리의 삶은 이 욕구를 하나님 나라로 이끌기 위한 여정이라고 해도 과언이 아닐 것이다.

문제는 욕구를 하나님이 원하시는 방식으로 선하게 사용하고 싶어도 쉽지 않아서 좌절을 맛보는 것이 우리네 인생이라는 점이다. 결국 하나님의 마음을 아프게 하고, 다른 사람에게 상처를 주고 만다. 때로는 자신을 해하기도 한다. 칼뱅은 자신의 힘만으로는 선하게 살 수 없다고 하였다. 그래서 스스로의 욕구를 코칭하는 데 하나님의 도움이 필요한 것이다. 우리를 행동하게 하는 동력인 욕구를 하나님 안에서 코칭하는 과정은 신앙인에게 꼭 필요하다.

구속되고 회복된 욕구

은사는 여러 가지나 성령은 같고, 직분은 여러 가지나 주는 같으며 또 사역은 여러 가지나 모든 것을 모든 사람 가운데서 이루시는 하나님은 같으니 각 사람에게 성령을 나타내심은 유익하게 하려 하심이라. 어떤 사람에게는 성령으로 말미암아 지혜의 말씀을, 어떤 사람에게는 같은 성령을 따라 지식의 말씀을 (고전 12:4-8)

사람들을 보면 욕구에 따라 은사가 다르다. 위 말씀을 욕구에 적용하면 우리의 욕구는 다르지만, 그것을 이루시는 성령님 즉 하나님은 같다. 각자에게 다른 욕구를 주신 이유는 유익하게 하려 하심이다. 구속되고 회복된 욕구는 공동체와 주변 사람에게 유익을 끼칠 수 있다.

그러나 욕구의 구속이라는 측면에서 욕구를 하나님이 원하시는 방향으로 선택하고 행동하는 것, 즉 욕구를 성장 방향으로 선택하는 것은 쉽지 않다. 왜냐하면 두려움과 불안을 넘어서야 하기 때문이다. 예를 들어 사랑의 욕구가 높거나 힘의 욕구가 낮은 경우 혹은 자유의 욕구가 높은 경우에는 갈등이 싫어서 웬만하면 그냥 넘어가는 것을 좋아한다. 잘못에 대해 상대방에게 이야기하면 갈등을 야기할 수 있고, 상대방이 싫어할 수도 있기 때문이다. 그래서 말하지 않는다. 그냥 넘어가는 것이 상대를 배려하고 수용하는 면도 있지만, 대부분은 자기 보호의 목적일 가능성이 크다. 이런 일이 지속되다 보면 갈등을 직면하여 이야기한 경험이 없기에 이야기하더라도 서투르고, 결국 갈등이 심해져 괜히 이야기했다고 느끼게 된다. 이처럼 다른 사람의 시선이나 갈등에 대한 두려움과 불안이 쌓여서 이야기하지 않는 것이 습관이 되면 꼭 필요한 순간에도 말을 하지 않게 된다. 나에게 혹은 다른 사람에게 나쁜 행동을 하는 사람에게도 말을 못 하고 전전긍긍하다가 나중에는 결국 후회하게 된다.

'내가 좀 손해를 보거나 미움을 당하더라도 할 말은 해야겠다'라는 선택, 다시 말해 고난을 선택하는 일은 힘의 욕구가 높아져야 할 수 있다. 물론 지혜롭게, 가능하면 소통이 잘될 수 있도록 부드럽고 존중하는 표현으로 말하는 것은 기본이다. 고난을 선택하려면 부활 신앙이 필요하다. 부활을 소망한다는 것은 무엇인가? 예수님이 십자가라는 고난을 선택하심으로 부활의 영광을 만나셨듯 우리도 예수님을 따라 십자가를 선택한다는 마음으로 고난을 선택해야 하는 것이다. 부활이란 '고난을 선택한 이후에 오는 영광'이다. 많은 경우고난은 선택하지 않으면서 영광만 원하는 것이 인간이다. 고난 앞에 서면 고난 외에는 보이지 않는다. 내가 감내해야 할 고통만 보인다. 그러나 고난을 선택하는 것은 끝이 아님을 기억하자.

부활을 목격한 제자들은 변했다. 의심이 변하여 믿음이 되었고, 두려움이 강함으로 바뀌었다. 갈등하던 마음이 정리가 되었다. 부활을 믿는 우리도 죄로 인해 부패한 욕구가 변할 것을 믿을 수 있다. 하나님은 죽음에서 부활을 만드시는 분이시다. 이게 되나 싶은 마음이 들기도 한다. 이들에게 위로가 되는 것은, 제자들조차 처음에는 부활을 믿지 않았다는 사실이다. 그러나 부활하신 예수님과 함께하는 시간을 통해 그들은 부활의 능력을 입고 부활의 능력을 전하는 제자로 변화되었다. 처음에는 쉽지 않지만, 성숙의 방향을 정하고 주님과 함께하는 시간을 통해 부활의 능력을 입을 수 있다.

적용 질문 ??

1. 창조-타락-구속이라는 틀로 자신의 욕구 상태를 보면 어떠한가?

2. 성숙을 위해 고난을 선택하려고 할 때 가장 큰 두려움이 무엇인가?

3장.
5가지 기본 욕구의 이해

윌리엄 글래서의 5가지 욕구 이론

현실치료 이론을 만든 정신과 의사 윌리엄 글래서는 인간에게 기본적인 욕구 다섯 가지(생존, 사랑, 힘, 자유, 즐거움)가 있다고 주장했다. 그는 상담을 하면서 다섯 가지 욕구로 자기 이해 및 갈등을 다루었다. 필자는 이 내용을 연구하면서 상담 장면뿐 아니라 인간관계 전반에 활용할 수 있음을 본다. 특히 교회 공동체 속에서 욕구를 추측하는 활동만으로도 공동체가 세워지고 친밀감이 쌓이면서 서로에 대한 수용력이 높아지는 것을 보고 있다.

기본 욕구 이해하기

우리는 많은 종류의 성격 검사를 한다. 이 검사들은 이런 유형은 이런 행동을 한다는 공식 같은 느낌이 든다. 그러나 욕구는 좀 다르다. 그 사람이 '이런 욕구가 있어서 이런 행동을 한다'라는 접근도 가능하지만, 그렇게 단정하기보다는 '이 행동을 하는 것을 보니 이런 욕구를 사용하는 것이 아닐까' 추측해 보는 도구로 사용하는 것이 가장 좋다.

기본 욕구라고 부르는 이유는 모든 사람에게 다 있기 때문이다. 하지만 어떤 욕구가 더 많고 센지는 사람마다 다르다. 더 강한 욕구가 그 사람의 고유한 성격 특징으로 나타난다. 다섯 가지가 다 높은 사람도 있고, 두세 가지가 높은 사람도 있다. 한두 가지가 높은 사람도 있다. 그러나 늘 그 상태를 유지하는 것은 아니다. 발달단계에 따라서 욕구가 달라지기도 하고, 상황에 따라서 욕구 상태가 바뀌기도 한다. 성장하면서 환경이나 주변 사람의 영향으로 욕구가 높아지기도 한다. 욕구는 규정된 것이 아님을 기억하면서 어떤 욕구의 특성을 선택하여 사용하고 있는지를 파악하는 도구로 사용하면 좋을 것이다. 물론 그 사람이 타고난 고유한 특성은 비슷하게 유지된다는 점은 기본 전제로 한다.

욕구는 행동하게 하는 힘이다. 그러므로 행동을 보면 욕구를 추측할 수 있다. 아래 검사지와 특징들은 욕구를 추측하는 도구로 사용하기를 바란다. 다섯 가지 욕구를 간단히 정리하면 다음과 같다.

욕구		행동 특징
생존과 안정[3]	안전제일 건강 유지	원칙, 상식, 규칙, 조심성, 섬세, 완벽, 예측, 확인, 정리, 안전, 건강, 꼼꼼, 계획
사랑과 소속	함께해요 고마워요	친밀, 사람에 대한 관심, 함께, 공유, 섬김, 도움, 나눔, 이타적, 공감, 친절, 배려, 양보
힘	센터 본능 나를 따르라	성취, 뚝심, 인정, 성공, 자기표현, 승부욕, 자신감, 당당함, 리더십, 제안, 큰 목소리
자유	나만의 길 나만의 철학	적절한 거리, 혼자만의 시간, 변화, 자율, 다르게 생각함, 강요 싫음, 구속 싫음, 지시하지 않음, 당위에서 벗어남, 평화 추구, 창의성
즐거움	즐거움에는 끝이 없다	재미, 호기심, 관찰, 탐험, 도전, 놀이, 게임, 웃음, 흥, 유머, 장난, 배움, 가르침, 리액션

[3] 윌리엄 글래서는 생존의 욕구라고 지칭했지만, 우리나라 통념상 생존의 욕구에 대한 부정적인 인식이 강하기에 필자는 안정이라는 단어를 붙여서 욕구에 대한 부정적 인식을 줄이려고 하였다.

욕구강도 프로파일[4]

문항의 빈칸에 자신에게 맞는 점수를 기록하고 합계를 내 보세요.

언제나 그렇다(5) 자주 그렇다(4) 때때로 그렇다(3) 별로 그렇지 않다(2) 전혀 그렇지 않다(1)

A	B	C	D	E
돈이나 물건을 아껴 쓴다	사랑과 친근함을 많이 필요로 한다	내가 한 일에 대해 인정받고 싶다	나에게 지시하는 것이 싫다	큰 소리로 웃는다
계획을 짜야 마음이 편안하다	모임 후 설거지 등 뒷정리를 자발적으로 한다	조언을 잘 하는 편이다	나를 구속하려는 느낌이 들면 거리를 두게 된다	유머를 사용하거나 듣는 것이 즐겁다
균형 잡힌 식생활을 하려고 노력한다	다른 사람을 위한 일에 기꺼이 시간을 낸다	다른 사람에게 뭔가 시키는 것이 어렵지 않다	아무리 옳은 말이어도 반복해서 말하지 않는다	모든 것을 긍정적으로 생각한다
상식이나 규범에서 벗어나지 않으려고 한다	모임에 적응을 잘 못 하는 사람이 있으면 돕고 싶다	옳다고 생각되면 강하게 이야기하고 이루어 낸다	정해진 규칙이라도 꼭 지켜야만 하는 것은 아니다	새로운 방식으로 일하거나 생각해 보는 것이 즐겁다
청소나 정리가 되어야 마음이 편하다	사람들과 함께 있는 것을 좋아한다	결정을 할 때 내가 낸 의견이 선택되면 좋겠다	정해진 방식이 아닌 다른 방식으로 해 보고 싶다	무엇을 하든 즐기는 것이 중요하다
꼼꼼하고 섬세한 편이다	가깝고 친밀한 관계를 지향한다	무리한 부탁을 할 때 거절할 수 있다	혼자만의 시간이 꼭 필요하다	여행을 많이 다니는 편이다

[4] 욕구강도 프로파일은 윌리엄 글래서의 『결혼의 기술』이라는 책에 나온 부부 대상 검사 내용을 토대로 일반인들이 검사할 수 있도록 만들어 몇 차례 수정·보완하였다. 현재는 유아용, 어린이용, 청소년용, 교사용, 일반인용으로 영역을 확장하여 검사지를 개발하였다.

안정된 미래를 위해 저축하거나 투자한다	좋은 것이 있으면 나누어 주고 싶다	내 분야에서 탁월한 사람이 되고 싶다	친한 사람이어도 연락을 자주 하지 않는다	새로운 것을 배우는 것이 즐겁다
모험은 될 수 있는 한 피하고 싶다	배려하거나 양보해야 마음이 편하다	내가 있는 곳에서 리더 역할을 한다	한 가지를 오래 혹은 끝까지 하는 것이 어렵다	영화나 음악 감상을 좋아한다
외모를 단정하게 가꾸는 데 관심이 있다	사랑하는 사이에는 비밀이 없어야 한다고 생각한다	잘못된 일에 대해서 내 생각을 표현하는 편이다	실수나 다름에 대해 그럴 수 있다고 생각한다	흥미 있는 게임이나 놀이를 즐긴다
쓸 수 있는 물건은 버리지 않고 보관한다	힘든 사람을 보면 도와주고 싶다	내 성취와 재능이 자랑스럽다	계획과 다르게 진행되어도 괜찮다	호기심이 많다
합계 :	합계 :	합계 :	합계 :	합계 :

욕구코칭연구소 2021.9.8. 업그레이드

기본 욕구의 순위

A 생존안정의 욕구 　　　　B 사랑과 소속의 욕구

C 힘의 욕구 　　　　D 자유의 욕구

E 즐거움의 욕구

4장.
욕구별 신앙 특징

욕구별로 행동 특징이 다르듯 신앙의 모습도 다르다. 그런데 우리는 때로 특정 형태의 신앙만이 좋다고 규정하고는 한다. 우리의 모습을 욕구라는 렌즈로 새롭게 비춰 보며 각자의 욕구에서 좋은 점들을 발견하면 좋겠다.

힘의 욕구 신앙 특징

뚝심 있는 사람들로서 교회에서 맡은 일을 끝까지 해내는 사람들이다. 신앙적으로 옳은 일이라 여기면 손해가 오고 고난이 와도 해내는 사람들이다. 소그룹에서 먼저 제안하고 이끌어 가는 역할을 한다. 가능하면 교회에서 리더가 되고 싶은 이들이다.

말할 때도 눈치를 보거나 빙빙 돌리지 않고 하고 싶은 말을 그때 그 자리에서 한다. 그렇다고 하고 싶은 말을 즉흥적으로 내뱉는 것은 아니다. 두세 번 상황을 본 후 저건 말해 줘야겠다고 생각하면서 말하는 것이다. 처음 보자마

자 대뜸 생각도 없이 말하는 것이 아님을 알 필요가 있다. 또 뒤에서 말하거나 다른 사람에게 말해서 전해지게 하는 것은 싫어하기 때문에 직접 말한다.

힘의 욕구가 높으면 은혜받은 경험을 다른 사람에게 자신 있게 전하는 전도에 장점을 발휘할 수 있다. "저는 기독교인인데요" 하면서 자신의 고민에 하나님이 어떤 도움을 주셨는지 비신자에게 말하는 것을 꺼리지 않는다. 직접 경험했기에 확신이 강하고, 누가 나를 어떻게 생각할지 눈치를 보지 않기 때문이다.

사도바울을 보면 힘의 욕구가 신앙생활에서 어떤 모습인지 잘 드러난다. 그는 하나님의 사명을 위해 고난의 길을 선택하는 데 거리낌이 없다. 목표를 이루기 위해 난관을 극복하고 고난과 죽음까지도 불사하는 힘의 욕구의 모습이 보인다.

바울은 자신이 겸손하게 사역했다며 자신을 본받으라고 떳떳하고 자신 있게 말한다. 비슷한 예로, 필자의 지인이 "나는 기도하는 사람"이라고 한 적이 있다. 힘이 낮거나 생존과 사랑이 높은 사람은 내가 어떤 사람이라고 표현하기를 부담스러워한다. 그러나 힘의 욕구는 나는 이런 사람이라는 말을 자신 있게 쓴다. 아마도 그만큼 노력하면서 살기 때문에 그런 것이 아닐까 싶다.

목소리가 큰 편이라 마이크가 없어도 뒤쪽까지 다 들린다. 기도할 때도 큰 소리로 간절하게 기도한다. 새벽기도 때 이 간절함이 너무 커서 무슨 기도를 하는지 주변에 다 들리게 할 수도 있다. 그러나 스스로는 잘 모른다는 특징도 있다.

생존과 안정의 욕구 신앙 특징

생존과 안정의 욕구(이후 생존의 욕구로 표기)는 규범과 규칙을 중시하기에 꼭 참여해야 한다고 여기는 모임에는 반드시 참석하는 성실한 사람들이다. 새벽기도나 구역모임 등에도 성실하게 참여한다. 지각하지 않으며 일찌감치 와서 예배를 준비한다. 신앙인으로서 해야 할 기본이라 여겨 큐티도 열심히 한다. 그것도 정해진 시간에 해야 더 보람차다.

또 큐티 내용을 일상생활에 적용하려고 노력한다. 설교도 잊어버리지 않기 위해 꼼꼼히 기록한다. 설교 기록을 다시 한번 읽어 보면서 삶에 적용하려고 애쓴다. 때로는 경건일기를 열심히 쓰고 성경일독 루틴을 지킨다. 이들은 큐티나 기도회, 성경통독 등을 성실하게 하지 못하면 오히려 불안하다. 매일 회개의 제사를 드리고, 정직하게 살려고 노력한다. 자기 성찰을 잘하며, 성찰한 내용을 적용하려고 애쓰는 이들이기도 하다.

성경 암송을 할 때 조사나 부사까지 꼼꼼히 기억하려 하기에 토씨 하나 안 틀리고 암송해 내는 사람들이기도 하다. 교회 행사를 준비해야 하면 꼼꼼하게 계획하고 대비해서 실수가 없고 구멍이 없도록 준비하는 이들이다. 교회 청소를 할 때도 깔끔하게 위생적으로 문제가 없도록 철저히 한다.

이들은 교회나 공동체의 갑작스러운 번개 모임은 부담스럽다. 계획되지 않은 일은 이들에게 스트레스이기 때문이다. 이런 모습은 공동체를 세우는 데 방해가 될 수도 있다.

사랑과 소속의 욕구 신앙 특징

사람들에게 관심이 많다. 교회에서 여러 사람에게 친절하게 인사하고 안부를 물으면서 호감을 표시하는 이들이다. 처음 온 사람이 있으면 얼마나 어색할까 싶어 옆에 앉거나 챙겨 주려고 하기에 새신자 담당에 적절한 사람들이다. 누가 혼자 있으면 소외된 것은 아닌가 걱정해서 말을 걸기도 한다. 교회에 필요가 보이면 그곳에 가 있는 이들이다. 그러다 보니 다양한 역할을 다 감당하느라 지치기도 한다. 몸과 마음이 힘들어도 교회 예배나 교회 일에 참석하고 섬기려고 한다.

교회가 크지 않다면 예배 시간에 누가 참여했는지, 빠진 사람은 누구인지가 한눈에 들어온다. 친한 사람이 안 오면 연락을 해 보기도 한다. 예배드리면서도 성도들이 어떤 동작과 행동을 하는지가 다 보이고 관심이 간다. 'ㅇㅇ 집사님은 몸이 피곤한가 봐. 자꾸 목덜미를 주무르네. ㅇㅇ 집사님 허리 아픈데 계속 앉아 있으면 무리 되지 않을까' 등의 걱정을 한다. 이런 걱정을 가족들에게 말했다가 오지랖도 넓다는 소리를 듣기도 한다.

주변 사람들에게 선물도 잘 챙겨 준다. 집에서 먹어 보니 맛있었던 음식을 챙겨서 같은 구역 집사님에게 나눠 주고, 집사님이 좋아하는 모습을 보면서 행복을 누린다. 힘든 이들을 보면 긍휼히 여기는 마음으로 도우려 노력한다. 집에 초대도 자주 하고 감동을 주는 대접도 잘한다.

이들은 감성적이라 기도나 찬양을 하면서 자주 눈물이 난다. 받은 은혜는 다른 사람에게 나누고 싶은 마음이 커서 자주 이야기한다. 힘과 사랑이 같이 높으면 은혜 나눔을 더 잘할 수 있다.

자기가 잘해 주는 만큼 다른 사람도 나에게 같은 마음으로 해 주기를 바라기에 서운함을 많이 탄다. 그렇다고 서운함을 쉽게 표현하지는 못한다. 상대가 기분 나빠 할까 봐 걱정되기 때문이다. 그러다 서운함이 쌓이고 쌓여 빵 터지는 순간에 절교할 수도 있다. 그만큼 상처를 많이 받았다는 뜻이다. 그러나 상대방은 왜 자신이 절교까지 하게 되었는지 종잡을 수가 없다. 사람은 표현하지 않으면 모른다.

사랑과 소속의 욕구(이하 사랑의 욕구로 표기)는 누군가에게 잘해 줄 때 티가 난다. 이야기할 때도 표정과 몸짓이 온전히 그 사람을 향한다. 주변 사람들이 볼 때는 둘이 너무 친해서 들어갈 공간이 없게 느껴지기도 한다. 때로는 그 사람에게는 불편해서 하지 못할 말을 다른 사람에게 속닥속닥 털어놓으면서 누군가를 소외시킬 수도 있다. 이것은 공동체에서 조심해야 할 부분이다.

자유의 욕구 신앙 특징

　기독교의 핵심 원리가 무엇인지 궁금증을 가진 이들이다. '왜 기도해야 하나?', '왜 하나님은 사람들이 고통 속에 살도록 허용하실까?', '왜 죄를 짓도록 허용하셨을까?', '왜 공의의 하나님이 압제받는 사람들을 오랫동안 그대로 놔두실까?'와 같이 '왜'라는 질문을 하는 사람들이다. 말씀이 정말 그러한지를 묵상한다. 이때 사람들이 따지거나 반항한다고 오해할 수 있는데 이들은 진정으로 궁금해서 묻는 경우가 훨씬 많다.

　큐티를 하더라도 정해진 책보다는 본인이 정한 본문을 보려고 하고, 큐티 설명서보다는 본문을 보면서 자기 스스로 깨닫는 것을 선호한다. 물론 그러다가 귀찮으면 설명서를 보기도 한다.

　자유의 욕구는 혼자 있는 시간이 필요해 한 번씩 잠적하기도 하며, 교회 안에서 여러 사람을 보살피고 챙기려는 이들이 '훅 들어오는' 개인적 질문을 할 때 도망가고 싶어 한다. 이들은 뭔가 침범한다는 느낌이 들면 거리를 둔다. 한 청년은 새로운 교회를 찾아갔는데 어떤 사람이 자꾸 말을 시키고 꼬치꼬치 물어서 그다음부터 그 교회를 안 갔다고 하였다. 이들은 교회뿐만 아니라 일상에서도 내버려두기를 바라는 경향이 크다. 마음에 드는 카페가 있어서 자주 가서 혼자 조용히 있다 오고는 했는데, 그동안 가만히 있던 주인이 어느 날 서비스를 주면서 아는 체를 시작하자 그다음부터는 그곳을 가지 않았다는 이야기도 들었다. 옷 가게에서 적극적으로 손님을 끌려 하면 사기 싫어진다고 하고, 편의점은 손님이 와도 아무 말을 안 하니 좋다고 한다. 이들은 질문했을 때만 도와주면 좋겠다고 하였다. 이들은 누군가가 나를 건드리는 것이 부담스럽기 때문에 다른 사람들에게도 부담을 주기가 싫다. 교회에서 다른 사람에게 먼저 다가가지 않는 이유가 이 때문이다. 필요하면 먼저 다가오겠지 하는 마음으로 기다린다. 이들의 특징을 잘 알아야 교회에서 자유를 받아들이는 데 중요한 토대를 마련할 수 있다. 자유의 욕구는 교회 안에서 여러 역할과 직분으로 묶이거나 엮이는 것이 부담스럽기에 큰 직분은 맡지 않으려는 경향이 있다. 때로는 묻혀서 드러나지 않고 직분이나 섬김에 대한 부담이 없는 큰 교회를 선호하기도 한다.

노방 전도는 강요 같아서 쉽지 않다. 이들의 장점은 무례하게 복음을 전하여 사람들의 눈살을 찌푸리게 하는 전도법에 브레이크를 걸고, 강요하지 않고 자연스럽게 복음을 전하는 방법을 모색하게 한다는 점이다. 물론 복음을 전하지 못한 채 세월만 보낼 수 있다는 맹점도 있다.

신앙교육에서도 "그럴 수 있지"라는 말을 많이 하면서 짧고 굵게 꼭 필요한 요점만 이야기하려는 경향이 크다. 아이의 어떠함에 대해 강요하기를 싫어하고 스스로 깨닫도록 기다리는 편이다. 탕자의 아버지처럼 선택을 존중하고 기다리는 이들이다.

특히 자유의 욕구는 간증을 해 달라는 요구가 가장 부담스럽다. 누구에게나 있는 일이고 대부분 그럴 수 있는 일을 드러내는 것도 부담스럽고, 무엇이든지 '그러려니' 하며 크게 의미를 두지 않아서 간증에서 무엇을 말할지 좀처럼 생각나지 않기도 한다. 또 상황을 세세하게 기억하지 않는 스타일이기에 기억이 나지 않아서 못 하기도 한다.

이들은 남의 기도 제목을 허락도 받지 않고 다른 사람들에게 말하는 사람들에게 불편함을 느낀다. 기도 부탁이라는 명목으로 비밀을 누설하는 뒷담화라 생각해 기분 나빠 한다. 생존도 같이 높다면 안전하지 않은 느낌까지 들 수 있다. 자유의 욕구는 많은 사람보다 자신이 아는 몇몇 사람이 기도해 주는 것을 더 좋아한다.

즐거움의 욕구 신앙 특징

모든 것을 긍정적으로 생각하고 감사하는 스타일이다. 고난이 와도 잘될 것을 소망하며 바라본다. 교회 모임에서도 유머와 농담을 자주 하고 리액션을 잘해서 즐거운 분위기를 만든다. 구역모임에서 식사할 때 조용하면 재미있는 이야기를 꺼내거나 농담을 해서 어색함을 없애 주려고 한다. 잘 웃어서 흥겨운 분위기를 만들기도 한다. 즐거움의 욕구는 어색함을 풀려고 한 행동이지만, 생존의 욕구로부터 "왜 분위기에 맞지 않게 쓸데없는 이야기를 하는지 모르겠다"라는 핀잔을 듣기도 한다.

이들은 함께 놀러 가거나 맛있는 것을 먹으러 가기를 즐긴다. 설교나 성경공부도 호기심이 나고 흥미가 있어야 집중이 되는 사람들이다. 찬양할 때도 손을 들거나 몸을 흔들며 때론 춤을 추며 온몸으로 한다. 기도보다는 찬양을 좀 더 좋아하는 경향이 있다. 맡은 사역이 있으면 더 즐겁게 교회 생활을 한다. 하나님과 데이트하러 온다는 즐거운 마음으로 교회에 온다는 한 분의 고백이 떠오른다. 즐거움의 욕구는 깊은 배움으로 신앙의 깊이를 추구한다. 열정적으로 신앙생활을 하려고 한다. 새로 온 사람이 있으면 호기심으로 친근하게 대하기도 한다.

즐거움의 욕구와 힘의 욕구가 같이 높으면 짓궂은 농담을 잘한다. 이들은 자신에게 재미있으면 상대방도 재미있으리라 생각한다. 그러나 생존의 욕구는 즐거움이 자신에게 자꾸 농담을 하면 자신을 괴롭힌다고 여긴다. 진심으로 괴롭고 상처가 되기도 한다.

즐거움의 욕구는 재미가 중요하기에 성경을 읽다 자꾸 재미있는 딴생각이 나서 집중이 안 될 때가 있고, 설교가 재미없거나 늘 비슷하면 지루해서 집중이 안 되는 경우가 많다. 재미, 즉 즐거움을 추구하는 것은 끝이 없기에 쾌락으로 나아갈 수 있음을 조심해야 한다.

적용 질문 ??

1. 나의 욕구는 어떤 그릇인가? 나의 욕구 성향으로 인해 나타나는 구체적인 행동과 신앙 특징은 무엇인가? (각자 욕구별 점수를 이야기하고, 구체적인 행동 사례도 나눈다.)

2. 나의 욕구에 만족하는가? 마음에 드는 욕구와 마음이 들지 않는 욕구는 무엇이며, 그 이유는 무엇인가?

3. 하나님은 당신이라는 욕구 그릇을 어떻게 보실까?

5장.
주제별 신앙과 욕구

욕구별 기도의 특징

기도하는 스타일은 욕구 따라 다르다. 성숙한 신앙의 증거처럼 보이는 면들도 욕구의 한 측면이라고 보면 겸손하게 자신을 볼 수 있다.

생존의 욕구는 배운 방법대로 기도하려고 한다. 감사와 회개, 간구의 순서를 지키려고 한다. 정한 시간에 기도하는 것을 선호하며 세세한 부분까지 아뢰며 기도한다. 평소 불안이 많기에 하나님을 더 많이 찾고 기도하는 장점이 있다. 기도 부탁을 들으면 약속을 지켜야 한다는 생각으로 한 명 한 명 놓고 기도를 한다.

사랑의 욕구는 하나님과의 교제를 즐기며, 하나님과 친밀함을 누리는 기도를 잘한다. 하나님과 깊은 교제로 나아가기 위해서는 시간이 좀 넉넉히 필요하며, 충분히 자신의 마음을 토하는 시간이 확보되어야 만족함을 누린다. 기도하면 눈물이 자주 나서 휴지를 꼭 준비하는 편이다. 주변 사람들의 상황에 아파하며 눈물로 중보기도를 많이 한다. 찬양과 함께 기도하면 기도가 더 깊어진다.

힘의 욕구는 미사여구없이 일목요연하게 핵심을 정리해서 기도하는 것을 선호한다. 이룰 때까지 기도를 포기하지 않으며, 큰 소리로 부르짖는 기도를 잘한다. 야곱이 천사와 씨름하던 모습이 떠오르는 이들이다. 기도할 때 '해 주십시오' 식의 어투를 사용하는 이들도 있다. 중요한 기도제목이 생기면 기도원에서 금식 기도라도 하면서 하나님께 부르짖고 응답이 될 때까지 기도하기도 한다.

자유의 욕구는 짧게 기도하는 것을 선호한다. 중언부언하는 기도는 딱 질색이다. 사소한 것을 기도하려고 하면 '뭐 이런 것까지 기도하나' 싶어서 안 하게 되고, 자신을 잘되게 해 달라거나 무언가를 구하는 기도에는 '기복신앙인가' 싶어서 기도하기를 꺼린다. 때로는 '회개하면 뭐 하나. 내일 또 죄짓는 인생인데' 하면서 허무주의에 빠질 수도 있다. 왜 꼭 새벽기도를 해야 하는지 의문을 던지며 다른 때에 기도하면 된다고 여긴다. 인격적인 기도란 무엇인가 고민이 많다.

즐거움의 욕구는 찬양으로 기도하는 것을 선호한다. 모든 것을 좋게 생각하기에 감사기도를 잘한다. 이들은 기본적으로 긍정적이고 다 잘될 것이라고 믿기 때문에 간절함이 적을 수 있다.

설교를 들을 때 욕구별 특징

설교에 대한 반응은 욕구에 기인한다. 설교자의 문제라고만 할 수는 없는 것이 각자의 욕구별 취향이 존재하기 때문이다. 그러므로 욕구 성향을 알면 설교에 대한 평가를 조금은 객관화할 수 있다. 설교자도 듣는 이들의 반응에 객관적으로 대응하게 되며, 특정 욕구 성향을 소외시키지 않는 설교 스타일을 만들어 갈 수 있다.

생존의 욕구는 설교를 들을 때 반응이 거의 없다. 무표정한 경우가 많다. 그러나 꼼꼼히 기록하면서 듣고, 들은 말씀을 적용하려고 노력한다. 성경 강해식의 설교를 좋아하고, 성경에 집중하기보다 다른 이야기나 사례가 많은 설교를 부담스러워한다. 때로는 유머가 많은 설교에 반감을 가지는 경우도 있다. 왜 쓸데없는 이야기를 하는지 모르겠다는 마음이 들기도 한다.

사랑의 욕구가 높은 성도는 설교를 열심히 듣는다. 설교자와 연결되기를 바라는 마음과 설교자에게 힘을 실어 주고 싶은 마음에 끄덕끄덕 반응을 보이며, 표정이 살아 있다. 웃긴 이야기에는 웃고, 슬프면 함께 슬퍼하면서 반응하려고 노력한다. 딱딱하고 이론적인 설교는 이해하기 힘들어하며, 사례가 담긴 감성적인 설교와 마음 깊이 진한 감동이 느껴지는 설교를 선호한다.

생존과 사랑이 같이 높으면 가장 반듯하고 적극적인 태도로 절대로 졸지 않고 집중하여 설교를 들을 가능성이 크다.

힘의 욕구는 메시지가 직관적이고 명확한 형태를 선호한다. 잠깐 들어도 핵심이 드러나는 설교를 좋아한다. 예를 들어 구역에서 갈등이 있었다는 것이 핵심인데, 구역모임을 몇 시에 갔는데 가다가 누구를 만나서 어떤 이야기를 했고 그 모임에 누가 있었고 누구와 갈등이 있었다는 식으로 이야기를 풀어 가는 경우가 있다. 이때 힘의 욕구는 핵심과 별 상관없는 이야기를 늘어놓는다고 여겨져 짜증이 난다. 또한 길고 지루한 전개 방식을 따분해한다. 마지막 부분에 초점이 다 있는데 앞에서 왜 저렇게 길게 이야기했는지 답답해하기도 한다. 그리고 가끔은 그 답답한 마음을 설교자에게 직접 표현하기도 한다.

자유의 욕구는 그동안 들었던 설교와 전혀 다른 관점의 설교 내용에 반응이 크다. 새롭게 깨달았기 때문이다. 짧은 메시지를 선호하며, 설교 내용이 반복되고 길어지면 딴생각에 빠진다. 상황에 맞지 않거나 자기가 동의하지 않는 감정적 호소를 부담스러워하고 어색해한다. 중요하니 밑줄을 치라거나 동그라미를 치라고 하면 '내가 알아서 할 거야' 하는 마음으로 지시를 따르지 않기도 한다.

즐거움의 욕구는 유머와 재치가 있는 설교를 좋아한다. 특히 다양한 관점이 연결된 새로운 설교를 선호한다. 말씀과 역사가 만나고, 말씀과 문화가 만나는 설교에 흥분하면서 새로운 시각의 설교를 들었다고 기뻐한다. 설교가 재미있으면 리액션이 크다. 그러나 재미없거나 새롭지 않으면 졸거나 딴짓을 할 수 있다.

힘과 즐거움이 높으면 차분한 설교보다는 열정적이고 뜨거운 설교를 선호한다. 설교를 듣다가 궁금한 것이 생기면 바로 핸드폰을 켜서 자료를 찾아보는 편이다.

사랑과 즐거움이 높으면 영적으로 깊이 있는 설교를 선호한다. 찬양과 시, 책 등의 감성이 어우러진 설교를 선호한다.

설교를 들을 때의 욕구별 특징을 알아보았다. 우리 각자의 욕구는 설교를 들을 때도 나타나 반응을 만들어 낸다. 그러나 이 모든 욕구를 넘어서는 것이 있다. 말씀에 대한 사모와 겸손, 그리고 성령 충만은 자신의 성향을 넘어서게 하고, 설교자의 설교 특징이 어떠하든지 말씀을 들을 수 있게 한다.

욕구별 설교자의 특징

설교자와 청자(회중이 아니라 한 사람 한 사람을 다루기에 청자라고 칭함)의 합이 얼마나 잘 맞느냐에 따라 은혜가 되기도 하고, 초반에 말씀이 막히기도 한다. 때로는 설교 때문에 교회 적응이 어렵기도 하고, 교회를 옮기는 일도 생긴다. 이를 미리 알고 가능한 한 많은 회중이 수용할 수 있는 설교를 한다면 도움이 될 것이다. 한 가지 욕구만 쓰는 설교자는 많지 않다. 그러나 설교자마다 드러나는 특성은 존재한다. 자신은 어떤지 파악하고 싶다면, 아래에 제시하는 욕구별 특징을 도구로 활용하면 좋다.

여기서 전제할 것이 있다. 탁월한 설교자는 자신의 욕구 스타일에서 긍정적인 면을 최대한 활용하는 경우가 대부분이라 누가 들어도 은혜가 되고 수용하기 좋다는 점이다. 또 다양한 욕구를 사용하는 설교자라도 욕구 간 균형이 맞고 깊이가 있으면 누가 들어도 좋을 수 있음을 기억할 필요가 있다.

생존의 욕구 설교자의 긍정 방향과 부정 방향

생존의 욕구가 높은 설교자가 긍정적인 방향으로 가면, 논리적이고 체계적으로 세밀하게 차근차근 설교를 풀어 간다. 이들은 성경 강해 스타일의 설교를 선호한다. 사례나 자기 생각을 붙이기보다 오직 말씀에 집중하려고 한다. 설교하면서 즉흥적으로 떠오르는 말보다는 미리 준비한 내용을 원고대로 차분히 전달하려고 애쓴다. 설교의 내용은 성도로서 져야 할 책임과 넘어서야 할 과제에 초점을 두는 경우가 많다. 설교 마무리에 내용을 정리해서 서론 본론 결론이 있는 흐름을 추구한다.

부정적인 방향을 보면, 비슷한 톤의 목소리로 설교를 지속하기에 사랑이나 즐거움의 욕구가 높은 청자는 쉽게 졸릴 수 있다. 생존과 사랑의 욕구가 같이 높은 설교자는 혹시 못 들은 사람을 생각하다 보니 반복이 많아질 수 있다. 성경 구절을 함께 읽을 때 아직 못 찾은 사람을 배려해서 몇 장 몇 절인지를 반복해서 말해 주면 자유는 불편함을 느낀다. 특히, 설교 내용을 정리하느라 뒷마무리가 길어지는 설교자에게 익숙해지면 자유의 욕구는 앞부분은 들을 필요가 없다고 여겨서 졸거나 딴짓을 하다가 뒷부분만 초점을 맞추어 듣는 경우가 생기기도 한다.

사랑의 욕구 설교자의 긍정 방향과 부정 방향

사랑의 욕구가 높은 설교자의 긍정적인 면은 설교가 감성적이며 마음을 다루는 내용이 많고 감동적인 사례를 통해 울림을 주려 한다는 점이다. 이들은 설교 중간에 찬양을 하면서 뜨겁게 기도하는 시간을 가진다. 특히 이들은 소통하는 설교를 원한다. 성도 한 사람 한 사람과 눈을 마주치며, 질문과 답으로 교류가 있기를 원한다.

부정적인 방향으로 가면, 간혹 설교 내용이 특정인의 마음에 오해를 일으키거나 상처를 줄 수 있겠다 싶으면 그 내용 자체를 회피할 수 있다. 또 설교가 길어질 가능성이 크다. 내용 이해를 도우려고 설명을 붙이기 때문이다. 이때 힘의 욕구는 '핵심이 뭐지?'라는 마음으로 설교에 집중력을 놓치는 경우가 많다. 설교자는 사랑의 욕구 특성상 감동을 잘 받기 때문에 감동받은 사연을 나누는데, 자유의 욕구나 힘의 욕구 입장에서는 마음에 와닿지 않는 경우도 꽤 있을 수 있다. 감동의 포인트가 사람마다 다르기 때문이다. 또 사례가 많을 경우, 생존의 욕구가 높은 청자는 '말씀에 집중하지 않고 왜 사례를 그렇게 많이 말하는지' 불편하게 여길 수 있다.

힘과 사랑의 욕구가 같이 높은 설교자는 회중의 반응이나 답을 요청하기도 한다. 이럴 때 생존의 욕구나 자유의 욕구는 왜 설교 중에 답을 하라고 하는지 부담스러워한다. 힘과 사랑의 욕구가 모두 높은 설교자는 성도들 간의 교류와 교제를 위해 예배를 마칠 즈음에 돌아다니면서 인사를 하도록 요청하기도 하는데, 이때 생존의 욕구는 마음은 불편해도 인사를 한다. 반면 자유의 욕구가 높으면 부담스러워하며 그 자리에 가만히 서 있는 경우가 많다. 사랑의 욕구가 높으면 자신의 요청에 반응하지 않는 사람들의 눈치를 보다가 그 요청을 철회하는 경우도 많다.

힘의 욕구 설교자의 긍정 방향과 부정 방향

힘의 욕구 설교자가 긍정적인 방향을 향하면, 명료하고 직관적이고 핵심에 초점을 둔 설교를 한다. 특히 확신에 찬 설교를 하기에 듣는 이에게 파워가 전해지고, 내용의 맥락과 초점을 잘 연결해서 설득해 낸다. 자신이 직접 경험한 간증식 이야기로 말씀의 설득력을 높인다. 목회자로서 전문성이 중요하기에 다른 사람들이 좀처럼 보지 못하는 부분을 살피고 해석해 주려고 노력한다. 성도들이나 교회 공동체에 변화가 필요한 부분에 대한 주제 설교를 기획해 비전을 제시하고 영향을 끼치려고 한다.

힘과 사랑이 같이 높으면 성도들이 함께 참여하도록 하려고 성경 구절을 읽게 하거나 "이건 너무 중요해요", "밑줄(동그라미) 치세요", "자, 따라 해 보세요" 하면서 구호나 중요한 부분을 따라 하게 한다. 이것은 때로 필요하지만 자유가 높은 경우 불편하게 여길 수 있다.

힘의 욕구 설교자가 부정적인 방향으로 가면, 때로 자신이 한 설교에 대해 인정받기를 원하고 설교 중에 자신의 경험과 업적 이야기가 많아서 자랑으로 보일 수 있다. 또 하고 싶은 말이 많아서 설교가 길어지기도 한다. 이때 성도들이 불편해하거나 하품하며 지루해하더라도 이들은 개의치 않고 밀어붙일 수 있다. 또 청자에게 상처가 되더라도 꼭 필요한 말은 해야 한다고 여기기에 직설적으로 표현한다. 때로는 졸거나 태도가 좋지 못한 성도를 지적하는 말을 하는 경우도 있다. 이것은 때로는 긍정적으로 작용하지만, 부정적인 영향을 미치는 경우도 많다.

자유의 욕구 설교자의 긍정 방향과 부정 방향

자유의 욕구 설교자가 긍정 방향을 향하면, 근원을 꿰뚫는 본질이 담긴 설교를 하려고 한다. '하나님은 왜 이렇게 하셨을까?'와 같이 '왜'라는 질문으로 해답을 찾아가는 설교를 준비하기에 깊이 있고 가려운 곳을 긁어 주는 설교가 가능하다. 다른 시각으로 성경을 해석하기 위해 노력하며, 반복하는 것이 싫어서 다른 말로 강조해서 말한다. 성도들에게 무언가를 시키거나 반복해서 성경 구절을 읽게 하면 부담스러울 것이라 여기고 최대한 지양한다. 새벽기도는 교회에 나와서 하지 않아도 되니 집에서 기도하는 시간을 꼭 가지라는 말로 기도를 독려한다. 밤새 술을 먹고 교회에 왔다면 "어떻게 그럴 수 있어?"가 아니라 그런 상황에서도 교회에 오는 그 마음이 더 중요하다고 말한다. 준비한 그대로 설교를 하기보다 즉흥적으로 분위기에 따라 바뀌는 설교를 선호한다. 성령의 인도하심을 유연하게 받을 수 있다. 설교 시간은 짧은 편이다.

자유의 욕구 설교자가 부정 방향으로 가면, 회중의 반응이나 분위기, 표정 등에 무딘 편이라 사람들이 원하는 것에 관심이 적을 수 있다. 또한 이론적인 면에 치중하여 메마른 느낌의 건조한 설교를 하기에 감동을 주기 어려울 수 있다. 즐거움이 같이 높을 경우, 즉흥적으로 생각나는 이야기를 하다가 핵심에 초점을 맞추지 못하는 경우가 생기기도 한다.

즐거움의 욕구 설교자의 긍정 방향과 부정 방향

즐거움의 욕구 설교자가 긍정 방향으로 나아가면, 설교 중간에 농담을 꼭 섞어서 분위기를 밝고 재미있게 만들려고 한다. 또 다양한 이론과 해박한 지식으로 설교를 다채롭게 한다. 어떤 경우는 역사, 시, 경제, 문화 등 서로 다른 분야의 이론을 풀어서 성경과 접목하는 설교를 하기도 한다. 그 장소가 베다니에서 몇 킬로미터 떨어진 장소인지, 시점에 맞지 않는 사건을 왜 중간에 끼워 넣었는지를 설명하는 식으로 그냥 성경 본문만 보아서는 알 수 없는 숨은 뜻과 의미를 찾아 설교에 담는다. 한 목사님은 나사로가 세마포에 싸여 무덤에서 나오는 장면을 설명할 때, 강시처럼 콩콩 뛰어 나왔을 것이라며 상상을 펼쳐 보이기도 했다. 설교의 발단은 일단 호기심을 불러일으키거나 재미있는 이야기로 도입하여 전개로 나아간다.

자유와 즐거움이 함께 높으면 다른 사람들이 생각하지 못했던 색다른 주제를 다루기도 한다. 뜬금없어 보이는 마리아와 유다를 비교하는 설교를 하며, 힘까지 같이 높으면 박사논문까지 찾아서 용어를 설명하기도 한다. 청소년에게 설교하면서 찬양할 때는 헤드뱅잉을 하면서 아이들과 합을 맞추어 열정적으로 춤을 추기도 한다.

즐거움의 욕구 설교자가 부정 방향을 향하면, 웃기고 재미있게 하는 데 초점을 두다 보니 때로 진지한 내용의 설교가 어려울 수 있다. 설교에 담긴 해박한 지식이 놀랍고 경이롭지만, 삶에 무엇을 어떻게 적용해야 하는지에 대한 성찰은 부족할 수 있다. 특히 사랑의 욕구가 높은 청자는 해박한 지식의 설교를 어렵게 여기며 마음을 만지는 설교에 대한 갈급함을 호소할 수 있다.

욕구별 교회 선택의 기준

교회에 대한 만족도는 욕구에 따라 다르다. 교회를 선택하는 기준 역시 욕구마다 다르다.

사랑의 욕구는 교제를 중요하게 여긴다. 새로운 교회에 갔는데 서로 데면데면한 분위기라면 마음이 가지 않는다. 따뜻하게 맞아 주고 잘 웃어 주는 분위기에 마음이 동한다. 구역모임에서 친밀한 교제를 나누는 교회를 선택할 확률이 높다. 특히 하나님과 깊은 교제를 원하기에 영적으로 깊은 느낌이 들고 감성적으로 푹 빠져드는 곳을 선호한다. 이들에게는 찬양의 분위기도 중요하다. 교회 분위기가 지적이면 사랑의 욕구는 적응하기가 어렵다. 반면 자유나 힘의 욕구가 높은 사람들은 교제가 풍성하지 않아도 크게 상관없다.

자유의 욕구가 높으면 예배만 드리고 집에 가도 문제가 되지 않기에 설교를 기준으로 교회를 선택한다. 큰 교회에서 드러나지 않게 예배만 드리고 빠져나가는 것을 선호한다. 만약 목회자가 설교에서 감성적인 호소를 할 때 자기 상황과 맞지 않으면 아주 어색해하고 불편해할 수 있다.

생존의 욕구는 어렸을 적부터 다니던 곳에 계속 다니는 것을 좋아한다. 다른 어떤 기준보다 익숙함이 중요한 것이다. 교회의 부조리나 힘듦이 보여도 참고, 섬기던 교회를 계속 섬기려고 한다. 만약 옮겨야 하면 죄책감이 심해질 수 있다.

힘의 욕구는 존경할 만한 목회자가 있는 곳을 좋아한다. 기꺼이 기쁜 마음으로 배울 수 있고 신앙이 성장할 수 있는 곳인지가 중요하다. 반대로 약해 보이고 힘들어 보이는 곳에서 도와달라고 요청할 경우, 자신을 필요로 하는 곳에서 영향력을 발휘하기로 선택할 수도 있다. 사랑도 같이 높다면 무언가 기여할 수 있는 개척교회나 자신의 역할이 필요한 곳을 선택하기도 한다.

즐거움의 욕구는 에너지가 넘치고 활력 있는 교회를 찾는 경향이 크다. 지적인 면에서 새로움이 충족되는 교회를 선호한다. 찬양할 때도 뜨겁고 열정적인 분위기를 좋아한다. 힘과 즐거움이 높다면 기도할 때도 조용히 하는 것보다 통성으로 뜨겁게 기도하는 교회를 좋아한다.

만약 사랑과 즐거움이 높은 사람이라면 따스함과 친밀감을 누리는 가운데 부르짖으며 뜨겁게 기도하고 감정적 카타르시스를 느낄 수 있는 분위기여야 한다. 만약 절박한 상황에서도 조용히 기도해야 하고 감정적 폭발을 할 수 없다면 답답함에 교회를 옮길 수도 있다.

욕구별 성경 공부 스타일

사랑의 욕구는 성경 공부 모임에 적극적으로 참여한다. 서로에 대한 관심과 마음을 나누는 것이 중요하기에 근황 나눔을 꼭 한다. 말씀과 관련하여 마음과 상황을 깊이 나누고 공감이 오가는 모임이어야 만족감과 소속감을 누릴 수 있다. 마무리할 때도 어색함 없이 마음이 연결된 상태를 원하기에 소감을 나누는 시간을 빼먹지 않는다. 사랑과 즐거움이 높으면 이런저런 일상 이야기를 하다가 시간이 다 지나가 버리기도 한다.

힘의 욕구는 성경 말씀에 대한 개인 나눔보다는 핵심을 짚어서 모두에게 필요한 강의를 하는 것이 더 중요하다고 여긴다. 성경 공부에 참여하는 이들 간에 소통하는 시간을 주기보다는 리더가 직접 전체적으로 소통하는 것을 선호한다.

생존의 욕구는 교재 그대로 진도 나가는 것을 좋아한다. 본인이 배워 왔던 공부 스타일대로 하려고 한다. 특히 생각이나 적용에 대한 나눔을 한다면 즉흥적으로 대답하는 것은 부담스러워서 생각하는 시간이 필요하므로 말하는 차례를 조금 뒤로 하면 좋다.

생존과 즐거움이 높은 사람은 논리적인 흐름을 좋아하며, 단어 하나하나의 의미에 호기심을 가지고 말씀을 배운다. 어떤 사람은 하나님이 세상을 창조하셨을 때 인간은 '완벽'한 존재였는지 '완전'한 존재였는지를 고심할 정도로 단어 하나하나의 의미가 중요하다. 누군가는 그게 그거지 뭘 그렇게 따지냐고 할 수 있지만 이들에게 완벽과 완전은 다른 의미이다.

자유의 욕구는 진도에 매이지 않으며, 그때 상황과 분위기에 따라 진도를 아예 안 나가도 크게 문제라고 여기지 않는다. 의미를 깨닫고 삶에 도전이 되는 것이 중요하다고 여긴다. 성경 공부의 정답이 하나가 아니라 여기고 리더가 정답으로 몰고 가는 분위기에 부담을 느낀다.

즐거움의 욕구는 지적 호기심이 높아서 성경 공부에 관심이 많다. 성경 공부를 통해 새롭고 다양한 것을 배우거나 깨달을 때 만족도가 높다. 재미없거나 흥미가 덜할 때는 졸거나 딴짓을 할 수 있다.

욕구별 구제 스타일

구제는 보통 많이 하는 사람이 지속적으로 더 많이 하는 경향이 있다. 욕구로 보면, 사랑의 욕구가 높으면 구제에 좀 더 마음을 쏟지만, 사랑의 욕구가 낮다면 구제에 관심조차 두지 않는 경우도 많다. 이 점을 전제하고, 구제할 때 각 욕구가 어떤 특징을 드러내는지 살펴보려고 한다.

생존의 욕구는 성경에서 하라고 했으니 당연히 해야 할 일이라는 마음으로 구제를 한다. 미리 계획을 짜서 필요하다고 판단되는 곳에 하며, 내가 모자라는 상황에서는 하지 않는다. 때로 사랑의 욕구가 낮고 생존의 욕구만 높다면 돈이 있어도 쓰지 않고 모으기만 하면서 전혀 베풀 줄 모르는 모습으로 나타날 수도 있다. 만약 가난한 사람이 일을 열심히 하지 않고 있다면, 게으름과 낭비 때문에 돈을 모으지 못한다고 여겨 비판하는 마음이 들고 '돕는다고 뭐 도움이 되겠어' 하고 생각하기도 한다.

사랑의 욕구는 필요가 보이면 다 도와주고 싶다. 텔레비전을 보다가도 마음이 끌리는 상황이 나오면 바로 후원금을 보낸다. 어디든 가능한 한 많이 해 주려고 한다. 어떤 경우에는 자기를 살피는 것보다 먼저 남을 돕기도 한다. 구제할 때는 마음까지 실어 감동을 전하고 싶어서 구제받는 쪽과 연결해서 편지도 함께 보낸다. 물질뿐 아니라 마음을 지속적으로 나누면서 구제하는 것을 선호한다.

힘의 욕구는 구제를 목표로 삼는 순간 구제 전도사가 된다. 주변 사람을 설득하여 많은 이들이 구제하도록 영향을 미친다. 그러다 보니 구제한 내용이 드러나는 경우가 많다. 아무 데나 구제를 하기보다 내 영향이 미치는 곳에 하는 것을 선호한다. 때로는 노력하면 되는데 왜 노력하지 않고 가난하게 사는지 이해하기 어렵다는 생각을 하기도 하고, 너무 자주 도우면 버릇이 나빠지니 적절한 선에서 구제해야 한다고 생각하기도 한다.

자유의 욕구는 구제받는 쪽과 연결해서 마음을 주고받는 것은 부담스럽다. 그냥 구제한 것으로 끝내고 싶다. 스스로 알아서 살도록 하는 것이 중요하므로 몇 번 도우면 알아서 살 것이라고 생각한다. 어느 정도 돕고 나면 '이 정도면 됐어'라는 마음이 드는 경우가 많다. 꾸준히 한곳에 구제를 하기는 어렵다.

즐거움의 욕구는 새로운 곳을 찾아 다양한 방식으로 구제하려고 노력한다. 때로는 자신이 쓸 것이나 사고 싶은 것이 많아서 구제에 돈을 쓰기가 어렵기도 하다. 가난하고 힘든 사람에게 초점을 두고 싶지 않아서 구제를 외면하기도 한다.

생존과 사랑, 힘이 높으면 어느 연예인처럼 매일 만 원씩 작정해서 월 30만 원은 무조건 후원하는 경우도 있다. 사랑과 자유, 힘이 높으면 돈으로만 구제하는 것이 아니라 스스로 알아서 살 수 있도록 기술을 가르쳐 주려고 노력하기도 한다.

이 모든 욕구를 넘어서는 말씀을 보자. 성경은 말한다. 가난한 사람이 함께 있거든 반드시 꾸어 주되 넉넉히 주라고 말이다. 심지어 빌려주었다 돌려받지 못할 상황이라는 이유로, 곧 면제년이 가까이 왔다면서 빌려주지 않을 때도 죄가 된다고 하신다.

> 가난한 형제가 너와 함께 거주하거든 그 가난한 형제에게 네 마음을 완악하게 하지 말며 네 손을 움켜쥐지 말고 반드시 네 손을 그에게 펴서 그에게 필요한 대로 쓸 것을 넉넉히 꾸어 주라 (신 15:7-8)
>
> 삼가 너는 마음에 악한 생각을 품지 말라 곧 이르기를 일곱째 해 면제년이 가까이 왔다 하고 네 궁핍한 형제를 악한 눈으로 바라보며 아무것도 주지 아니하면 그가 너를 여호와께 호소하리니 그것이 네게 죄가 되리라 (신 15:9)

땅에는 언제든지 가난한 자가 그치지 아니하겠으므로 내가 네게 명령하여 이르노니 너는 반드시 네 땅 안에 네 형제 중 곤란한 자와 궁핍한 자에게 네 손을 펼지니라 (신 15:11)

구제하는 이유는 그것이 복의 통로이며 하나님의 것을 인정하는 태도이기 때문이다. 계명에 **온전히 순종하는 길은 가난한 자들을 구제하는 데서 완성**된다고 할 수 있다. 마태복음 19장 21절에는 "네가 온전하고자 할진대 가서 네 소유를 팔아 가난한 자들에게 주라"고 말씀하신다. 신명기 26장 12절부터 15절에서는 레위인과 객과 고아와 과부에게 주어 먹고 배부르게 하라 하신 주의 명령대로 행한 후에야 자신들을 위한 복을 구하라고 명하는 모세의 모습이 나온다. 이에 대해 『매일성경』(2024년 4월 11일)의 해석자들은 이들을 배부르게 하고 난 후에야 주께서 내게 명령하신 대로 다 행하였다고 말할 수 있으며, 그제야 복을 내려 달라고 구할 수 있었다고 설명한다. 복을 받으려면 구제가 선행되어야 한다는 이야기이다. 하나님이 구제를 얼마나 중요하게 여기시는지 볼 수 있다.

하나님은 우리에게 모델을 주셨다. 이유를 묻지 말고 가난한 자들에게 꾸어주라고 하시는 하나님의 마음을 가장 닮은 욕구가 사랑의 욕구이다. 이 사랑의 욕구에 계획(생존), 자립하게 함(자유), 다양한 방식의 구제(즐거움), 구제에 사람들을 모음(힘)이 함께 모인다면 더 지혜롭게 구제할 수 있지 않을까?

적용 질문 ❓

1. 나는 설교를 들을 때(할 때) 어떤 욕구의 특징을 보이는가?

2. 나의 신앙과 성경 공부 모습을 욕구로 보면서 자신에 대해 새롭게 알게 된 것이 있다면 어떤 것이 있는가?

3. 신앙과 관련하여 이해하지 못했던 다른 사람을 이해하게 된 부분이 있다면 어떤 것인가?

4. 나의 성숙을 위해 보완해야 할 것들은 무엇인가?

욕구로 보면 화가 가장 많이 나는 사람은 누구?

생존의 욕구가 높은 사람들은 평소에는 차분해 보인다. 섣부른 행동은 하지 않고 늘 신중한 이들이기에 쉽게 화를 내지 않는다. 그러나 규칙, 상식, 정리, 위생 문제가 걸리면 화를 내는 경우가 많다. 이들에게는 규칙이 중요한 만큼 규칙을 어기는 상황이 다른 사람들보다 눈에 잘 띈다. 정리 정돈에 대해서도 예민하다. 가족 중에 정리 정돈을 못 하는 사람이 있다면 정리하는 법을 가르쳐 준다. 그런데도 잘되지 않고 혼돈이 계속되면 잔소리하며 화를 내게 된다. 비위생적인 행동이나 환경에 대해서도 화가 난다. 계획적이지 못하고 즉흥적으로 행동하다가 가족이나 주변 사람에게 피해를 주는 경우에도 화가 난다. 특히 같은 잘못이 반복될 때 화가 난다.

또 이들은 운전할 때 화가 많아진다. 도로 곳곳에 위험이 도사리고 있고, 운전하다 생기는 사고는 생명과 직결되기에 예민해진다. 과속하는 사람, 칼치기하며 끼어드는 사람, 난폭하게 운전하는 사람들을 보면 평소 부드럽던 사람의 입에서 거칠고 험한 말이 튀어나온다.

사랑의 욕구는 좀처럼 화를 내지 않고 웃는 모습을 자주 보인다. 그러나 이들은 관계 문제에서 화가 많이 날 수 있다. 시작은 서운함이다. 내가 기대하는 사람이 그 기대를 채워 주지 못하면 서운하다. 당연히 알고 있어야 할 내 관심사를 몰라도 서운하고, 내가 열심히 베푸는 친밀함과 사랑에 반응하지 않아도 서운하다. 나에게 연락하지 않아서 서운하고, 연락을 제때 받지 않음도 서운하다. 친하다고 여기는 자신에게 어려움을 공유하지 않은 것도 서운하다. 그렇다고 이 서운함을 표현하지는 않는다. 왜냐하면 상대방이 기분 나빠 하거나 관계가 어색해질까 봐 걱정되기 때문이다. 이 서운함이 쌓이고 쌓이면서 화로 표출된다. 쌓여서 표출된 화는 정색할 정도의 강도 높은 냉정함과 싸늘함을 품고 관계 단절로 나아가기도 한다.

아주 가까운 가족관계에서는 한두 번 참다가 불쑥 화로 터져 나오는 경우가 많다. 그렇게 화를 내고 나면 곧바로 미안해져서 금세 사과하기도 한다. 잠든 아이를 쓰다듬으며 화내서 미안하다고 훌쩍이는 어머니의 모습을 생각해 보라.

자유의 욕구는 사실 화라는 감정에서도 자유롭기를 바라기에 빨리 잊어버리려 하는 편이다. 그래서 화라는 감정과 연결된 상황에 대해 이야기하는 것도 부담스러워 회피하는 경우가 많다.

즐거움의 욕구는 가장 화를 덜 내는 유형이라고 할 수 있겠다. 가능하면 모든 것을 즐기려고 한다. 힘든 상황이 오더라도 "이것도 재미있다"라며 긍정적으로 말한다. 누군가 화를 내면 얼른 우스갯소리를 해서 어색한 분위기를 풀어 보려고 노력한다. 긍정적으로 보면 이들은 화를 푸는 도구를 장착하고 있다고 할 수 있다. 물론 상대방은 농담 때문에 더 화를 내기도 하겠지만 말이다.

즐거움의 욕구가 화가 덜 나긴 하지만, 인간이기에 화가 전혀 안 날 수는 없다. 재미없고 지루한 시간을 견뎌야 하거나, 맛있는 것을 못 먹거나, 즐기지 못하는 시간이 계속되면 스트레스가 쌓여 짜증이나 화로 드러나기도 한다. 이런 때도 이들은 화에 초점을 맞추려 하지 않는다. 더 즐겁고 좋은 일이 많은데 화라는 감정에 집중하기에는 삶이 아깝다고 여긴다. 화가 나면 몸을 움직이거나 다른 활동을 해서라도 그 감정에서 벗어나려고 한다. 이것은 화를 다루는 긍정적인 방법에 속하긴 하지만, 화라는 감정 자체를 있는 그대로 수용하지 못한다는 면에서 감정을 부정하는 기제에 속하기도 한다. 만약 이들이 힘의 욕구를 조금 갖추면 기분 나쁘지 않게 농담조로 자신의 불편함과 화를 표현하는 지혜를 발휘할 수 있다.

욕구마다 화가 나는 영역이 이렇게나 다르다. '저 사람은 왜 쓸데없는 일에 화를 내지?'라는 생각을 하게 될 때, 욕구마다 화내는 영역이 다르다는 사실은 이해를 넓히는 도구가 된다. 강렬하게 원하기 때문에 그 부분에서 감정적 진동이 클 수밖에 없는 것이다. 주변에 화내는 사람은 어떤 욕구로 인해 화를 내는지 물음표를 던져 보자!

여기서 짚고 넘어갈 것이 하나 있다. **화를 경험하는 것과 표현하는 것은 별개**의 사건이다. 화를 경험하는 것은 일상이고 자연스러운 일이다. 하지만 경험한 화를 어떻게 표현할지는 고민이 필요하다. 화를 표현할 때 화나지 않은 것처럼 하는 것도 문제이고, 소리 지르고 욕하거나 때리며 부수는 행동도 문제이다. 세움교회 박명재 목사는 설교(2021년 11월 5일)에서 "화가 폭력으로 나타날 때는 다른 사람의 마음을 파괴하여 악순환이 벌어지는데… 이 폭력은 하나님의 형상을 파괴하는 것으로 하나님에 대한 도전이고 하나님에 대한 반역이다"라고 하였다. 하나님은 분노의 표출과 욕설, 살인을 같은 것으로 보고 계심(마 5:21-24)을 주목할 필요가 있다. 화가 폭력이 되지 않도록 조곤조곤 말로 표현하는 것이 가장 좋은 방법이다.

적용 질문 ??

1. 나는 어떤 상황에 화를 내며, 화를 내는 방식은 어떤가? (욕구와 연결해서 나누어 보자.)

2. 내 분노의 장점과 단점은 무엇인가?

Christian Needs Coaching

02 / 욕구 갈등과 죄

6장.
욕구의 내면 갈등

상반된 욕구가 높을 때의 특징

  욕구 중에는 서로 반대되는 것이 있다. 상반된 욕구가 내 안에 같이 있다면 어떨까? 정반대의 생각이 같이 존재하니 딜레마가 생긴다. 그 딜레마는 자신을 괴롭히고 혼란스럽게 하는 정체 중 하나이다. 이를 알면 자신에 대한 이해가 깊어질 수 있다.

  물론 딜레마만 있는 것은 아니다. 상반된 욕구 덕분에 가질 수 있는 장점이 무한하다. 필요에 따라 긍정 방향으로 적절하게 사용하면 아주 훌륭한 일들을 많이 할 수 있다. 욕구코칭연구소에서는 다섯 가지 욕구가 다 높은 사람을 농반진반으로 세종대왕급이라고 칭한다. 세밀하고 섬세하게 구강구조를 다 파악해서 한글을 만드는 생존의 욕구와, 종들의 출산휴가를 처음으로 만든 사랑의 욕구, 반대에도 불구하고 백성을 위한 일이라면 포기하지 않았던 힘의 욕구와, 기존 틀을 벗어나 노비들을 관직에 세우는 자유의 욕구, 그리고 음식과 음악, 책 등을 좋아하는 즐거움의 욕구를 모두 지녔던 이가 세종대왕이다. 욕구코칭 관점으로 보면 세종대왕은 다섯 가지 욕구를 전부 긍정적인 방향으로 사용하여 우리나라에서 가장 존경받는 위인이 될 수 있었다. 상반된 욕구가 같이 높아서 나타나는 긍정적인 면과 딜레마에 대해서는 『욕구코칭』 책에 자세히 실려 있으니 참고하기를 바란다. 이 책에서는 내면 딜레마를 살피되 기존 내용에서 업그레이드된 부분과 신앙적인 면에 집중해서 살펴보려고 한다.

내면 딜레마를 가진 사람의 공통점을 먼저 살펴보자.

첫째, 생각이 많다. 한 가지 욕구로만 끝나지 않고 반대되는 부분까지 생각해야 하니 생각이 길어진다. 결정해야 하는데 결정을 내리기가 어렵다. 그래서 우유부단하다는 소리를 듣기도 한다.

둘째, 앞뒤가 달라 보인다. 말은 생존의 욕구로 해 놓고 행동은 자유나 즐거움으로 하는 식이다. 이중적인 느낌을 주기에 신뢰하지 못할 사람이라는 평가를 듣기도 한다.

셋째, 다른 사람을 섬기고 도와주면서 투덜거리는 사람들이 꽤 있다. 드러나지 않게 조용히 무언가를 하기가 어렵다. 주변에서는 "그렇게 투덜거릴 거면 하지 마!"라는 말이 튀어나오기도 한다. 이들은 왜 그럴까? 섬기고 돕고 싶은 사랑의 마음이 있어서 행동하지만, 귀찮고 하기 싫은 자유의 마음도 있기 때문이다. 한편으로는 그렇게 힘든데도 해내는 어려움을 말로 표현하고 싶은 힘의 욕구도 있다. 투덜거리지만 사실은 도와주고 싶은 마음이 더 크다. 어렵고 힘든데도 돕고 있다는 사실을 알아주면 투덜거림은 줄어들 수 있다.

넷째, 이들은 어떤 욕구를 선택해도 마음이 편치 않다. 이 욕구를 선택하면 다른 욕구가 울고, 반대로 선택해도 마찬가지이다. 그래서 이들의 마음은 때로

혼돈과 불안의 도가니가 된다. 자신이 정신적으로 문제가 있나 싶어서 병원을 가 보는 이들도 있다. 그러나 욕구로 보면 욕구 딜레마일 뿐, 문제가 아닌 경우가 훨씬 많다.

신앙생활 속 욕구 딜레마

신앙생활에서도 두 욕구 사이의 충돌이 내면 갈등으로 나타난다. 수요 예배에 꼭 참석해야 하는 것은 아니라고 생각하지만 참석하지 못하는 상황에 죄책감이 생긴다거나, 성도들과 친밀한 관계를 원하지만 누군가가 너무 침범해 오거나 훅 들어오면 불편해서 거리를 둔다.

때로는 선과 악의 딜레마에 빠지기도 한다. 말씀대로 하나님이 기뻐하시는 삶을 살기 원하지만, 세상이 추구하는 삶에 끌리는 나를 보게 된다. 사도바울도 마찬가지여서 "내가 원하는 것은 행하지 아니하고 도리어 미워하는 것을 행함"(롬 7:15)이라고 고백하였다. 우리도 비슷하다. 선을 행하고 싶지만 악을 행한다. 다섯 가지 기본 욕구로 보면 말씀을 따르고 싶은 생존의 긍정적인 마음과 마음대로 살고 싶은 자유의 부정적인 마음이 부딪히거나, 하나님을 사랑하는 긍정적인 마음과 내 멋대로 즐기고 싶은 즐거움의 부정적인 마음이 부딪히는 것이다. 하나씩 살펴보자.

자유 + 생존

꼭 큐티를 해야만 하는 것은 아니라고 생각하면서도 큐티를 안 하면 죄책감이 생긴다. 이들은 생존의 욕구를 사용하여 틀을 만든다. 하루에 성경을 몇 장 읽고, 새벽기도에 참석하고, 큐티 하고 등등. 그러나 자유의 욕구 성향이 불거져 나오면서 그렇게 하지 못하는 날이 많아 자기를 비판한다. 자기비판이 많다 보니 이들은 늘 괴롭고 생각이 많다. 생각이 이어지면서 '하나님은 왜 죄를 짓도록 만드셨을까?' 등의 근본적인 질문을 던진다. 그러면서도 '왜 난 단순하게 믿지 못할까?' 하는 생각에 스스로가 마음에 들지 않기도 한다.

생존 + 즐거움

설교를 집중해서 듣고 싶고 열심히 들으려 노력하는데 새로운 것이 없거나 늘어지는 느낌이 들면 자꾸 잠이 온다. 잠이 오면 죄책감이 든다. 아이들이라면 예배 시간에 집중하고 싶고, 기도에 집중하려는데 자꾸 잡생각이 난다. 집중이 안 된다. 놀고 싶다. 예배 시간에 자꾸 딴짓을 하거나 집중이 안 되면 나는 왜 이럴까 싶고 신앙생활이 나랑 안 맞나 싶다. 결국은 교회에 안 나오는 선택을 하기도 한다.

사랑 + 자유

교회 지체들과 공동체로 살자고 말하면서 정작 본인은 자주 만나는 것조차 좋아하지 않는다. 함께 있으면 살짝 불편하고 혼자 있으면 외롭다. 반대로 교회 모임에 나가기는 너무 귀찮은데 만나면 좋기도 하다. 하나님과의 친밀함을 추구하며 기도하는데, 자유의 특성 때문에 어떻게 해야 친밀한 것인지 감이 안 잡힌다. 기도할 거리도 많지 않고 구구절절 기도하려고 해도 자꾸 간단히 기도하게 된다. 그러고 나면 또 하나님과 친밀하게 교제하지 못해서 죄송하다.

힘 + 사랑

교회 목회자라면 이들은 평소에 성도 한 사람 한 사람을 잘 챙기며 마음에 품고 간절히 기도하는 분들이다. 이들은 힘의 욕구가 있기에 교회가 커지고 성장하기를 바란다. 그러나 한편으로는 교회가 커지면 사람들을 살뜰히 챙기기도 어렵고, 일일이 품고 기도하지 못하게 될 텐데 그것이 목회인가 싶은 마음도 있어서 어떻게 목회해야 하나 고민이 크다. 또 이들은 사랑으로 다른 사람을 돕고 그가 성장하도록 온 힘을 다해 섬기는데, 그 사람이 나보다 더 인정받거나 유명해지면 힘의 욕구가 발동하여 불편해진다. 이 경우, 그를 견제하는 마음이 오히려 더 커질 수도 있다.

딜레마도 하나님을 닮았을까?

우리는 하나님을 닮았다. 그렇다면 우리에게 있는 상반된 마음도 하나님을 닮은 것일까? 아니면 그저 우리의 부족함 때문일까? 하나님은 내면 갈등 같은 것은 없는 분 같다. 내면의 상반된 욕구 갈등은 죄인 된 우리에게만 있는 것 같다. 그러나 성경을 보면 하나님도 두 가지 상반된 마음을 가지셨다는 사실을 보게 되고, 이것은 우리에게 엄청난 위로가 된다. 물론 죄 된 마음으로 갈등하는 것과 차원이 다르다는 점은 분명히 밝혀 둔다.

예를 들면 하나님은 성읍을 심판할 마음이 있으시지만, 한편으로는 용서하고 싶어 하신다.

> 너희가 만일 정의를 행하며 진리를 구하는 자를 한 사람이라도 찾으면 내가 이 성읍을 용서하리라 / 어찌 이 일들에 대하여 벌하지 아니하겠으며 내 마음이 이런 나라에 보복하지 않겠느냐 (렘 5:1, 9)

이렇게 하나님도 두 마음이 있으시다. 심판하려는 생존의 욕구와 힘의 욕구, 그러함에도 용서하고 싶으신 사랑의 욕구 등 하나님은 여러 가지 욕구의 모습을 드러내신다. 그러나 우리 인간의 두 마음과는 전혀 다른 모습이다. 예레미야 30장을 보자. 하나님은 이스라엘의 악행과 죄가 허다해서 원수가 당할 고난을 받게 하고 하나님이 보시기에도 잔인하게(14절) 징계를 내렸다고 하신다. 그 후에 독특하게 '그러므로'(16절)라는 접속어가 붙으면서 회복시키신다고 하신다. "징계를 내리셨다 '그러나' 이제 회복시키신다"가 아니다. 징계를 내렸다가 우리 인간들처럼 미안한 마음에 회복시키시는 것이 아니다. '그러므로'라는 말은 하나님의 징계와 회복이 계획하에 이루어졌음을 보여 준다. 징계는 회복으로 가는 과정일 뿐이다. 하나님은 징계하시면서도 자신의 백성이 당하는 아픔에 슬퍼하신다. 그런 상태와 아픔을 긍휼히 여기시는 것이다. 마음이 아파도 꼭 필요한 징계는 하시고, 언젠가 회복시킬 것까지 계획하셨음을 알려 주신다. 이 계획의 목적은 우리가 하나님의 백성이 되고 하나님이 우리의 하나님이 되신다는 사실에 있다(22절). 목적을 가지고 계획하에 징계하시고 회복시키시는 하나님이시다. 하나님의 마음은 우리의 오락가락하는 두 마음과는 다르다.

성경에서는 인간으로 오신 예수님의 내면 갈등도 볼 수 있다. 예수님은 하나님의 선한 뜻으로 십자가를 지러 오셨다. 하지만 십자가를 향한 길이 고통스러워 피할 수 있다면 피하게 해 달라고 기도하셨다. 십자가를 지려는 마음과 벗어나고 싶은 마음이 다 있었다. 그 고통으로 예수님은 밤새워 기도하셨다.

욕구 딜레마를 해결하는 방법

욕구 딜레마를 다룰 때, 죄가 되는 부분과 그렇지 않은 부분에 대한 구분이 필요하다. 그러나 이것은 각자 하나님 앞에서 찾아야 할 영역이기 때문에, 여기서는 전체적인 방법만 함께 다루려고 한다.

먼저 사도바울이 선을 행하고 싶지만 죄를 행하는 자신의 마음에 대처하는 모습을 보면서 딜레마를 해결하는 단서를 찾을 수 있다. 필자가 복음주의 상담학회에 썼던 논문에서 제안한 방법을 요약 정리해 본다.

사도바울은 **첫째, 자신에 대해 인식하고 시인한다.** 사도바울이 자신을 깊이 들여다보니 그 속에 선한 것이 거하지 않았다. 간절히 원하지만 잘되지 않을 수밖에 없는 자신을 인식하였다. 이 인식은 혼란스러운 감정을 누그러뜨린다. **둘**

째, 그것을 죄로 고백하였다.** 선을 행하지 못하는 이유는 죄가 자신을 사로잡았기 때문이라고 하였다. 죄 된 상태를 인식하는 것이 필요하다. **셋째, 사도바울은 그 죄에 대해 절절하게 애통한다.** 고통으로 절규하였다. 죄를 보니 누구도 자신을 건져 낼 수 없겠다는 절망을 느꼈다. 이 애통함은 하나님의 법을 따르고자 하는 마음이 클수록 더 깊어질 수 있다. 내가 정말 하나님을 따르고 싶은지, 하나님을 기쁘게 하고 싶은지 그 욕구를 바라볼 필요가 있다. **넷째, 이 시점에서 사도바울은 하나님께로 초점을 옮겼다.** 절망 속이지만 하나님이 어떤 분이신지 파악하는 순간, 바로 하나님께 감사할 수 있게 되었다. 초점을 예수 그리스도로 옮기니 육신이 약해서 할 수 없는 것을 하나님이 하신다고 고백하게 되었다. 주님은 죄에서 해방시키는 분이시며, 정죄하지 않는 분이시기에 쓸데없는 죄책감에서 벗어날 필요가 있다. **다섯째, 사도바울은 하나님이 우리 속에 거하시면 육신을 따르지 않을 수 있다고 말한다**(롬 8:9-14). 그러므로 하나님을 온전히 의지하면 딜레마 상황에서도 육신을 따르지 않을 수 있다.

또 하나님의 두 마음을 살펴보면 배움이 될 수 있다. 예레미야서에 보면 하나님은 징계하던 것과 '같은 마음'으로 회복시키신다고 말씀하신다.

> 깨어서 그들을 뿌리 뽑으며 무너뜨리며 전복하며 멸망시키며 괴롭게 하던 것과 같이 내가 깨어서 그들을 세우며 심으리라 여호와의 말씀이니라 (렘 31:28)

깨어서 멸망시키던 것과 같이 깨어서 세우고 심으셔서 회복시키신다고 하신다. 여기서 하나님은 멸망시키실 때와 회복시키실 때, 목표도 같고 자세도 같음을 볼 수 있다. 이것을 다르게 표현해 보자면 두 가지 마음을 처음부터 계획하는 것이 성숙의 방법일 수 있다. 물론 쉬운 일은 아니다. 그러나 자신을 알고 있다면 가능하다. 하나님이 징계와 회복을 함께 이야기해 주셨던 것처럼, 우리의 두 마음을 예측할 수 있도록 자신과 다른 사람에게 알려 주는 것이다.

생존과 자유가 높다면 자유를 쓸 때 곧 생존을 쓸 날이 올 것을 알려 줄 수 있다. 사랑과 자유가 같이 높다면 처음에는 친절하지만 좀 지나면 어느 정도 거리를 두는 사람임을 알려 주는 것도 방법이다. 큰 그림을 그려 보는 것이다.

하나님처럼 **목적을 분명히 하여 계획**하는 것도 방법이다. 힘과 사랑의 욕구가 같이 높은 부모가 자녀를 혼내야 할 때를 생각해 보자. '아이를 제대로 훈련하여 좋은 사회성을 길러 주겠다는 목적을 가지고 엄하게 훈계한(힘) 후 꼭 안아 주고 잘 풀어 주어야지(사랑)'라고 계획하여 훈계한다면 감정적이지 않을 수 있다.

사도바울과 하나님의 딜레마 대처법을 기반으로 하여 욕구 딜레마에 대한 해결책을 정리해 보면 다음과 같다.

첫째, 먼저 자신에 대해 인식한다. 어떤 욕구와 어떤 욕구가 부딪히는 상황인지를 파악하는 것이다. 이것만으로도 딜레마 상황이 객관화의 길로 접어들 수 있다.

둘째, 하나님도 상반된 마음이 있으시니 우리의 **상반된 마음 자체가 잘못은 아님을 인식**한다. 상반된 마음이 있다는 것 자체만으로 스트레스를 받고 자신을 수용하지 못하여 마음이 우울해지는 경우를 많이 본다. 상반된 마음은 잘 사용하면 긍정적으로 쓰일 수 있다. 무엇보다 딜레마 상황은 하나님께 나아가 마음을 토로할 수 있는 귀한 통로가 된다는 사실도 놓치지 않아야 한다.

셋째, 상반된 마음 자체가 잘못되지 않았음을 알았다면 **두 가지 욕구 모두를 존중**해 줄 필요가 있다. 즉, 한 가지 욕구와 자신을 동일시하지 말아야 한다. 한쪽 욕구는 억누르고 다른 면에서 노력하는 행동을 멈추어야 한다. 우리는 가정환경이나 사회 문화의 영향으로 특정 욕구를 더 좋게 보는 경향이 있다. 이에 반하는 욕구가 나올 때는 스스로를 비난하는 경우가 많다. 이런 자기 비난이 딜레마를 더 크게 만든다.

　넷째, 둘 다 존중하는 마음으로 **두 가지 욕구 모두와 이야기를 나눈다**. 두 가지 욕구 모두를 알아봐 주는 것이다. 필자는 다른 사람에게 싫은 소리를 하는 것이 힘들다. 싫은 소리도 해야 한다는 마음으로 늘 노력하지만 쉽지 않았다. 『다락방 속의 자아들』이라는 책을 읽으며 "애쓸수록 더 안 된다"라는 글이 내 상태를 말하는 것 같아 동의가 되었다. 그때부터는 싫은 소리를 하려고 애쓰는 대신, 싫은 소리를 하면 힘든 마음과 싫은 소리를 해야 할 필요성 두 가지를 모두 다 알아주면서 다독이는 시간을 가졌더니 오히려 싫은 소리가 쉽게 나오는 것을 경험했다. 하나를 해내려고 애쓰는 것이 다른 욕구를 눌러 오히려 행동의 변화가 어려워진다는 사실을 확인하는 순간이었다. 두 가지 욕구를 모두 존중하며 두 욕구와 이야기를 나누는 것만으로도 행동의 변화가 올 수 있다.

　다섯째, **죄의 고백과 애통하는 마음이 필요하다**. 우리 마음에는 늘 죄성이 도사리고 있다. 인간은 부정적인 죄의 방향을 향해 가는 관성이 있다. 딜레마 중에 죄와 선함이 충돌하는 경우도 많다. 죄에 사로잡혔거나, 선하지 못한 방향으로 나아가고 있다면 사도바울처럼 자신의 약함을 하나님 앞에서 인식하고 고백하는 것이 필수다. 여기서 중요한 것은 딜레마 상황 가운데 하나님의 원하심을 따르려는 마음이 얼마나 있는지 확인하는 것이다. 하나님의 원하심을 따르려는 마음이 강한 만큼 우리는 자신의 약함을 애통해할 수 있다. 절절한 애통은 돌이키게 하는 계기가 된다.

　여섯째, **모든 관점과 초점을 하나님께로 옮기고 하나님을 초대**해야 한다. 내 딜레마 상황 속에 하나님이 주인 되시도록 초대해야 한다. 하나님께로 초점을 옮기면 육신이 약해서 할 수 없는 그것을 하나님이 하실 수 있다.

　일곱, 이제 **다른 행동을 할 수 있다**. 딜레마 상황에서도 부정적인 방향이 아니라 하나님이 원하시는 방향을 향해 나아갈 수 있다. 하나님이 보여 주신 방법처럼 목표와 계획을 가지고 선택하는 것이다. 하나님이 원하시는 목표를 세우고 이 욕구로 이런 행동을 하고 반대 욕구로 저런 행동을 해야겠다고 선택하는 것이다. 큰 그림을 그리면 가능하다.

적용 질문 ??

1. 자신에게 있는 욕구의 내면 딜레마는 무엇인가?

2. 내면 딜레마를 해결하는 방법 중 적용해 보고 싶은 것은 무엇이며 구체적으로 어떻게 적용하고 싶은가?

7장.
욕구로 본 관계 갈등

관계 속 욕구 갈등

관계 갈등을 욕구로 다룰 때 기본적으로 이해해야 할 요소들이 있다. 이 요소들을 이해하면 욕구별 갈등을 다루기가 한결 수월할 것이다.

첫째, 욕구가 다르면 당연히 갈등이 생긴다

욕구가 다른 사람들이 만나면 대인 관계 갈등이 생길 수밖에 없다. 내가 선호하는 방법과 반대되는 요소를 추구하기 때문에 이해가 되지 않고 불편함이 생긴다. 물론 남녀 사이에서는 나와 다른 사람이 매력적이어서 결혼까지 하게 되지만 실제로 결혼해서는 가장 매력적이었던 부분이 서로에게 가시로 작용하여 갈등으로 불거지는 경우가 허다하다. 서로 좋았던 관계가 일로 만나면서 부딪히고 깨지는 경우도 이 때문이다.

갈등이 다가올 때, '내 인생이 왜 이런 거야?' 혹은 '하나님은 왜 내게 이렇게 하시나요?'라며 원망하는 경우가 있다. 관계를 잘해야 하고 갈등이 없어야 한다는 기대 때문이다. 이는 불가능한 기대이다. 부족한 인간이 다른 부족한 인간과 만나는데 어떻게 갈등이 없겠는가? 사람은 서로 다르기에 부딪히고 갈등하는 것이 당연함을 기억할 필요가 있다. 때로는 평화로워야만 한다는 기대 때문에 갈등을 수용하지 못한다. 갈등을 수용하지 못하면 피하거나 눌러서 관계가 오히려 더 꼬인다. 갈등은 자연스러운 삶의 요소라고 받아들이는 것이 필요하다.

둘째, 다른 사람이 불편하게 여겨지는 이유는 내가 옳기 때문이다

많은 사람이 자기가 생각하고 추구하는 것이 옳다고 생각하기 때문에 다른 사람을 불편하게 여긴다. 강의 중에 상반된 욕구에 대해 어떤 것이 옳으냐고 물으면 대다수는 둘 다 옳다고 이야기한다. 그러나 현실에서는 대부분 자신의 욕구에서 나온 생각과 태도가 옳다고 여기기에 갈등이 생긴다. 사실, 옳고 그름이 아니라 욕구의 다름으로 보아야 할 부분이 더 많다. '모든 것이 다 옳다'라는 다원론을 말하려는 것이 아니다. 분명 잘못된 행동이 있고, 죄가 되는 부분은 지혜롭게 분별해야 한다. 그러나 상대의 행동이 죄가 아닌데도, 많은 경우 우리는 내 생각이 절대적이라고 여긴다. 예를 들면 치약 짜는 방법으로도 싸우는데 치약 짜는 방법에 선하고 악한 것이 있을 수 없다. 교회에서 드럼을 치는 것에 대해 찬반양론이 뜨겁게 펼쳐지고 갈등이 벌어지던 때가 있었다. 드럼은 세속적인 도구이기에 예배에서 쓰면 안 된다는 논리였다. 그러나 세월이 지나고 지금은 예배 시간에 드럼을 치는 것에 대해 논란의 여지가 없다. 이 또한 옳고 그름의 문제가 아닌 것이다. 욕구로 보면서 옳고 그름인지 아니면 문화적 차이인지 구분하는 눈이 생기기를 바란다.

셋째, 어떤 욕구든 상대에게 불편함을 끼치는 요소를 가지고 있다

욕구를 연구하다 보면 다른 사람의 행동에 불편함을 호소하면서도 정작 자신의 어떠함이 다른 사람에게 불편함을 끼치리라고는 생각하지 못하는 경우가 많다. 왜냐하면 자신의 그 성향은 가족 안에서 당연하고 옳은 것이었기 때문이다.

반대로 자신의 욕구 성향으로 인한 행동에 대해 부모로부터 문제라는 인식을 계속 받아 왔다면 자신의 모습을 옳다고 여기지 못하는 경우도 많다. 이런 경우는 욕구의 억압이란 측면에서 자신과 욕구가 같은 사람이 오히려 불편하게 여겨지기도 한다. 자신이 비난당했던 모습을 가진 사람이기에 오히려 더 화가 나서 비난하기도 하고, 자신은 당당하게 드러내지 못하는데 드러내고 있는 상대방이 부러워 화가 나기도 한다.

욕구로 보면, 내게는 당연한 행동을 불편해하는 욕구 성향이 존재한다는 것을 알게 된다. 그러면 관계를 다른 관점으로 보게 된다.

넷째, 다른 사람에 대한 불편함을 욕구로 보라

우리는 대부분 나를 불편하게 하면 나쁘고, 좋지 않은 사람으로 여긴다. 나를 괴롭히는 사람이라 여긴다. 그러나 괴롭히려는 것이 아니라 그저 그 사람의 욕구와 나의 욕구의 다름이 부딪히는 경우가 더 많다. 나에게 불편한 상대방을 다른 사람은 전혀 불편하게 여기지 않는 경우도 많다. 결국 나의 어떠함과 상대방의 어떠함이 부딪히는 것이지 그 사람이 나빠서만은 아님을 기억해야 한다. 욕구라는 객관적 도구로 보면 옳고 그름이 아니라 다름임을 알게 된다.

다섯째, 욕구로 인한 행동은 바뀌기가 쉽지 않음을 기억하라

필자는 힘의 욕구가 좀 낮은 편이다. 많이 노력하지만 힘의 욕구를 높이기가 쉽지 않다. 특히 직설적으로 말해야 하는 순간이 그렇게 괴로울 수가 없고 결국은 피하는 경우가 훨씬 많다. 독자들도 그런 경험이 많을 것이다. 내가 노력해도 잘 바뀌지 않듯이 상대도 잘 바뀌지 않음을 이해하는 것이 우선이다. 물론 노력하고 있고 조금씩 바뀌고 있지만 쉽지 않음을 인정하는 것에서 시작해야 한다.

욕구별 갈등 요인

갈등 요인은 욕구마다 다르다. 이번 장은 욕구별 갈등 요인을 통해 자신을 돌아보고 다른 사람의 욕구를 이해하는 계기가 될 것이다. 수많은 사람이 불편해하는 내용을 욕구별로 모아 정리해 보았다. 구체적인 예들은 세미나에서 이야기한 내용을 그대로 소개하는 것이 현장감 있고 도움이 될 것 같아서 구어체를 그대로 옮겨 본다. 뒤의 괄호는 불편해하는 욕구 성향이다.

생존의 욕구에 대한 불편함

생존 욕구의 갈등 요인은 자기의 틀, 조심스러워서 생각이 많음, 규범과 규칙의 절대화, 잔소리 등이 있다. 생존 욕구에 대해서는 주로 자유, 즐거움, 힘이 불편해한다.

① 자기의 틀

"왜 변화를 싫어하는지 모르겠다. 똑같은 것만 하면 지겹지 않나. 식당도 늘 갔던 곳만 가려고 하니 지겹고 불편한데 본인은 편하단다."(즐거움, 자유)

"나를 자신의 틀에 끼워 맞추려는 것 같아 부담스럽다."(자유)

"자기가 원하는 대로 안 하면 깐깐하고 비판적이라서 힘들다."(사랑, 자유)

"알아서 하고 있는데 자기 스타일로 청소를 하라고 하면 갑자기 하기 싫어

진다."(자유)

② 조심스러워서 생각이 많음

"안 되는 이유만 백 개다. 왜 뭐든 안 된다고 하는 걸까? 시도해 보지도 않고 안 된다고 하니 답답하다."(힘, 즐거움)

"생각이 너무 많으니 결정하는 데 너무 오래 걸려 기다리다 지친다."(힘)

"모임을 하면 자기표현을 좀 하면 좋겠는데 너무 조심스러워서 표현을 안 하니 어렵다."(사랑, 힘)

③ 규범과 규칙의 절대화

"규칙이 많아도 너무 많다. 놔둬도 될 영역까지 규칙을 만든다. 그래 놓고 꼭 필요하다고 한다."(자유)

"자기 생각과 다르면 잘못되었다고 하니 답답하다."(자유)

④ 잔소리

"먹는 것부터 시작해서 행동 하나하나까지 다 잔소리를 하니 답답하다."(자유, 힘)

"그냥 넘어가도 될 만한 일인데 자꾸 딴지를 걸고 불편해하니 힘들다. 생명이 위태롭거나 남에게 피해를 주지 않는 일이라면 제발 좀 넘어갑시다."(자유)

사랑의 욕구에 대한 불편함

사랑 욕구의 갈등 요인은 자기 방식의 사랑을 원하는 것과, 자기의 사랑 방식이 옳다고 여기는 것, 감정 표현이 과하고 서운함을 잘 타서 어떻게 맞춰야 할지 어렵다는 부분이다.

① 자기 방식의 사랑을 원함

"친해졌다고 모든 것을 다 표현해서 공유해 달라고 하니 갑갑하다."(자유)

"집에서 방문은 무조건 열어 놓으라고 하니 내 개인 공간과 시간이 없다." (자유)

② 내 사랑법이 옳음

"연락 안 하면 사랑이 없다고 비난한다. 연락 덜(못) 해도 사랑하고 있다." (자유)

"뭐든 함께 하기를 원하고 요구한다. 나도 혼자 시간이 필요하다고!"(자유)

"양보 배려가 좋은 것이긴 하지만 내가 원하지 않는 것까지 양보하라고 하진 말았으면 좋겠다."(자유, 힘)

③ 감정 표현이 과함

"표정이 다 드러나서 눈치가 보인다."(생존, 자유)

"좋을 땐 너무 좋아하는데 싫을 땐 너무 싫은 티가 팍팍 난다."(자유, 생존)

④ 서운함을 잘 탐

"이야기를 안 해서 서운하고, 표현을 안 해서 서운하고, 안 도와줘서 서운하고, 연락 안 해서 서운하고, 뭘 물어보지 않아서 서운하고... 왜 이렇게 서운한 것이 많은지 모르겠다."(자유)

"어느 순간 빵 터져서 이유도 이야기 안 해 주고 냉랭해지는 모습에 어찌할 바를 모르겠다. 미리 말을 좀 해 주지. 눈치를 줬다는데 말을 안 하면 나는 모른다고!"(자유, 힘)

힘의 욕구에 대한 불편함

힘의 욕구의 갈등 요인은 명령하고 지시하는 것과, 자기의 생각을 강요하는 것 그리고 공감이 약한 부분, 직설적으로 지적하는 부분이다.

① 명령과 지시

"강압적인 말투로 하라고 하니 안 하고 싶다."(자유)

"안 될 만한 상황임에도 미안해하지도 않고 부탁해서 부담을 준다."(사랑)

"자기 스스로 하면 될 일도 시키니 기분 나쁘다."(자유)

"세고 강한 말투에 마음이 쪼그라든다."(사랑)

② 자기 생각 강요

"자기 할 말만 하고 다른 사람의 말은 듣지 않는다."(사랑)

"다른 의견을 수용하지 않고 끝까지 자신의 의견만 주장한다."(사랑, 자유)

"자기 말대로 되지 않으면 기분 나빠 한다. 자기 말이 수용되어야 소통인가?"(사랑, 자유)

"생각이 다르면 화를 내는데 무섭다."(사랑, 생존)

③ 공감이 약하고 성찰을 잘 못함

"공감은 해 주지 않고 해결책만 제시하는데 난 해결책이 필요한 게 아니야."(사랑)

"힘든 상황을 이야기했더니 내 잘못을 이야기한다. 난 공감을 원한다고!"(사랑)

"잘못했는데 인정하지 않고 사과하지 않는다."(생존, 사랑)

"자기 자랑만 하고 자기의 잘못된 면에 대해서는 이야기하지 않는다."(생

존, 사랑)

"상대방 마음을 생각하지 않고 거절을 너무 쉽게 한다."(사랑)

"공공장소에서 큰 소리로 통화를 하는데 저는 그 내용을 듣고 싶지 않아요."(생존, 사랑)

④ 직설적인 지적

"불편함을 직설적으로 이야기하니 상처가 된다."(사랑, 생존)

"문제가 생기면 따로 이야기해 주면 좋겠는데, 공개적인 자리에서 이야기해 버리니 난감해지는 경우가 많다."(사랑, 생존)

자유의 욕구에 대한 불편함

자유 욕구의 갈등 요인은 규칙을 벗어나거나, 즉흥적인 행동, 함께하는 곳에서 벗어나는 것, 자기표현을 잘 안 하고, 늘 거리감 느끼게 만드는 행동 등이다.

① 규칙을 벗어남

"왜 매번 시간에 늦는지, 왜 약속을 잘 안 지키는지 답답하다."(생존)

"청소를 왜 안 할까."(생존)

"말은 해 놓고 행동하지 않는 것이 불편하다."(생존)

② 즉흥적인 행동

"계획해 놓은 것을 갑자기 변경하니 불안해진다. 계획은 지키라고 있는 겁니다."(생존)

"이랬다저랬다 기준이 너무 자주 바뀌니 안정감이 떨어진다. 어디에 맞추

어야 할지 모르겠다."(생존)

③ 함께하는 곳에서 벗어남
"함께하는 시간인데 안 보여서 보면 어디선가 혼자 시간을 보내고 있는 모습이 잘 이해가 안 된다."(사랑)

"회의할 때 꼭 필요한 회의가 아니라고 참석하지 않을 때, 누구는 좋아서 참석하나 싶어서 화가 난다."(사랑, 생존)

"다른 사람에게 도움을 구하면 될 일을 왜 혼자서 하면서 끙끙거리는지 답답하다. 왜 다른 사람을 필요로 하지 않는 걸까?"(사랑)

④ 자기표현을 잘 안 함
"있었던 일도 이야기하지 않고, 자기 마음도 잘 이야기하지 않으니 어떻게 지내는지 궁금한데 알 수가 없어서 답답하다. 답답하다고 하면 왜 그런 것으로 답답해하냐면서 이해를 못 해 주니 힘들다."(사랑)

"마음을 잘 나누지 않으려 하니 속을 모르겠다."(사랑)

"있었던 일을 잘 이야기하지 않으니 나에게 거리감을 느끼고 있는 느낌이 든다."(사랑)

⑤ 거리를 둠
"먼저 연락을 잘 하지 않으니 관심이 없는 것 같다."(사랑)

"메일이나 문자에 대해 확인을 잘 안 하니 속을 모르겠고 답답하다."(사랑, 생존, 힘)

"카톡이나 문장에서 단문으로 끊어 버리니 정이 없게 느껴진다."(사랑)

"나는 관심을 표현했을 뿐인데 자꾸 밀어내니 내가 무슨 문제가 있나 싶

다."(사랑)

"스킨십이 좋은데 자꾸 거절하니 나를 거절하는 것 같다."(사랑)

즐거움의 욕구에 대한 불편함

즐거움 욕구의 갈등 요인은 뭐든 긍정화하는 것과 자기가 좋으면 다른 사람들도 다 좋아할 것이라 여기는 것, 오버 반응, 즐거움의 과몰입 등이다.

① **긍정화**

"모든 것에 대해 다 괜찮고 잘될 거라고 하니 생각이 있나 싶다."(생존)

"나는 힘든데 힘든 마음에 대해 초점을 맞추거나 공감해 주진 않고 맛있는 거나 먹자면서 분위기 전환만 하려고 한다."(사랑)

"힘든데 자꾸 농담을 한다. 그래서 더 짜증이 난다."(사랑, 생존)

② **자기가 좋으면 다 좋다 여김**

"난 재미없는데 자기가 좋으면 나도 좋을 거라고 여기는 것 같다."(생존)

"난 힘든데 재미있다면서 끌고 가는데 괴롭기만 했다."(생존)

③ **오버 반응**

"칭찬을 많이 하는데 입에 발린 소리 같고, 진심이 아닌 것 같다."(생존)

"왜 별것도 아닌 일에 크게 놀라거나 호들갑인지 이해가 잘 안 간다."(생존)

"개인적인 일을 공공장소에서 크게 이야기를 하니 눈치가 없어 보인다." (생존, 사랑)

④ 즐거움의 과몰입

"왜 피곤하다면서 밤새 티비를 볼까 이해할 수가 없다. 그래 놓고 다음 날 피곤하다고 한다. 그럼 좀 자든가."(생존)

"맛있는 곳 찾아 먼 거리까지 가는 모습에 왜 쓸데없이 시간을 허비하나 싶다."(생존)

"몰입하면 다른 사람이 어떤지에 대해 너무 관심이 없어서 소외감이 느껴진다."(사랑)

욕구로 갈등을 예방하고 해결하는 방법

욕구 측면에서 행동을 보면 예방뿐 아니라 소통이 가능해져서 갈등이 생겨도 해결에 도움이 된다. 그러나 먼저 이해할 사항이 있다. 많은 사람이 건강한 소통에 대해 착각하고 있다는 점이다. 각자 욕구에 따라 '건강한 소통'에 대한 관점이 다르다. 이것을 모른 채 소통하려다 보면 자칫 자기 욕구의 소통 스타일을 더 강화할 수 있다. 건강한 소통에 대한 오해를 먼저 정리해 보고 건강한 소통법을 찾아가 보려 한다.

건강한 소통법에 대한 착각(오해)

건강한 소통법이라고 생각해 온 방법이 실제로는 건강하지 않은 경우가 정말 많다. 『커플 체크업』이라는 책에서 제시한 내용이 시사하는 바가 많아서 정리해서 욕구와 연결해 본다.

① 원하는 것이 이루어져야만 소통이 잘된 것이다?

이 오해로 인해 소통은 길을 잃는다. 내가 원하는 것을 포기하지 않기 때문이다. 내가 원하는 것이 이루어져서 상대방은 더 속상한 상황도 벌어질 수 있다. 힘의 욕구가 높은 이들이 할 수 있는 착각이다.

② 거절당하면 의사소통이 안 된 것이다?

거절을 의사소통이 안 된 것으로 보는 관점은, 거절을 '자신을 존중하지 않음'으로 받아들여서 거절한 사람에게 화가 나고 보복하고 싶은 마음마저 만들 수 있는 위험한 생각이다. 사랑의 욕구와 힘의 욕구가 부정 방향으로 갔을 때 이런 생각을 할 수 있다. 또 생존의 욕구가 자신이 옳다고 생각하며 요청한 것을 거절당하면, 상대를 상식과 기본이 없는 사람으로 취급하는 경우가 있는데 이는 소통을 막는 큰 걸림돌이다.

③ 경청은 듣기만 잘하면 된다?

나는 끝까지 잘 들었지만, 상대방은 경청했다고 느끼지 못하는 경우가 많다. 반응이 필요하다. 열심히 듣고 요약해 주고 반영해 주어야 제대로 된 경청이 될 수 있다.

④ 맞춰 주면 의사소통이 잘될 수 있다?

힘의 욕구가 낮거나 사랑의 욕구가 높은 이들은 싫어도 맞춰 주고는 의사소통이 잘된 것으로 마무리를 한다. 갈등이 싫기에 갈등을 막은 것만으로도 안심하는 것이지만 소통은 아니다. 실제로 마음속에 만족도도 낮을 수밖에 없다.

⑤ 내가 원하는 것을 친절하게 표현하여 결국은 얻어 낸다?

친절하게 표현하는 것은 좋지만 결국 얻어 내는 데 초점을 둔다면 이것도 잘된 소통은 아니다. 사랑과 힘의 욕구가 같이 높으면 친절하지만 결국 자기 뜻대로 할 수 있다.

건강한 의사소통이란

그렇다면 건강한 의사소통이란 무엇인가? 한마디로 나의 욕구를 명확하게 표현하고 상대방의 욕구도 함께 채우려는 것이다. 함께 윈윈하는 방법을 찾는 것이 건강한 의사소통이라 할 수 있다. 많은 이들이 건강하지 못한 의사소통을 하고 있는 것만 봐도 이것이 쉽지 않은 과정임을 알 수 있다. 그렇다면 어떻게 해야 건강한 의사소통을 할 수 있을까?

첫째, 감정의 원인을 자신의 욕구에서 찾는 것이다. 감정의 원인은 욕구이다. 욕구에서 감정이 나온다. 이것을 안다면 내 감정의 원인을 남에게 돌리지 않는다. "너 때문에 화가 나"가 아니라 "내가 존중받고 싶었기 때문에 화가 난다"로 표현할 수 있다. "너 때문에 상처받았어"가 아니라 "내가 이해받고 싶었기 때문에 서운하네"로 표현할 수 있다. 감정의 원인을 남 탓으로 돌리는 과정에서 갈등이 많이 일어나기에 자신에게서 감정의 원인을 찾는 것은 갈등 예방의 효과도 있으면서 소통의 기본이 된다.

둘째, 욕구에 주의를 기울여 본다. 내 욕구에 관심을 가지고 내가 원하는 것이 무엇인지 시간과 마음과 정성을 들여 주목해 본다. 일정 시간을 정해서 욕구에 주의를 기울이며 머물러 볼 수 있다.

셋째, 상대방의 욕구에도 주의를 기울인다. 사람이 어떤 행동을 했다면 이유가 있었을 것이다. 그 이유를 욕구로 보는 것이다. 문제의 결과에 초점을 두기보다 그 사람의 행동 이면에 있는 욕구를 파악하려고 하면 상대방은 자신을 있는 그대로 수용해 준다는 느낌에 마음의 빗장이 풀린다. 소통이 가능해지는 것이다.

넷째, 나와 상대의 욕구를 파악했다면 **타인의 권리를 침해하지 않으면서 자신의 감정, 권리와 바람을 표현하는 것**이 좋은 의사소통이다. 자신이 원하는 것을 분명하고 직접적으로 요청하면서도 다른 사람이 원하는 것을 함께 고려하는 것이다. 이때 전하게 되는 메시지는 '당신과 나, 우리의 욕구가 모두 중요하므로 둘의 욕구를 모두 충족시킬 해결책을 찾아 봅시다'이다. 이러한 의사소통은 자신의 책임을 인정하게 하고, 자신뿐 아니라 타인을 존중하는 방법이 된다. 둘 다의 욕구를 존중하는 이 방법이 다른 사람과 진실한 관계를 맺는 기초가 될 수 있다.

욕구 갈등을 통해 성장하는 우리

인간은 갈등 속에 사는 존재라고 해도 과언이 아닐 정도로 관계 갈등은 늘 우리와 함께한다. 가정에서도 부부 갈등은 있기 마련이고, 자녀를 낳고 키우면서는 사춘기 갈등을 대부분 겪게 된다. 친구 관계, 직장 내 관계, 교회 공동체 어디에도 갈등이 없는 곳은 없다. 사실 인간은 부족한 존재이기에 갈등이 없을 수 없다. 그렇다면 하나님은 왜 우리에게 갈등을 허락하셨을까? 가장 가까운 가족 내 갈등을 주신 이유를 살펴보면서 갈등에 대한 우리의 생각을 정리해 보려고 한다.

부부 갈등, 성장의 계획 안에 있다?

부부가 욕구가 달라 갈등을 겪는 것도 결국은 나를 성장시키려는 하나님의 계획하심이다.

왜 이렇게 다를까 싶은 부분도 알고 보면 내 선택이었다. 다름은 사실 엄청난 매력이 있다. 내게는 없는 어떤 부분이 나를 심쿵하게 한다. 나와 달라서 느끼게 되는 그 매력 덕분에 사랑하게 되고 하나가 되었다. 그런데 살다 보면 그 매력이 다름으로 드러나면서 갈등이 생긴다. 내가 편한 방향으로 상대를 바꾸고 싶어서 요구하고 강요하는 죄성이 움튼다. 하나님은 왜 갈등으로 이어질 수 있는 다름을 매력으로 느끼게 하셨을까?

다름을 그대로 인정하고 다른 욕구의 긍정방향을 생각하면서 서로 닮아 가는 것으로 방향을 잡으면 갈등도 줄어들 수 있다. 나아가 내게 없는 욕구를 가진 배우자가 소중하고 감사하게 여겨질 수 있다.

사춘기 갈등에 새겨진 하나님의 계획

성장은 그냥 되는 것이 아니다. 갈등이 있어야 부족함을 보게 되고 그제야 비로소 성장을 향해 나아가는 것이 인간이다. 어쩌면 하나님이 우리에게 갈등을 주시는 이유가 이 때문이지 않을까?

가장 중요한 갈등 중 하나가 사춘기 갈등이다. 갑자기 아이가 부모에게 대들기 시작하고, 조금만 잔소리 같다 싶거나 강제한다 싶으면 도끼눈을 하고는 덤벼든다. 이렇게 부딪히면서 부모는 '아, 이제 아이에게서 조금씩 거리 두기를 해야겠구나'를 깨닫게 된다. 이 부딪힘이 없으면 부모는 아이를 품에서 내놓기가 어려울 것이다. 부모는 자녀가 나이가 들어도 아이처럼 보는 경향이 있다. 이런 갈등이 없으면 만년 어린아이인 양 잔소리하고 챙기며 살 것이다. 캥거루족이 생기는 이유도 이 때문이지 않을까 싶다.

미국의 사회심리학자인 애덤 갤린스키[1]는 부모에게도 발달단계가 있다고 하였다. 부모가 미리부터 자녀 양육 방법을 알고 자녀 나이에 맞는 양육 태도를 보이는 것이 아니다. 아이의 발달단계마다 요청되는 필요와 아이의 행동에 의해 그에 맞는 부모가 된다는 내용이다. 특히 사춘기에 부모는 작은 일에도

---

[1] 애덤 갤린스키의 부모 발달단계는 이미지 형성기(임신 중), 양육기(만 2세까지), 권위 형성기(만 4세까지), 해석하는 시기(초등), 상호의존기(청소년기), 떠나보내는 시기(성인)로 나뉜다. 자녀의 행동을 통해 부모가 각 발달단계로 나아가게 된다는 공통점이 있다.

간섭을 싫어하고 반항하는 자녀와의 부딪힘을 통해 자녀와 거리를 두면서 상호의존의 방향으로 돌아서기 시작한다. 그전처럼 보살피고 돕는 행동을 지속하면 안 된다는 사실을 깨닫게 되는 것이다. 자녀를 키우는 이유는 자녀가 제대로 독립해서 살도록 하기 위함이지 않은가? 자녀는 반항을 통해 부모가 자신을 독립시키도록 경계를 만들고 있는 것이다.

이것을 생각하면 필자는 하나님의 놀라운 계획을 발견하며 감탄하게 된다. 인간의 약함과 한계를 아시고 자녀를 독립시킬 수밖에 없는 환경을 만들어 주신 것이다. 자녀를 독립시켜야 한다는 전제는 너무나 중요하지만, 쉽게 하지 못하는 부모에게 주시는 은혜가 바로 사춘기 갈등인 것이다.

이 외 수많은 갈등을 통해 우리는 배우고 성장한다.

욕구로 협상하는 방법

위에서 말했듯 나의 욕구도 소중히 여기고 상대방의 욕구도 소중히 여기려면 선택의 딜레마에 부닥치게 된다. 내 쪽을 선택하면 상대방이 불편하고, 반대로 하면 내가 불편하다. 그렇다면 해결책은 협상하고 타협하는 방법뿐이다.

토머스 길로비치가 『이 방에서 가장 지혜로운 사람』이라는 책에서 제시한 방법이 욕구 협상에도 좋은 잣대가 된다. 책에 따르면, 협상할 때 자신이 원하는 것이 무엇인지, 그것을 가져야만 하는 이유가 무엇인지, 그 대가로 자신들이 무엇을 포기할 준비가 되어 있는지에 대한 구체적인 제안을 가지고 상대방을 만나야 협상이 가능하다. 조금 더 구체적으로 보자.

자신이 원하는 것이 무엇인지 알아야 한다

많은 경우 자신이 원하는 것이 무엇인지 잘 모른다. "당신이 원하는 게 뭐야"라고 물었는데 "아, 몰라. 그냥 당신이 말한 그건 싫어"라고 하면 소통이 되지 않는다. 이것은 대화할 준비가 되지 않은 것이다. 반대하는 마음이 든다면 내가 무얼 원하는지를 생각해야 한다. 많은 갈등 요소 중 간단한 예를 들어 보겠다. 외식하러 가려고 가족끼리 메뉴 이야기를 나누고 있다. "고기를 먹으러 갈까?" 했더니 고기는 싫다고 한다. "그러면 칼국수는 어때?"라고 했더니 밀가루라서 싫단다. "그래서 뭐 먹으러 가고 싶은데?" 했더니 딱히 가고 싶은 곳이 있진 않단다. 싫은 건 분명한데 자신이 원하는 것은 모르는 이런 상황이 꽤 자주 펼쳐진다. 우리는 자신이 무엇을 원하는지 알아 가는 연습이 필요하다. 사실 깊이 살펴보면 내가 원하는 것이 있긴 하지만 주장하기에는 좀 미안한 마음이 들고 상대방이 맞춰 주기를 바라는 심리일 수도 있다.

왜 원하는지 이유도 알고 있어야 한다

갈등에서 협상하려면 분명한 이유가 있어야 한다. "왜 가고 싶어?" 했을 때 "그냥"이라는 답을 하는 경우가 꽤 있다. 이유도 없으면서 그냥 따라 주기를 바라는 것은 너무 맹목적으로 맞춰 주기를 바라는 경우가 된다. 분명한 이유를 찾는 연습을 하기 위해, 욕구코칭 세미나에서는 이야기 주인공이 자기 이야기를 하면 여러 사람이 욕구를 추측해 주는 시간을 꼭 갖는다. 이때 주인공더러 추측해 준 욕구 카드 중에서 한 가지를 고르라고 한다. 쉬워 보이지만 한 가지를 고르는 것은 대부분 쉬운 일이 아니다. 또 그 욕구를 고른 이유를 말하게 하는데 이유를 말하면서 자신의 욕구가 분명해질 수 있기 때문이다. 이런 연습이 쌓여야 욕구를 명확하게 알 수 있다.

상대방을 비판하지 말아야 한다

성경에서도 비판을 받지 않으려거든 비판하지 말라(마 7:1)고 하셨다. 우리는 비판을 받지 않으려 하면서 남은 잘 비판하고 판단한다. 이로 인해 소통은 깨지고, 비판받은 상대는 모멸과 수치심 혹은 분노로 가득 차서 관계에 금이 간다. 대부분의 비판은 '그건 분명히 네가 잘못된 것이야'라고 전제한다. 그것이 내 상식과 내가 자란 환경에서는 잘못된 것일 수 있지만 다른 사람이 볼 때는 잘못이 아닐 수도 있다. 설령 100퍼센트 잘못되었어도 비판은 도움이 되지 않는다. 이때는 아래에 제시하는 방법으로 하나님께 맡기고 기도하며 상대의 마음이 바뀌기를 기다리는 것이 최선의 방법이다.

협상하려면 내가 포기할 준비가 되어 있는지도 생각해 두어야 한다. 내 생각만 밀어붙이려 한다면 그것은 소통이 아니다. 강압이자 폭력이다. 서로 의견이 달라서 이야기를 나눠야 한다면 '이런 면은 내가 포기할 수 있겠다' 싶은 부분을 생각해 두어야 한다.

마지막으로 가장 중요한 것은 **처음부터 끝까지 과정 가운데 이어지는 기도이다.** 서로 다름으로 감정이 불편해질 때부터 기도해야 한다. 하나님이 나와 상대방의 마음을 만지시기를 기도한다. 하나님은 우리의 마음과 생각을 지키시는 분이시기에 변화는 하나님으로부터 나옴을 기억하자. 나도 상대방도 어제와 똑같은 사람이 아니다. 세포 하나하나가 변화되고 있고 하나님 안에서 말씀과 찬양, 기도로 때로는 사건을 통해 변화되고 있는 사람임을 기억하자. 그런 변화를 주실 것을 믿고 기도할 때 평화가 우리에게 임할 수 있다.

평화를 여는 열쇠는 결국 하나님께 있다. 그것을 믿고 상대를 위해 긍휼을 구하는 기도를 하자. 야곱이 외삼촌 라반의 집에서 도망쳐 나왔을 때, 라반이 야곱을 쫓아와 말싸움을 벌이지만 결국 화해하게 된 이유는 하나님이 라반의 꿈에 나타나 말씀해 주셨기 때문이었다. 하나님이 여러 통로를 통해 말씀해 주실 것을 믿고 기다리자.

갈등 속의 영적 싸움 자각하기

 그 사람의 어떠함이 도저히 내 생각과 상식으로 이해되지 않을 때가 있다. 다른 사람에게 물어보아도 내 생각이 맞다. 그러나 상대방은 자신의 잘못이 아니라고 한다. 이런 상황은 답답하고 풀기 어려워 보인다. 이럴 때일수록 누군가와의 관계 갈등은 결국 영적 싸움임을 기억할 필요가 있다. 관계 갈등이 왜 영적인 문제인지 예를 들어 보겠다.

 욕구에 대해 잘 아는 S가 기차를 타고 남편이 있는 곳으로 갔다. 약속한 밤 시간에 도착했는데 남편에게 전화하니 계속 통화 중이다. 20여 분 동안 아무리 전화를 해도 계속 통화 중이다. 결국 통화가 되어 만났지만, 화가 난 S는 언성이 높아졌다. 그러자 남편은 내가 그 사람에게 먼저 전화를 한 것도 아니고 전화가 와서 받았고 그 사람이 오래 이야기를 한 건데 왜 나한테 뭐라고 하냐면서 도리어 화를 냈다. 그 정도도 못 기다리냐면서. S는 결국 혼자 분을 삭이며 용서하기로 했지만, 자기가 일부러 그런 것이 아니라도 아내를 기다리게 한 것에 대해 미안하다고 한마디만 하면 될 일인데 왜 어렵게 만드냐 싶어 남편이 야속했다. 이런 사람인 줄 결혼 전에 알았으면 결혼을 안 했을 거라는 마음까지 들면서 속상해졌다. 그렇지만 지금 와서 이 정도 가지고 안 살 것도 아니니 그냥 용서해 주기로 마음을 먹는다.

 욕구로 보면 아내 S는 사랑의 욕구로, 기다림으로 인한 불편함을 남편이 이해해 주고 미안해하기를 바랐다. 하지만 남편은 자신이 의도한 상황이 아니었기에 자신의 잘못이 아니라는 힘의 욕구였다. 힘의 욕구는 상대가 화를 내면 자신이 공격당한다는 느낌 때문에 더 미안하다고 말하기가 싫어지는 면이 있다. 아내는 그렇게 남편을 해석하고 이해했다며 넘어가고 있었지만 속상함은 여전하였다. 그러다 주일 설교 말씀을 들으면서 아내는 깨달았다. 사람은 사랑하고 긍휼히 여기고 불쌍히 여겨야 할 대상이지 싸워야 할 대상은 아니라는 말씀 앞에 마음이 정리되었다. '그래, 남편도 배우지 못했던 거지' 하는 마음으로 긍휼히 여기게 되었다. 또한 이 상황이 겉보기에는 남편과의 갈등이지만 더 깊이 들어가면 영적 싸움임을 자각하게 되었다. 그러자 S는 전혀 다른 관점으로 이 상황을 보게 되었다. 욕구 갈등 이면에 있는 영적 싸움을 자각하자 남편이 아니라 보이지 않는 영과의 전투라 여기고 기도하게 되었다.

> 우리의 씨름은 혈과 육을 상대하는 것이 아니요 통치자들과 권세들과 이 어둠의 세상 주관자들과 하늘에 있는 악의 영들을 상대함이라 (엡 6:12)

우리가 싸울 대상은 영적 존재임을 우리는 망각하고 산다. 우리의 싸움은 혈과 육의 싸움이 아니다. 사람이 싸움의 대상으로 보이지만 그 뒤에는 세상을 주관하는 영이 있다. 영적 싸움이라고 여기면 우리의 생각이 전환된다. 거시적인 관점으로 보고 내 앞에 있는 사람의 어떠함에 매몰되지 않게 된다.

결국 욕구도 십자가를 통과해야만 한다. 아내 S는 자신의 사랑의 욕구로 인해 남편도 자신과 같은 마음이기를 기대하는 마음이 십자가를 통과해야 한다. 관계에서 부족하고 연약해 보이는 것이 죄인인 인간의 어쩔 수 없는 약함임을 인정할 필요가 있다. 남편 또한 힘의 욕구가 십자가를 통과해야 한다. 누군가 화를 내면서 나를 공격하는 듯 느껴질 때, 본인이 약하고 실수투성이인 존재임을 기억하며 자기 잘못을 겸손하게 인정해야 하고, 하나님이 원하시는 것이 무엇인지 생각해야 한다.

욕구별 소통법

인간에게 다섯 가지 기본 욕구가 있다는 것은 참 감사한 일이다. 왜냐하면 다섯 가지 기본 욕구에 맞게 대처하면 웬만하면 다 통하기 때문이다. 때마다 다른 욕구를 쓴다 해도 다섯 가지 욕구별 소통법만 알면 대충 맞출 수 있다. 욕구별 소통법에 딱 맞추지 못한다 해도 욕구를 존중하려는 마음만으로도 연결되기 때문에 큰 문제가 되지는 않는다.

어떻게 대하면 욕구를 채우면서 문제를 예방하고, 힘들었던 마음이 풀릴 수 있을까?

이 소통법은 만 명 이상의 사람에게 욕구코칭 세미나를 하면서 도출해 낸 방법이고, 이 방법대로 대했을 때 통한다는 것을 많은 사례를 통해 확인했다.

힘의 욕구와 소통하는 방법

힘의 욕구는 인정받고 싶은 마음이 큰 이들이다. 물론 모든 욕구가 인정받기를 원한다. 하지만 힘의 욕구는 인정받고 싶다고 대놓고 당당하게 표현하므로 인정받고 싶은 욕구에 초점을 두면 더 큰 도움이 된다.

사실 힘의 욕구는 가장 대하기 어렵게 느껴진다. 세 보이고, 논쟁 상황이 되면 목소리가 커지고, 자기주장이 강한 데다 잘 굽히지 않아서 소통이 어렵다고들 느낀다. 그러나 실제로는 가장 단순한 욕구가 힘의 욕구이다. 마음이 복잡하지 않다. 존중과 경청, 칭찬 등이 이들과의 관계를 쉽게 풀어 준다.

첫째, 이들은 **경청**만 잘해 주어도 자신을 존중한다고 느낀다. 힘의 욕구는 자기 생각을 잘 표현한다. 아이들이라면 말이 많기도 하다. 이때 그만 좀 이야기하라거나 말을 자르면 자신을 무시한다고 느껴서 관계가 어려워진다. 끝까지 듣고, 들은 말이 어떤 의미인지 내가 이해한 내용을 가끔 표현해 주면(이것이 반영적 경청이다) 적극적으로 자신의 이야기를 들어 준다고 느껴 상대에게 깍듯해진다.

둘째, **칭찬과 격려**가 필요하다. 이들은 인정받고 싶어 하기 때문이다. 칭찬과 격려는 인정받는다고 느끼게 한다. "잘하였도다 착하고 충성된 종아"(마

25:21) 주님이 달란트를 남긴 종들에게 했던 이런 칭찬을 받고 싶어 한다. 그래서 이들은 잘하려고 끝까지 노력한다. 노력한 만큼 좋은 결과가 있기를 바라고 칭찬받기를 바란다. 때로는 기대가 너무 높아서 잘되지 않으면 쉽게 포기하려 하기도 한다. 이때 작은 성취를 알아주며 칭찬하고 격려하면 이들이 차근차근 자신의 걸음을 걸어 나가는 데 도움이 된다.

만약 칭찬할 것이 없다면 어떻게 할까? 특히 자녀들에게 칭찬할 거리가 없는데 무슨 칭찬을 하냐고 말하는 분들이 있다. 힘의 욕구는 잘하고 싶은 마음이 다른 사람보다 훨씬 더 강하다. 그만큼 안될 때 화가 나고 화가 나는 만큼 더 노력하는 것이 힘의 욕구의 특징이다. 그렇게 노력했지만 잘 안되거나 못했을 때 이들이 가장 많이 느끼는 감정은 억울함이다. 부모들은 말한다. 왜 맨날 억울한지 알 수가 없다고. 노력한 만큼 안돼서 분한 것이다. 그래서 이들에게는 결과적으로 잘하지 못했더라도 그 과정에서 노력한 부분이라도 칭찬해야 더 잘할 마음이 생긴다. 만약 잘못된 것을 지적해야 할 때에도 좋은 부분에 대한 칭찬을 먼저 해 주는 것이 도움이 된다. 누구에게나 어떤 상황이든 좋은 부분은 있다. 못 찾을 뿐이다.

셋째, **부드럽고 친절한 태도**가 필요하다. 이들에게 화를 내는 순간, 이들은 자신을 나무라거나 싸우자는 것으로 인식해서 더 세게 나온다. 그래서 화를 내지 않는 것이 중요하다.

넷째, **부드럽고 합리적**으로 대한다. 이들은 설득이 되면 수용한다. 여기서 중요한 것은 논쟁하는 느낌이 들지 않게 부드러우면서 합리적으로 설득하는 것이다.

다섯째, 다른 욕구도 마찬가지이지만 이들에게는 **욕구가 눌린다고 없어지는 것이 아님**을 기억해야 한다. 힘의 욕구는 자기보다 센 사람 앞에서는 숙인다. 만약 억울한 마음으로 숙였다면 어디에선가는 힘의 욕구를 발휘해야 한다. 힘의 욕구가 높은 부모 밑에 눌려서 집에서는 고분고분하던 아이가 학교에서는 문제행동을 많이 하는 경우가 있다. 그러면 부모는 학교에서 지도를 잘 못해서 그런 것이라고 여긴다. 아니다. 힘의 욕구가 부당하게 눌리면 다른 곳에서 왜곡된 모습으로 드러난다.

또 하나, 힘의 욕구는 억울함이나 부당함을 참았으면 언젠가는 한번 들이받아야겠다는 마음을 가진다. 보통 청소년 시기(혹은 대학 초기)에 대반란을 일으키는 것이 이 때문인 경우가 많다. 반면 존경스러운 사람이라면 깍듯하게 멘토로 모시는 것이 힘의 욕구의 속성이기도 하다.

생존의 욕구와 소통하는 방법

생존의 욕구를 대할 때는 첫째, **미리 상세하게 알려 줄** 필요가 있다. 이들은 정확한 예측이 중요하다. 교회에서 성탄절 행사를 하면서 청바지에 흰 티를 입어야 한다고 말하면 청바지는 검은색도 괜찮은지, 흰 티에 무늬가 있어도 되는지 세부 사항이 궁금하여 확인한다. 이때는 구체적으로 상세하게 알려 주면 좋다. 생존의 욕구가 높은 이들은 자녀에게도 교회 학생들에게도 친절하게 브리핑을 잘한다. 시간대별로 어떻게 진행되는지 미리미리 알려 준다. 이런 행동을 한다는 것은 자신에게도 그렇게 해 주기를 바란다는 의미로 보아도 무방하다.

둘째, 세부적인 것을 물어볼 때 **친절하게 답**해 주는 것이 좋다. 뭘 자꾸 꼬치꼬치 묻느냐고 타박하면, 실수하기 싫어서 질문하는 이들에게 상처가 되기도 한다.

셋째, **생각할 시간**을 주라. 이들은 뭔가 결정하려면 생각할 시간이 다른 사람들보다 많이 필요하다. 예를 들어 부서 회의에서 갑작스럽게 어떤 결정을 내리게 되었다. 별다른 이야기가 없어서 순조롭게 결정했는데, 나중에 그 결정의 문제점을 제기하는 사람들이 있다. 그러면 다른 사람들은 이미 결정되었는데 왜 그때는 이야기 안 하다가 뒷북을 치냐고 답답해한다. 이들은 왜 그럴까? 생존의 욕구는 생각할 시간이 많이 필요하다. 즉흥적으로 나온 안건이라 생각이 정리되지 않아서 반대 의견을 이야기하지 못했지만, 생각해 보니 문제가 될 만한 내용이 많기에 고민하면서 이야기를 꺼낸 것이다. 생존의 욕구에게는 회의 전에 주제를 미리 알려서 생각할 시간을 주는 것이 필요하다. 발표를 해야 할 때도 마찬가지다. 생각을 정리할 시간을 확보해 주는 것이 중요하다. 생각해 보라고 하고 다른 사람 이야기를 다 들은 후 마지막에 이야기할 기회를 주는 것도 도움이 될 것이다.

넷째, 이들은 새로운 것에 **적응하는 데 시간**이 많이 걸림을 기억해야 한다. 변화보다는 늘 하던 것이 편한 이들이다. 교회 야유회를 가서 새로운 놀이를 하면 빠지려는 경우가 많다. 왜냐하면 놀이 자체를 좋아하지 않기도 하고, 익숙한 놀이를 선호하기 때문이다. 교회를 새롭게 구조 개편하려고 해도 생존의 욕구는 원래 하던 대로 하는 것이 더 편하기 때문에 주저하거나 어려워할 가능성이 크다. 변화를 원한다면 미리 알려 주고, 변화 뒤의 모습에 미리 익숙해지도록 어떻게 변할지를 자세히 알려 주면서 천천히 나아가야 함께 갈 수 있다.

사랑의 욕구와 소통하는 방법

첫째, **감정과 욕구를 잘 공감**해 주는 것이 필수다. 이들은 "공감만 해 주면 원하는 게 이뤄지지 않아도 된다"라고 표현할 정도로 공감이 중요하다. 한 여성은 치킨을 먹고 싶다고 말했을 때 남편이 "아, 치킨 먹고 싶어?" 이렇게만 말하면 다른 것을 시켜도 상관이 없다고 했다. 또 "밥하기가 너무 싫다"라고 표현했더니 남편이 "그럼 시켜 먹을까?"라고 말하는 순간, 하고 싶은 마음이 생겨 열심히 밥을 했다는 일화도 있다. 사랑의 욕구는 다른 사람에게 맞춰 주고 싶은 마음도 크기 때문에 공감만 해 주면 더 잘 맞춰 주고 싶은 마음이 생기는 것이라 할 수 있다.

둘째, **거절해도 된다고 말해 줄 필요**가 있다. 교회에서 어떤 역할을 맡아 달라고 제안할 때 이들은 다 수용해야 할 것 같은 부담을 가진다. 거절하면 제안한 사람이 기분 나빠 할까 봐 거절하지 않다 보니 수많은 일을 다 끌어안고 나중에는 고통스러워서 교회를 떠나고 싶어지기도 한다. 제안은 하지만 거절해도 괜찮다고 말하면서 생각할 시간을 주면, 무리하지 않게 결정할 수 있다.

셋째, 이들에게 가장 **부담을 주는 말**은 "착하다" 혹은 "좋은 사람이다"라는 말이다. 이 말은 이들이 더 거절하지 못하게 하는 말이자, 자신을 눌러 모든 것을 남에게 맞춰 살게 하고 자기답지 못하게 하는 말임을 기억하자.

넷째, 사랑의 욕구는 **미소와 부드러운 말**을 좋아한다. 만약 큰 소리로 강하게 이야기하면 그 어조만으로도 상처받을 수 있다. 힘의 욕구는 의견이 엇갈리면 목소리가 커지는데, 사랑의 욕구는 상대방이 화났다고 여겨 더 이상 말을 하기가 어려워진다. 이때 힘의 욕구는 "거봐, 내 말이 맞지! 아무 말도 못 하잖아"라면서 이겼다고 여기는데 사랑의 욕구는 수긍해서가 아니라 갈등이 싫어서 피하는 경우가 많다.

다섯째, **제스처**를 좋아한다. 만약 교회 아이 가운데 사랑이 필요한 아이가 있다면, 하트 모양을 날린다거나 하여 특별히 자신을 사랑한다는 느낌을 줄 수 있다. 즐거움까지 같이 높다면 제스처는 자연스럽게 친해지는 좋은 도구가 될 수 있다.

여섯째, 이들은 **선물에 감동 포인트**가 있으면 더 기뻐한다. 문자나 메시지도 짧게 "고마워"나 "사랑해" 하기보다는 왜 고마운지 설명이 들어가고 내 마음이 어떤지까지 들어가면 훨씬 더 연결되는 느낌이 든다. 이들로부터 선물을 받았다면, 그 선물이 어땠는지 느낌을 설명해 주면 더 좋다.

자유의 욕구와 소통하는 방법

자유의 욕구는 가장 마음을 알기가 어렵다. 왜냐하면 자기 스스로도 모르는 경우가 많기 때문이다. 그러나 존중하는 마음은 이들과도 통할 수 있다.

첫째, 이들은 강요와 지시 등을 싫어하기 때문에 스스로 **선택하도록 기회**를 줄 필요가 있다. 해답을 제시하는 것도 답안을 내놓는 것도 이들에게는 큰 도움이 되지 않는다.

둘째, **짧게 이야기**한다. 길게 이야기하면 이들은 생각이 흐려지면서 맥을 잡기가 어려워진다. 했던 이야기를 반복하는 것도 아주 싫어한다. 때로 부모들은 눈을 똑바로 쳐다보고 들으라며 자녀의 얼굴을 부여잡고 말하는데, 말이 길어질수록 눈은 부모를 보고 있지만 영혼은 그곳에서 탈출해 버린다. 전하고 싶은 메시지를 짧고 굵게 전하는 것이 중요하다.

셋째, **"왜"라는 질문에 답**을 해 준다. 이들은 왜라고 물었을 때 "그런 건 왜 궁금해하냐"고 타박을 당하거나 "궁금해할 시간에 공부나 해"라는 답을 받은 경우가 많다. 이들은 진정으로 궁금해서 왜냐고 묻는 것이지 따지거나 반항하려는 것이 아니다. 반항이나 하기 싫어서 하는 말이라고 오해하는 순간, 이들과는 소통하기가 어렵다. 왜라는 질문은 많은 학문을 발전시켰고, 본질을 놓치지 않게 한다. 왜라는 질문을 받았다면 왜라는 물음을 스스로에게도 해 볼 필요가 있다. 본질을 놓치고 형식만 있는 것은 아닌지 돌아볼 일이다.

넷째, **경험으로 깨닫는** 이들이기에 미리 잔소리를 많이 해 봤자 아무 소용이 없음을 기억해야 한다. 특히 아이들이라면 더 기억할 부분이다. 자유의 욕구는 말로 깨닫지 않는다. 그래서 참 어렵다. 이런 아이들에게는 "이 행동을 하면 결과가 이렇게 나올 것이다"라고 말해 주는 정도로 충분하다. 그 후 그 결과가 닥쳤을 때 깨달을 수 있는 기회를 허락해 주어야 한다. 이때 "그것 봐. 내가 뭐라 그랬어. 그렇게 된다고 했지. 앞으로 하면 되겠어, 안 되겠어?" 이런 말은 전혀 도움이 되지 않는다. 특히 사춘기 자녀라면 더욱 그렇다! 오히려 "결과가 이렇게 나왔네. 넌 어떻게 생각해?" 하면서 자녀가 본인의 생각을 정리해서 본인이 어떻게 해야 할지 자신의 말로 말하도록 하는 것이 도움이 된다.

다섯째, 이들은 "네, 알겠습니다" 해 놓고 안 하는 경우가 많다. 자녀들이 부모에게 이런 행동을 많이 하고, 특히 며느리들 중에 시어머니에게 이런 행동을 하는 경우가 꽤 있다. 왜 이럴까? 이들은 평화를 깨고 싶지 않기 때문에 "싫어요"라는 말을 잘 하지 않는다. 싫다고 하면 싸우자거나 갈등을 만드는 상황이 되기 때문이다. 따라서 **"알겠다"라는 말은 이들에게 나름의 예의 있는 거절**인 셈이다. 이 행동을 이해하기만 해도 "왜 '예'라고 약속해 놓고 안 하냐"라며 싸우는 일은 줄어들지 않을까 싶다.

여섯째, 이들은 **존재 자체만으로도 인정**해 주는 것이 소통에 가장 도움이 된다. 자유의 욕구는 늘 이해받지 못하는 삶을 산 경우가 많다. 집에서뿐 아니라 특히 학교나 교회에서 수용받지 못하는 경우가 많다. 이들에게 자유의 욕구 특성만으로도 소중한 존재임을 알려 주면 좋다.

즐거움의 욕구와 소통하는 방법

이들은 사실 맞춰 주기보다는 이들의 에너지와 활기를 인정하기만 하면 소통은 어렵지 않다. 즐거움의 욕구는 아래와 같은 특징이 있다.

첫째, 이들은 **즐겁고 화기애애한 분위기**를 원한다. 딱딱하고 어색한 분위기를 고통스러워한다는 점을 기억해야 한다. 이들은 어색함을 바꾸기 위해 엉뚱한 말을 하기도 한다. 그때 쓸데없는 말을 한다고 타박하기보다 "분위기를 부드럽고 밝게 바꾸고 싶군요"라는 말로 공감해 주면 어떨까? 너무 진지하기만 한 분위기는 이들을 그곳에서 벗어나고 싶게 만든다. 즐거움의 욕구와 잘 소통하려면 굳은 표정과 딱딱한 분위기는 가급적 자제하는 것이 좋다.

둘째, 아이들이라면 **에너지가 많고 오버**하는 행동을 자주 하는데 그때마다 "가만히 좀 있어라", "오버 좀 하지 마라"라고 한다면 이 아이들은 즐겁게 만들고 싶은 자신의 마음이 이상한 듯 여겨져 자존감에 손상이 올 수도 있다. 이상한 행동을 하고 상황과 맞지 않게 춤을 춘다고 하더라도, 오버하는 상황이 불편하게 여겨지더라도 누군가에게 피해를 주는 것이 아니라면 인정해 주자. 그것이 나중에 관계 속 리액션의 기반이 되고 많은 이에게 밝음을 선사하는 도구가 된다.

셋째, 이들의 열정과 **에너지를 사용할 수 있는 공간**이 필요하다. 어린아이들이라면 집이나 교회에 방방 뛰면서 소리 지르고 깔깔깔 웃을 수 있는 공간이 있으면 제일 행복하다. 청소년이나 청년들이라면 새롭고 재미있는 활동이 있을 때 생기를 느낀다. 어른들이라면 뜨겁게 찬양하고 함께 열정적으로 기도하는 분위기가 필요하다. 또 새로운 배움의 기쁨을 누릴 수 있는 공간이 있으면 좋다.

넷째, 이들은 박장대소하면서 재미있게 웃고 함께 맛있는 밥을 먹으면서 **즐기는 공간**이 필수적으로 필요하다. 즐거움을 함께 누릴 수 있는 공간에서 이들은 존재감을 느낀다.

욕구별 기억과 갈등

욕구에 따라 기억하는 경향이 다르다. 원하는 것이 무엇인지에 따라 기억도 달라진다. 내 욕구에 맞춰 필요한 것은 기억하고 원하는 욕구에 방해가 되는 것이면 잊는다. 이렇게 기억하는 성향 때문에 갈등이 빚어지는 경우가 많다. 욕구별 기억의 특징과 그것이 어떻게 갈등으로 이어지는지 살펴보겠다.

생존의 욕구는 세밀함을 원하고 세세하게 보는 눈이 있는 만큼 사소하고 작아 보이는 것까지 잘 기억한다. 작은 것도 기억해야 만일을 대비할 수 있고 정확하게 말할 수 있기 때문이다. 혹시 힘든 경험을 했다면 잘 기억해야 그 경험을 다시 안 하도록 대비할 수 있고, 실수했다면 다시 그런 실수를 안 할 수 있기 때문이다. 때로 힘든 기억이 너무 선명해서 고통스럽기까지 하지만 기억해서 얻는 유익이 더 크다고 여기기에 자신도 모르게 기억하기를 선택한다. 그 유익이 무엇일까? 기억을 잘한다는 칭찬을 들을 수도 있고, 혼났던 상황이라면 다시 혼나지 않도록 대비할 수도 있다. 위험하거나 나에게 불리한 상황을 경험했다면 다시 그런 일이 없도록 행동할 수도 있다. 이들은 물건을 어디에 두었는지도 잘 알고 있다. 잊어버려서 사용하지 못하는 일이 없도록 대비하기 위함이다.

이렇게 세밀하게 기억하기 때문에 생존의 욕구는 다른 사람이 기억하지 못하는 것이 답답하다. 자유가 높은 사람이 지난번에 분명히 그 길을 지나면서 교통신호 위반 딱지를 떼였음에도 그새 까먹고 그 길을 빠른 속도로 가고 있다면, 도저히 이해할 수 없는 사람이 된다. 부부라면 한바탕 부부싸움이 날 법한 사안이다. 특히 약속에 대해서 생존은 무슨 일이 있어도 기억해서 챙기고 지키지만, 자유는 다른 일을 하다 잊어버리기도 한다. 이는 갈등의 요인이 된다.

힘의 욕구는 성공했던 경험을 잘 기억한다. 논리적으로 논박해야 하는 상황을 대비해 논리성이 필요한 것들을 잘 기억한다. 전문가가 되고 싶기에 전문성에 필요한 부분도 잘 기억한다. 반면 잘하지 못했던 기억은 도움 되지 않기에 기억에서 흘려보낸다. 다른 사람에게 불편함을 표현한 일에 대해서는 이미 표현함으로 완수했기에 기억하지 않는 편이다.

이 부분 때문에 갈등이 생긴다. 예를 들어 사랑의 욕구가 힘의 욕구 가족의 직설적인 표현으로 상처를 받았다. 그래서 지난번에 나한테 직설적으로 표현해서 기분이 나빴다고 용기 내어 표현했는데 힘의 욕구는 "내가 언제?"라고 한다. 이때 사랑의 욕구는 모른 척한다고 생각할 수도 있고, '어떻게 남에게 상처를 줘 놓고 기억도 못 하는지' 하며 속에 열불이 나는 상황이 된다.

사랑의 욕구는 감동적이었던 일과 상처받았던 마음에 대해 잘 기억한다. 다른 사람의 취향을 기억해서 감동을 주기도 한다. 사랑의 욕구가 이런 기억을 잘하는 이유는 상대방이 원하는 것과 했던 말을 기억해야 관계 맺기가 좋기 때문이다. 기억이란 그 사람에게 관심을 나타낼 수 있는 좋은 도구이기 때문이다. 잘 기억하면 감동도 줄 수 있다. 친밀한 관계도 가능하다.

이 기억 때문에 부부간 갈등이 많이 생긴다. 프러포즈했던 장소와 시간 등을 기억하지 못하는 다른 욕구에 대해 사랑하지 않고 무관심한 것 같은 느낌을 받아 갈등이 생기기도 한다. 힘들었던 상황에 대해 어렵게 이야기했는데 다음에 만났더니 기억하지 못하는 것을 보고는 자신이 어렵게 한 이야기에 관심이 없다고 여기고 거리를 두는 경우도 생긴다. 이야기를 들어도 잘 기억하지 못하는 사람들은 자유의 욕구가 높은 사람들이다. 이들이 사람에게 관심이 적어서 기억을 못할 수는 있지만, 그 순간에 최선을 다해 집중해서 들었다는 면에서는 인정해 줄 만하다. 한편으로는 자유의 욕구 사람들이 기억하지 못하는 면을 좋아하는 사람들도 있다. 어떤 경우는 자유의 욕구가 듣고 금방 잊어버려서 다른 사람에게 전달하는 일이 없기에 오히려 편하다며 자신의 이야기를 털어놓기도 한다.

사랑과 생존이 같이 높으면 수많은 사람의 이름과 얼굴까지 선명하게 기억한다. 대학교에서 천 명이 넘는 학생의 이름을 대부분 다 기억하던 상담 교수님도 있었다. 어떤 이는 지인이 수십 년 전에 어떤 옷을 입었고 무슨 말을 했는지까지 기억한다. 문제는 이들이 자신은 기억을 잘하기에 다른 사람이 기억하지 못하는 것을 이해하지 못할 때 생긴다. 기억하지 못함을 서운해하고 관심 없다는 뜻으로 보면 관계가 지속되기 어려워지기도 한다. 그러나 어떤 이들은, 특히 자유가 높은 이들은 이름도 얼굴도 잘 기억하지 못하는 경향이 있다. 일부러 그러는 것이 아니라 노력해도 잘 기억하지 못함을 이해해 주려는 노력이 필요하다.

즐거움의 욕구는 재미있는 분위기를 만드는 데 꼭 필요하기 때문에 유머 소재들을 잘 기억한다. 맛있는 것을 좋아하기에 맛집을 잘 기억한다. 그래야 다음에 또 올 수 있기 때문이다. 여행에 관심이 많은 만큼 좋았던 여행지에 대해서도 다른 욕구보다 잘 기억한다. 뭔가 새로운 정보에 대해서도 기억을 잘한다. 새로운 정보로 분위기를 띄울 수 있기 때문이다. 호기심 나는 지식에 대해서는 몰입해서 파헤치기 때문에 관련 지식을 잘 기억한다. 반면 재미없고 지루했던 경험은 기억이 잘 나지 않는다. 긍정적인 삶을 살고 싶기에 부정적인 경험에 대해서는 기억하고 싶어 하지 않는다. 부정적인 부분을 기억하지 못하는 데 대해 사랑의 욕구는 자신에게 준 아픔을 기억하지 못한다고 서운해할 수 있다.

자유의 욕구는 세세한 부분보다는 전체적인 흐름과 맥락을 기억한다. 세세하게 단어 한 자 틀리지 않고 외워야 하는 것이 있다면 왜 그렇게까지 외워야 하는지 이해가 되지 않는다. 이해만 하면 된다고 여긴다. 그래서 맥락에 초점이 있다.

과거의 좋았던 기억도 잘 잊어버린다. 사랑의 욕구는 이들에게 감동적인 날을 기억하지 못한다고 서운해하지만, 이들은 현재의 삶에 초점을 두기에 과거 일은 서서히 잊는다. 이들은 현상이나 상황에 대한 해석과 의미를 주로 기억한다. 의미가 중요하기 때문이다.

불편한 감정이나 힘들었던 상황에 대해서는 잊어버리는 것으로 자기를 보호하려 하기에 기억을 잘 못한다. 누군가 꼬치꼬치 물을 때는 난감하다. 잊어버리고 싶은데 자꾸 물으니 "글쎄요. 그냥요" 등으로 얼버무리고 만다. 잊어버리며 사는 것이 훨씬 편하기 때문에 다 기억하려 하지 않는다.

때로는 기억을 못 한다고 주변에서 답답해하는 경험도 하고, 부모로서 챙겨야 할 아이의 준비물을 빠트리기도 한다. 아이 준비물을 챙겨 주려고 노력하지만 쉽지 않아서 자신이 난독증이 있나 고민하는 학부모를 만난 적도 있었다. 물론 기억력이나 아이큐에 따라 기억하는 정도가 달라질 수 있다. 그러나 능력과 상관없이 욕구에 따라 기억이 다름을 알면 관계에서 갈등이 줄어들 수 있고 다른 사람을 이해하는 폭이 훨씬 넓어질 수 있다.

사랑과 자유가 크게 부딪히는 이유가 기억 때문인 경우가 많다. 사랑하는 사람이 먼저 세상을 떠난 경우, 오래오래 기억하며 애도하려고 하는 이들은 사랑의 욕구이다. 반면 자유의 욕구는 떠난 이를 기억하느라 우울하고 힘들게 사는 것보다 자신의 삶을 열심히 사는 것을 떠난 이가 더 좋아할 것이라고 여긴다. 이런 생각이 있기에 자유의 욕구는 "이제 그만 잊어버리고 네 삶을 살라"고 말하는데 이런 말을 들은 사랑의 욕구는 버럭 화를 낸다. 사랑의 욕구 입장에서는 오래오래 간직하며 추억하고 싶기 때문이다.

적용 질문 ??

1. 욕구마다 갈등 요인이 다르다. 내가 갖고 있는 갈등의 요인은 어떤 것인가?

2. 나와 가장 많이 부딪혔던 상대방의 욕구는 주로 어떤 욕구였으며 나의 어떤 욕구와 부딪힌 것이었나?

3. 어려웠던 대상과 소통할 때 앞으로는 어떤 방법을 사용할 것인가?

8장.
욕구와 우상

탐심과 우상의 근원 다루기

　우리는 우상이라고 하면 금송아지 같은 보이는 형상을 우선 생각한다. 그러나 성경은 보이는 우상뿐 아니라 탐심도 우상 숭배라고 한다(골 3:5). 『라이프 성경사전』에 탐심은 "무엇을 가지려는 과도하고 지나친 욕망"이며 이것을 "하나님의 위치에 가져다 놓은 것"이기에 우상 숭배라고 정의한다. 우상 숭배는 죄이다. 성경도 탐심을 죄라고 명확하게 말하고(롬 7:8) 있다. 무서운 것은, 탐하는 자를 우상 숭배자로 지칭하면서 하나님 나라에서 기업을 얻지 못한다고 한 점이다(엡 5:5). 탐심으로 인한 우상 숭배는 하나님 나라를 얻지 못할 만큼 중대한 일임에도 우리는 쉽게 생각하고 산다. 심지어 욕심을 따라 탐심을 가지고 살면서도 하나님 나라에 들어갈 수 있다는 확신을 가지고 산다.

　탐심을 심각한 마음으로 다루어야 한다. 그러려면 먼저 탐심이나 욕심의 근원이 무엇인지 알아야 한다. 욕심과 탐심은 과하게 원하는 것이며, 이것이 하나님보다 우선될 때 우상 숭배가 되므로 '원하는 것' 즉 욕구를 다루는 것은 필수이다.

탐심에서 나타나는 대표적인 우상은 돈, 권력, 섹스이다. 이것을 탐하지 말라거나 참으라고 해서 해결되지 않음을 우리는 경험으로 알고 있다. 왜 그것이 우상이 되었는지 근원으로 들어가야 한다. 예를 들어, 돈을 원하는 이유는 사람마다, 즉 욕구 따라 다르다. 사랑을 잃지 않고 많은 사람에게 좋은 사람이 되고 싶어서 돈이 필요한 사랑의 욕구, 무시당하지 않고 다른 사람을 자기의 뜻대로 통제하고 싶은 힘의 욕구, 속박되지 않고 구속되지 않으며 자유롭고 싶은 자유의 욕구, 걱정 없이 편안하게 살고 싶은 생존의 욕구, 전 세계를 여행하며 즐기고 싶은 즐거움의 욕구 등 돈이 필요한 이유는 욕구마다 다르다. 그러므로 우상을 제대로 다루려면 보이는 돈 이면에 있는 욕구를 다루어야 한다.

팀 켈러도 그의 책 『내가 만든 신』에서 같은 맥락의 이야기를 한다. 그는 구체적이고 눈에 잘 띄는 '표면적 우상' 이면에 '근원적인 우상'이 마음속에 도사리고 있다고 짚었다. 우리 마음의 죄성이 욕구에 영향을 미쳐서 우상 숭배로 변질시킨다고 본 것이다. 사람마다 근원적인 우상이 다르니 거기서 비롯되는 행동 양식도 다를 수밖에 없으며, 이에 접근하는 방식도 달라야 한다고 보았다. 돈을 지독하게 아껴 쓰는 남편(생존)이 돈을 펑펑 쓰는(자유, 즐거움) 부인을 비난하지만, 결국 남편의 돈에 대한 인색함도 우상을 섬기는 다른 측면인 것이다. 드러나는 행동 양상은 다르지만, 우상이라는 측면에서는 동일하다. 우상에 접근할 때, 근원의 욕구가 다르므로 각자 다른 접근이 필요한 것이다.

그러므로 욕구가 어떻게 우상이 되고 어떻게 드러나는지를 아는 것은, 우상 즉 죄를 다룰 때 실패를 줄이는 중요한 방법이 된다.

욕구로 보는 우상의 특성

죄는 빗나간 욕구의 결과이다

　욕구는 어떻게 사용하느냐에 따라 하나님이 원하시는 삶이 되기도 하고 죄가 되기도 한다. 문제는 죄가 되는지조차 모르고 사는 경우가 허다하다는 것이다. 왜 죄가 되는 것을 모르고 살까? 도덕적으로 혹은 법적으로 문제가 되지 않는다면 우리 양심에 걸리지 않기 때문이다. 열심히 예배드리고, 봉사, 기도, 성경 공부도 열심히 하고, 관계에서 문제가 없다면 더욱더 잘 지낸다고 여기는 경우가 많다. 이스라엘은 하나님과 함께 다른 신을 섬김으로 하나님의 분노를 샀지만, 자신은 다른 신 즉 보이는 우상을 섬기지 않는다고 자부했다.

　우리 또한 다른 신을 섬기지 않는다고 하지만, 팀 켈러가 말한 것처럼 '내가 만든 가짜 신'들이 우리 속에 너무나 많다. 특히 욕구가 우상이 되는 경우가 허다하다. 우리가 원하는 것이 하나님보다 더 중요하게 여겨져 갈망이 되고 최고의 가치가 되면 우상이고 죄가 된다. 그러므로 "모든 죄는 빗나간 욕구의 결과"라는 아터번의 말은 적절하다. 욕구가 빗나가서 부정적 방향을 향하면 죄가 된다.

　인간은 갈망하며 사는 존재이다. 욕구를 넘어서 갈망을 통해 뭔가를 이루고 만들어 내기 때문이다. 인정받고 싶고, 사랑받고 싶고, 존경받고 싶고, 자유롭고 싶고, 즐거움을 누리고 싶고, 안정을 누리고 싶어서 그것을 얻기 위해 행동한다. 욕구 자체는 문제가 되지 않기에 하나님보다 더 중요하게 여기고 있음에도 문제라고 느끼지 못하는 경우가 많다. 때로는 하나님이 원하는 대로 살고 싶은 욕구가 분명히 있지만, 어느 순간 하나님은 터부시한 채 나의 욕구와 갈망만을 붙잡고 사는 나를 발견한다. 로마서 7장 22절부터 24절까지 사도바울의 말처럼 우리는 곤고한 사람이며, 죄의 법에 사로잡히는 사람이다. 이 사망의 몸에서 누가 건져 낼 수 있을까 고민해야 할 연약한 자인 것이다. 그러므로 하나님 앞에 거룩하기를 원한다면 내가 어떤 욕구가 강하고 그 욕구를 어떻게 사용하는지를 볼 필요가 있다.

욕구는 내버려두면 죄가 된다

팀 켈러는 로마서 1장 24절에서 32절의 내용 가운데 '마음의 정욕대로 내버려두시는 것'이 '벌'이라고 해석했다. 관련 내용을 정리하면 다음과 같다.

가장 절실한 꿈을 이루도록 허용하시는 것이 왜 최고의 형벌일까? 왜냐하면 인간은 그 갈망을 우상으로 삼았기 때문이다. 바울이 인류 역사를 한 문장으로 요약했는데 "그들이 피조물을 조물주보다 더 경배하고 섬김이라"이다. 모든 인간은 무엇인가를 위해 살아야 한다. 그 무엇인가가 우리 생각과 마음의 가장 근본적인 충성심과 희망을 사로잡아야 한다. 그런데 성경에 따르면 그 대상은 성령의 개입 없이는 결코 하나님이 될 수 없다.

우리의 갈망은 대부분 욕구에 기초한다. 문제는 욕구와 갈망은 그냥 내버려두면 죄의 길로 향할 수밖에 없다는 것이다. 갈망의 대상이 하나님이 되도록 돌리려면 노력만으로는 되지 않는다. 성령의 개입 없이는 불가능한 일이다. 인간의 죄성은 노력하지 않아도 욕구를 저절로 갈망으로 만들고 그것만을 향해 가게 한다. 하나님보다 갈망이 우선되는 것이다. 우리는 죄성이 있어서 하나님 없이는 언제든 죄를 향해 달음박질할 수 있는 존재임을 기억하며, 하나님께 우리의 욕구를 매일 매 순간 내드려야 한다.

하나님만 채울 수 있는 공간에 다른 것을 들인 것이다

하나님은 인간에게 '하나님을 갈망하는 욕구'를 심어 놓으셨다. 이를 파스칼은 "하나님으로만 채울 수 있는 빈 공간"이라고 표현했다. 하나님만 채울 수 있는 공간에 다른 것을 들이는 것을 팀 켈러는 "하나님 자리를 훔치는 것"

으로 표현했다. 잘못 들여놓은 정도가 아니라 훔친 것이라고 표현한다는 것은 그만큼 심각한 일이며 죄 된 일임을 단적으로 드러낸다. 어떤 욕구가 하나님 자리를 훔치고 있는지 확인하고 또 확인해야 한다.

인간은 늘 허함을 느낀다. 왜 그럴까? 그것은 하나님으로만 채울 수 있는 공간에 엉뚱한 것을 들이기 때문이다. 주변 사람들로부터 받는 사랑이나 인정 혹은 재물의 쌓임이 우리의 마음을 채우는 듯하다. 그러나 그 행복감은 일시적이라 며칠을 가지 못한다. 살짝만 삐걱거려도 금세 스러져 버리는 감정일 뿐이다.

허함이란 우리가 본질을 놓치고 있음을 나타내는 신호이다. 본질을 놓치고 다른 것을 추구하는 것은 하나님 대신 다른 것을 소망한다는 말이다. 팀 켈러가 말한 것처럼 "인간에게는 무엇이든 우상이 될 수 있다". 하나님을 대신한다면 무엇이든 우상이 될 수 있는 것이다. 아터번에 따르면 "하나님만 갈망하도록 만드신 자리에 다른 무엇을 두려고 시도하는 것 자체가 우상 숭배"인 것이다. 결국 칼뱅의 말처럼 "우리의 마음과 생각은 우상을 만들어 내는 공장"이다.

폴 트립은 『사람은 어떻게 변화되는가』라는 책에서 인간은 하나님의 형상으로 창조되었지만, 죄로 인해 다른 사람과의 관계에서 모든 소망을 찾으려 한다고 짚었다. 그렇다. 하나님과 가장 가깝게 하나님으로 만족하도록 지어졌지만, 우리는 하나님보다 사람에게서 소망을 찾는 죄를 범하고 있다. 하나님보다는 다른 사람에게서 인정받고 사랑받기 위한 욕구로 가득 차 있다.

욕구가 죄가 될 때

욕구가 언제 죄가 되는지를 알아야 욕구를 다스릴 수 있고 죄의 방향이 아닌, 하나님이 원하시는 방향으로 욕구를 제어할 수 있다. 언제 어떠할 때 욕구가 죄가 되는지 알아보자. 필자가 「복음과 상담」에 기고한 논문(2024)의 내용에 덧붙여 정리해 보려고 한다.

첫째, 자신의 욕구를 하나님보다 더 소중히 여길 때 죄가 된다. 하나님을 자신이 원하는 기도에 응답하시는 분으로만 보고, 하나님의 마음에는 관심이 없다면 하나님을 수단으로 삼는 것이 된다. 내가 원하는 것을 '주시는 분'은 하나님이시다. 주시는 분은 보지 않고 선물만 본다면 진정으로 하나님을 믿는 것이 아니기에 죄가 된다. 또한 욕구를 하나님보다 더 소중히 여김은 욕구에 대한 집착이므로 죄가 된다. 『중독과 은혜』라는 책을 쓴 제럴드 메이에 따르면, 욕구에 집착하면 중독에 빠진다. 즉 욕구의 에너지를 특정 행위나 사물 혹은 사람에게 속박시켜 노예로 만들어 버린다. 욕구의 노예가 되어 불행한 삶을 사는 사람들을 주변에서 볼 수 있다. 하나님보다 욕구가 더 소중한 상태인지 때마다 점검이 필요하다.

둘째, 욕구를 이루려는 과정에서 하나님께 순종하지 않음이 죄가 된다. 인간은 궁극적으로 어딘가에 순종하는 존재이다. 로마서 말씀에 의하면 죄와 하나님 둘 중 하나에 순종하며, 어디에 순종하느냐에 따라 죄의 종이 될 수 있는 존재이다.

> 너희 자신을 종으로 내주어 누구에게 순종하든지 그 순종함을 받는 자의 종이 되는 줄을 너희가 알지 못하느냐 혹은 죄의 종으로 사망에 이르고 혹은 순종의 종으로 의에 이르느니라 (롬 6:16)

욕구를 이루려 함에도 마찬가지다. 욕구를 이루는 과정에서 하나님께 순종하면 선한 행동으로, 죄에 순종하면 악한 행동으로 나오게 된다. 욕구를 이루기 위해 하나님이 아닌 죄에 순종하면 죄의 종이 되는 것이다. "육체의 소욕은 성령을 거스르고"(갈 5:17) 이 말씀처럼 욕구를 부정적인 방향으로 잘못 쓰면 육체의 소욕이 되어 죄가 된다. 그러므로 하나님이 욕구를 어떻게 사용하기를 원하시는지 아는 것이 중요하다. 나의 욕구로 인한 행동은 하나님께 순종하는 것인지 때마다 질문해야 한다.

셋째, 두려워하는 것이 우상이 된다. 두려움은 인간에게 가장 큰 우상을 만드는 힘이 있다. 데이비드 폴리슨도 『성경적 관점으로 본 상담과 사람』이란 책에서 사람을 두려워하는 것이 우상 숭배적 마음의 핵심 문제라고 하였다. 인간은 그 두려움 때문에 행동하고, 때로는 행동을 못 하기도 한다.

기독교 상담을 배우면서 필자에게 있는 '눈치 보는 마음'에 대해 다룰 기회가 있었다. 그 마음에 깊이 들어갈수록 '눈치'는 결국 다른 사람이 날 어떻게 보느냐에 대한 두려움임을 보게 되었다. 날 조금이라도 안 좋게 볼까 봐 두려워서 말을 조심하고 전전긍긍하는 내 모습은 오히려 하나님보다 사람을 두려워했음을 알 수 있었다. 두려움은 결국 원하는 것이 이루어지지 않을 것에 대한 걱정에서 출발한다. 필자는 모든 사람에게 좋은 사람이고 싶었기 때문에 혹여나 그 욕구가 깨질까 봐 두려웠던 것이다.

두려움은 다른 측면에서 하나님을 믿지 못하는 것이다. 두려워하지 말라고 하시며 너의 하나님이 되어 보호하겠다고 하시는 하나님을 온전히 믿는다면 두려움은 사라질 수 있다. 팀 켈러는 우상은 없애려 할수록 더 커지며 대체하는 것 외에는 방법이 없다고 했다. 그렇다면 두려움을 하나님을 경외함으로 대체하면 된다. 마음에 하나님을 경외함이 가득하다면 어떨까? 하나님에 대한 두려움 때문에 모든 것이 상대화될 수 있다면 진정 하나님을 하나님으로 대할 수 있다. 또한 여호와를 경외하는 것은 악을 미워하는 것이라고 하였다(잠 8:13). 우상과 악을 멀리하는 것이 바로 여호와를 경외하는 것이다. 내 두려움을 하나님에 대한 두려움, 다시 말해 경외함으로 바꾸어야 한다.

넷째, 모방이 우상이 된다. 이경희 교수는 『욕망과 영성』이라는 책에서 르네 지라르의 모방 욕망 이론을 다루면서 수많은 욕망이 모방 때문이라고 말한다. 고개를 끄덕이게 만드는 말이다. 어떤 화장품을 누가 썼는데 좋더라는 말을 들으면 구입하고 싶고, 집들이를 갔다 오면 나도 그런 집을 사고 싶다. 실제로 주변에서 남이 좋다고 하는 것들이 내 욕구로 자리 잡은 경우가 너무 많다. 어떤 때는 모두가 좋다 하니 나도 좋아 보여서 샀는데 별로 사용하지 않고 방치하는 경우도 많다. 다른 사람이 다 하니까, 혹은 멋있어 보여서 하고 싶은 것도 우상이다. 위 책에서 소개하는 르네 지라르의 말을 기억할 필요가 있다.

"인간은 허함을 채우기 위해 모방 욕망을 가지게 된다. 우리는 자신이 뭘 원하는지 모르기에 남의 욕망을 모방한다. 자신이 뭘 좋아하는지 물어보지도 않고 남들이 다 하고 좋아하니까 모방하기 바쁘다. 내가 무엇을 쫓아가는지 모르면서 가는 것이 모방 욕망이다."

여기서도 내 욕구를 모르니 모방하게 되는 부분을 중요하게 지적한다. 내가 지금 원하는 것이 진짜 나의 원함인지 모방인지 점검해야 한다. 뭔가 원함이 생겼을 때 잠시 멈추어 생각해 보자. 남들이 다 하거나 갖고 있으니 하고 싶고 갖고 싶은 것은 아닌지, 진정으로 내가 원하는 것인지 구분하려는 노력이 필요하다.

다섯째, 불가능한 일을 추구하는 것이 죄가 된다. 한 동영상에서 중장년을 대상으로 20대의 자신에게 해 주고 싶은 말을 물었다. 그 가운데, 일어나지도 않은 일에 걱정하지 말고 바꿀 수 없는 일에 걱정하지 말라고 하는 내용이 있었다[2]. 중년이 되어서 깨달은 것만으로도 멋지다. 아직 일어나지 않은 일에 대해서는 우리가 알 수 없는데도 우리는 미래를 알고 싶어 한다. 이는 불가능한

---

2) https://www.instagram.com/reel/C8TDED3BBLI/?igsh=amZ1bnpjNTkzbmhj

일이다. 데이비드 폴리슨은 그의 책에서 시편 131편을 다루면서 평안을 위해 불가능한 것들에 애쓰는 것을 그만두라고 말한다. 이때 제시한 사례들이 아주 인상적이므로 유의해서 보기 바란다. 그의 글을 짧게 요약해서 소개한다. 중간에 괄호는 필자가 욕구로 보면서 추가한 내용이다.

"큰일과 감당하지 못할 놀라운 일을 하려고 힘쓰지 아니하나이다."(시 131:1) 우리가 다른 사람의 태도나 선택을 통제하려 하는 것(힘의 욕구)도 불가능한 일로 절망과 분노, 의심, 근심이 나타날 것이다. 또 아프거나 죽지 않을 거라는 확신을 가지려 애쓸 때(생존)는 다이어트나 운동, 음식에 집착하거나 경미한 통증에도 벌벌 떨게 될 것이다. 사람들로 하여금 당신을 좋아하도록 만드는 일에 사로잡혀 있다면(사랑) 아부꾼이 되거나 겁쟁이가 되거나 카멜레온처럼 변덕스러운 사람이 될 것이다. 우리가 어떻게 할 수 없는 일은 너무나 많다. 평안을 위해서 욕심, 두려움, 걱정, 짜증 등과 같은 소란스러움을 잠재우려면 오르던 사다리를 없애 버리고 소음을 만들어 내던 기계의 전원을 뽑아 버리기를 제안한다. 이것은 무관심이나 무의식이 아니라 의식을 갖고서 경계하는 것이며 은혜에 힘입어 스스로를 다스리는 것이다. 자아를 잠잠케 할 수 있는 유일한 방법은 하나님의 약속을 의지하는 것이다. 물에 빠져가는 사람이 물 밖으로부터의 구조를 기다려야 하는 것처럼 당신에게도 그와 같은 외부의 도움이 필요하다.

우리의 욕구 중에서도 우리가 어찌할 수 없는 일이 많다. 힘의 욕구가 자녀의 삶을 통제하려 하는 것, 아프지 않게 하려고 온갖 방법을 쓰는 생존의 욕구, 모든 사람으로부터 사랑받으려고 무한히 애쓰는 사랑의 욕구, 어떤 갈등도 생기지 않기를 원하는 사랑이나 자유의 욕구 등은 내가 어떻게 해 보려고 노력하면 할수록 우상이 되고 부정적인 방향으로 나아가게 된다. 우리의 내부에는 나를 구원할 방법이 없음을 인정하자. '타고난 욕구가 그런 걸 어떻게 하나요?' 하는 마음도 들지만, 이 어려운 일을 해결하는 방법은 자신에게서는 나올 수 없다. 외부의 도움 즉 하나님의 도움이 필요하다.

5가지 욕구별 죄가 될 수 있는 것

죄가 된다는 것은 우상이 되었다는 뜻이다. 욕구가 하나님의 자리를 차지한 상황이며, 오직 자신만을 위해 사용될 때를 말한다. 욕구별로 우상이 될 수 있는 것들이 많지만 대표적인 몇 개만 정리해 보면 다음과 같다.

생존의 욕구는 자신의 높은 기대가 하나님의 뜻보다 더 높은 위치에 올 때 우상이 된다. 계획을 꼼꼼하게 세우고 계획대로 꼭 이루려고 하는 생존의 욕구는 이루어지지 않는 상황에 대한 불편함이 크고 어떻게 해서든지 무조건 이루려는 마음이 크다. 그러나 때로 하나님의 뜻은 인간의 뜻과 달라서 내 생각과 다른 길로 인도하시기도 한다. 이를 받아들이지 못하여 원망, 분노하거나 자책한다면 이것은 우상이다.

또 하나, 자신의 규칙이 우상이 될 수 있다. 하나님은 율법을 주실 때 하나님과의 관계를 위해 주셨다. 율법은 관계를 세우는 도구이다. 그런데 규칙이 최우선이 되면 관계를 잃는 도구가 되기도 한다. 바리새인들은 율법의 정신보다는 율법 자체에 더 관심을 가졌다. 생존의 욕구는 왜 규칙을 만들었고 무엇을 위해 규칙이 필요한지 새길 필요가 있다.

사랑의 욕구는 다른 사람에게 잘 보이고 싶은 마음이 우상이 된다. 특히 모든 사람에게 좋은 사람이고 싶은 마음은 사실상 불가능한 일임에도 추구하는 우상이다. 이로 인해 눈치를 보게 되고 다른 사람의 마음에 다 맞추려 하다 보면 사람을 두려워하게 되어 결국 상대를 우상처럼 섬기게 된다.

힘의 욕구는 이기고 싶은 마음이 우상이 되기도 한다. 사실 이기고 싶은 마음 자체가 잘못된 것은 아니다. 그러나 이기고 싶은 마음이 가득해서 수단과 방법을 가리지 않고 이기려고 하면, 주변의 많은 사람에게 상처를 주는데도 자신밖에 보이지 않게 된다. 아무리 능력이 뛰어나고 잘하는 사람이라도 인간은 언제나 모든 상황에서 이길 수는 없다. 이겨야 함이 우상이 되면 그것밖에 보이지 않는다. 다른 사람의 마음도 보이지 않고, 경쟁을 부추기게 되어 결국 각박한 사회가 된다.

또 명예와 권력이 우상이 된다. 가장 빛나 보이고 뛰어나 보이는 자리에 올라 많은 사람으로부터 우러름을 받게 되면 그 지위를 유지하려 애쓰다가 결국 타락하는 경우가 허다하다. 정의를 추구하던 정치인들이 시간이 지날수록 정의보다 자기 이익을 추구하는 것만 보아도 자명한 일이다.

즐거움의 욕구가 재미와 즐거움을 절대 가치처럼 추구할 때 우상이 될 수 있다. 진지함과 성찰, 고요함 역시 필요한 인생인데 재미와 즐거움만 추구하면 쾌락과 탐욕으로 나아갈 수 있다.

자기 자신으로 만족하면 화가 있다. 너희 자아는 오랜 만족을 주지 못할 것이다. 삶이 온통 재미와 놀이인 줄 알면 화가 있다. 고난이 기다리고 있고, 그 고난이 너희에게도 닥칠 것이다. (눅 6:25 『메시지』 성경)

자유의 욕구는 개인주의와 자율성이 우상이 될 수 있다. "내가 선택해야 한다. 내가, 내가!"라는 부분이 인간 중심이 되어 하나님 중심으로 가지 못할 수 있다. 또 자유의 욕구는 개인주의를 추구하여 '함께'보다는 '혼자'를 더 값어치 있는 것으로 만들었다. "홀로 있지 못하는 사람은 함께 있을 수 없다"라는 명언이 있다. 늘 함께 있으려는 사람에 대한 조언일 것이다. 지금은 홀로 있는 사람이 함께 있을 줄 모르는 사회가 되고 있다. 하나님은 인간이 혼자 있는 것이 좋지 못하다고 하면서 공동체를 주셨음을 다시 기억해야 하는 시대이다.

또 자유의 욕구는 누군가가 나에게 훈계나 조언하는 것을 "꼰대 같다"라는 말로 바꾸어 버렸다. 물론 과하거나 부당한 훈계의 부작용으로 훈계 자체를 싫어하게 된 부분이 있다. 하지만 인간은 부족하기에 훈계도, 조언도 필요하다. 훈계가 필요 없는 사람은 없다. 훈계와 조언을 거부하는 것은 교만이며 죄가 된다. 특히 지시와 명령을 싫어하는 분위기는 꼭 필요한 권위를 없애 버렸고 내 마음대로 살아도 되는 것처럼 세상을 바꾸었다. 자유의 물결이 거센 시대지만 균형이 필요하다.

욕구를 변화시키기를 원하시는 하나님

우리를 행동하게 하고 갈망하게 만드는 욕구가 변해야 사람도 변화된다. 그래서 폴 트립은 하나님이 우리의 '원하는 바'를 변화시키고자 하신다고 하였다. 왜냐하면 우리의 말과 행동은 어떤 식으로든 우리 욕구의 결과이기 때문이다. 그렇다면 욕구가 회복되고 변화된다는 것은 무엇인가? 필자가 소논문(2024)에서 정리한 바를 토대로 덧붙여서 정리를 해 보려고 한다.

첫째, 하나님이 원하시는 것과 일치하는 것이다. 말씀에서 요청하시는 것에 어긋나지 않아야 하고, 그리스도를 닮아 가는 것이어야 하며, 지극히 선한 것이어야 한다. 다섯 가지 욕구를 넘어서는 인간의 가장 깊은 욕구는 신앙심이다. 제럴드 메이의 표현대로 하나님을 향한 갈망이 가장 깊은 욕구이다. 하나님을 향한 갈망은 하나님이 원하시는 것을 소중히 여기고 그 뜻을 이루고 싶어 하는 행동으로 나타난다.

둘째, 욕구의 변화는 성령 충만으로 가능하다. 스티븐 아터번이 말한 것처럼 성령의 열매로 욕구를 채우면 욕구의 회복과 변화가 가능하다. 성령의 열매를 얻으려면 성령 충만이 필요하다. 성령이 임하시면 잘못된 방향에서 나온 금지된 열매에 대한 열망은 줄어들고 성령의 열매가 매력적으로 느껴지게 된다.

셋째, 욕구의 방향을 바로잡는 것이 변화의 기본이다. 욕구의 방향이 나만을 위한 것이 아니어야 한다. 앤서니 후크마는 『개혁주의 인간론』에서 하나님과 다른 사람 그리고 창조물을 보호하고 바르게 다스리는 삶이 기독교인의 온전한 모습이라고 했다. 우리의 욕구도 이러한 인간론에 맞게 하나님과 다른 사람 그리고 맡겨진 자연을 위해 쓰여야 가장 선하고 아름다울 수 있다.

넷째, 결국 욕구는 사람들과의 관계에서 이루어진다. 다른 사람을 대할 때 그가 어떤 방향으로 가도록 돕고 있는지를 생각해 볼 필요가 있다. 필자는 『순전한 기독교』란 책을 통해 기독교 작가 C. S. 루이스의 인간관을 보면서 그 깊이에 감탄했다. 그 인간관을 배울 수 있다면 다른 사람에 대한 우리의 마음이 더 넓어지고 깊어지지 않을까 하는 마음이 들었다. 그는 인간을 볼 때 미래를 생각하면서 바라보아야 한다고 하였다. 우리는 결국 마지막 날에 부활하는 존재인데 지금 만나고 말하는 사람이 아무리 시시해 보이고 우둔하더라도 훗날에는 경배하지 않고 견딜 수 없을 정도의 훌륭한 사람이 되거나, 반대로 악몽에서 만날 수 있을 정도의 무섭고 부패한 존재로 나타날 것을 염두에 두라고 한다. 우리는 하루 종일 서로가 서로에게 이러한 종착역에 이르도록 돕고 있으므로 무서운 결과의 가능성을 염두에 두고 두렵고 떨리는 심정으로 어떤 만남이든 행하라고 한다. 결국 인간은 장차 지옥에서 무서운 공포의 불멸적 존재로 나타나거나 천국에서 영속하는 영광의 광채들로 나타난다는 것이다.

내 만남과 태도가 상대방을 어떤 방향으로 밀어 가고 있는지 두려운 마음으로 살펴볼 일이다. 혹시 문제 있고 악한 사람이라고 함부로 대하여 더 무섭고 부패한 존재로 변해 가는 데 일조하고 있지는 않은지 보아야 한다. 욕구가 변화된다는 것은 관계 속에서 다른 사람의 문제에 초점을 두기보다 그 근원인 욕구를 보면서 긍휼함과 소망을 가지고 바라보는 것이다. 이는 더 악한 방향으로 달음질하는 길을 차단하는 보루가 될 수도 있다.

다섯째, 우리의 힘으로 변화가 어렵다. 욕구로 변화하는 일에 있어서 가장 난감한 것은, 욕구로 인한 우상을 알고, 문제가 무엇인지 알지만 우리의 힘으로 변화되기가 너무나 어렵다는 사실이다. 필자도 욕구로 인한 약함 때문에 욕구를 변화시켜 보려고 오랫동안 노력해도 쉽지 않음을 경험했다. 이에 대해 팀 켈러는 간단하게 말한다. "우상이란 없앨 수 없고, 단지 대체될 수 있을 뿐이다." 우리는 그동안 자신에게 있는 죄성을 다루려고 노력하느라 진을 다 뺐다. 불가능한 일을 위해 노력한 것이다. 그러나 방법은 하나뿐이다. 하나님으로 대체하는 것이다. 우리의 우상을 몰아내고 하나님이 그 자리에 계실 때에만 변화가 가능하다.

적용 질문 ??

1. 욕구가 죄가 되는 순간은 사람마다 다르다. 나는 어떤 상황에서 욕구가 죄(우상)가 되고 있는가?

2. 내 속에 하나님만 채울 수 있는 공간에 어떤 것이 자리하고 있는가?

3. 나의 욕구로 인해 드러난 우상은 무엇인가?

4. 인간은 불멸의 존재임을 인식하며, 나는 주변 사람을 천국과 지옥 중 어느 쪽으로 가도록 돕고 있는가?

Christian Needs Coaching

03
욕구와 영적 성장

9장.
욕구와 자기 부인, 결핍

    욕구를 통해 성장하려면 자기 부인이 필수이다. 성경은 우리에게 자기를 부인하고 자기 십자가를 지고 예수님을 좇으라고 하신다(마 16:24-26). 예수님을 좇는다는 것은 예수님을 따라 사는 것을 말한다. 예수님은 자기를 부인하고, 고난당하는 삶을 사셨다. 이 땅에 오심으로써 예수님은 자기 부인을 온몸으로 보여 주셨다. 그 예수님을 따르는 것이 자기 부인이다. 그러나 이 길은 쉽지 않다. 늘 편안하고 싶고, 언제든지 사랑받고 싶고, 누구에게든 인정받고 싶고, 무엇으로부터든 자유롭고 싶으며, 순간순간 즐기고 싶은 인간의 욕구를 부인한다는 것은 쉽지 않은 길이다. 그러함에도 우리는 자기 부인의 길을 가야 한다.

욕구를 부인한다는 것은 무엇인가?

    욕구는 내가 원하는 저 마음 깊은 곳의 근원이자 행동하게 하는 힘이다. 자기를 부인한다는 것은 사실 욕구를 부인하는 것과 일맥상통한다. 그렇다고 욕구를 부인한다는 것이 모든 욕구를 다 버리라는 말은 아니다. 무위를 추구하는 것이 기독교의 세계관은 아니기 때문이다. 하나님도 우리의 욕구를 인정하셨다. 그렇다면 자기를 부인한다는 면에서 욕구는 어떤 역할을 할 수 있나?

욕구를 목표로 삼지 않아야 한다

욕구를 추구하다 보면 욕구 자체가 목표가 되는 경우가 많다. 이를 조심해야 한다. 욕구에 매여서 내가 사랑하는 사람이 내 욕구를 채워 주지 않으면 서운하고 화가 난다. 이로 인해 갈등하다가 이혼까지 하는 경우도 허다하다. 이것은 내 욕구에 매몰되는 모습이며 욕구를 목표로 삼았을 때 일어나는 일이다. 래리 크랩은 『분노』라는 소책자에서 욕구와 목표, 하나님이 채우시는 기본적인 욕구에 대해 명확하고 분명하게 정리했다. 래리 크랩의 안목에 감사가 절로 나온다. 이렇게 욕구를 하나님과 사람 사이에서 명확하게 설명한 책이나 논문을 보지 못했기 때문이다. 그 내용을 간략하게 요약하여 소개한다.

하나님이 우리의 기본적인 필요를 채워 주심을 경험하면 하나님이 우리 삶에 목표가 되어 하나님의 도구로 섬기는 목표를 가질 수 있다. 기본적인 필요라는 것은 조건 없이 애써 갈구하지 않아도 되고, 빼앗길 염려 없는 사랑과 함께, 자신의 삶이 성취나 인정 또는 재능을 통한 섬김으로 의미 있기를 바라는 것을 말한다. 주님 안에 있을 때 채워지는 것들이다. 그러나 하나님이 기본적인 필요를 채워 주셔도 사람들에게 사랑받고 의미 있는 존재라고 느끼고 싶은 욕구는 억누를 수 없을 것이다.

주의할 것은 이러한 욕구가 목표가 되어서는 안 된다는 점이다. 욕구는 정당하고 간절히 원하는 것이지만 자신의 노력만으로 충족될 수 없고 다른 사람의 협력이 필요하다. 하지만 다른 사람에게 원하는 그 기대는 목표가 아니라 욕구여야 한다. 상대방의 행동은 통제할 수 없기 때문이다. 우리의 근본 필요는 하나님이 채우셨기에, 다른 사람의 행동에 대한 기대가 충족되지 않을 때 알맞은 반응은 기도하는 것이고 자신의 욕구는 자신이 책임지려 하는 것이다.

고개를 끄덕이게 되는 내용이다. 하나님을 믿고 그분의 영이 우리 삶을 다스리도록 인정하면 우리의 근본적인 필요는 채워질 수 있다. 그렇다고 사람들에 대한 욕구가 없어지는 것은 아니다. 우리는 공동체로 살도록 지음받은 존재이기에 관계 속에서 욕구가 계속 나타난다. 문제는 상대방이 내 욕구를 채워 줘야 한다고 여기고 그것을 목표로 삼는 것이다. 욕구 채움의 목표가 이뤄지지 않아 화가 나고, 그 탓을 상대방에게 전가할 때 갈등이 생긴다. 그러므로 욕구 부인이란 하나님의 채우심에 기대어 사람들에게는 하나님의 도구로서 섬기고 베푸는 역할을 하겠다는 목표로 사는 것이고, 나아가 다른 사람이 내 욕구를 채워 주는 것을 목표로 삼지 않는 것이라 정의할 수 있겠다.

먼저 그 나라를 구하는 것이다

욕구를 부인한다는 것은 내가 아닌 그의 나라와 그의 의를 먼저 구하는 일이다.

다만 너희는 그의 나라를 구하라 그리하면 이런 것들을 너희에게 더하시리라 적은 무리여 무서워 말라 너희 아버지께서 그 나라를 너희에게 주시기를 기뻐하시느니라 (눅 12:31-32)

내 욕구를 우선하지 않고 하나님 나라를 목표로 삼는 것이다. 하나님은 그 나라를 우리에게 주기를 기뻐하는 분이시므로 구하면 하나님 나라를 받을 수 있다. 반전은 하나님 나라를 구하면 오히려 우리의 욕구를 하나님이 채우신다는 사실이다.

내 욕구를 부인하고 하나님 나라를 구하면 우리는 자족함을 얻을 수 있다. 바울은 자신이 감옥에 갇혀 고난당하고 있음에도 자족하는 비결을 배웠다고 했다(빌 4:10-13). 그 비결은 "내게 능력 주시는 자 안에서 내가 모든 것을 할 수 있"는 데 있다. 그가 하나님 나라를 목표로 삼았기에 자유롭게 살아가고 싶은 욕구들을 내려놓고 능력 주시는 자 안에서 자족할 수 있었던 것이다.

잘못된 것을 원하는지 파악하라

우리는 잘못된 것을 원하는 경우가 많다. 폴 트립과 티모시 레인은 『사람은 어떻게 변화되는가』라는 책에서 개인적인 편안함과 자기만족이라는 목표에서 등을 돌려야만 그리스도를 찾아 나설 수 있다고 하였다. 개인적인 편안함은 우리가 늘 추구하는 것이다. 자기만족도 마찬가지다. 편안하거나 만족도가 높으면 좋은 것인데 왜 이것이 문제가 되는가?

자세히 살펴보면 편안함을 위해 우리가 정의와 사랑을 펼치지 못하는 부분이 얼마나 많은지 알 수 있다. 누군가 부당한 대우를 받고 있음에도 괜히 나섰다가 불편해지는 것이 싫어서 가만히 있는 경우도 많다. 분명히 옳은 일임을 알지만 참여했다가 반대하는 사람들에게 욕을 얻어먹기가 싫어서 정의로운 행동을 하지 못하기도 한다. 이처럼 편안함과 자기만족이라는 목표는 하나님의 만족이라는 목표를 가리는 경우가 대부분이다. 내 만족에서 끝난다. 하나님 중심이 아닌 나의 욕구는 대부분 잘못된 방향을 향해 가게 된다.

욕구의 부정 방향이라면 자기 부인이 필요하다

욕구로 보면 긍정 방향과 부정 방향의 행동이 있다. 선악을 가리기 힘든 영역도 있지만, 많은 경우 긍정 방향은 의를 향한 길이고, 부정 방향은 죄의 길이라고 할 수 있다. 사실 욕구로 보면 장단점이 적나라하게 드러난다. 하나님과 말씀 앞에서 자신의 모습을 보고 부정 방향의 행동은 부인해야 한다. "성령을 따라 행하라 그리하면 육체의 욕심을 이루지 아니하리라"(갈 5:16)라고 말씀하신다. 성령을 따라 행하거나 산다면 엉뚱한 방향으로 욕구를 충족시키려 하지 않게 될 것이다. 이것은 말처럼 쉽지 않은 엄청난 싸움이다. 그럼에도 크리스천으로 살아가려면 이 싸움에 뛰어들어야 한다. 성령의 능력으로만 우리는 부정적인 방향에 "아니오" 할 수 있다. 또한 제임스 스미스는 『하나님 나라를 욕망하라』라는 책에서 말씀(율법) 읽기가 자신의 바람과 욕망을 버리는 행위라고 하였다. 말씀은 성령을 따라 행하도록 길잡이가 되어 주며, 자신의 욕구를 하나님 앞에 비춰보게 하는 거울이다. 말씀을 통해 욕구의 부정 방향을 부지런히 점검해야 할 것이다.

다른 사람에게 피해를 주거나 다른 사람을 실족케 한다면 부인해야 한다

자신에게 거리낌 없고 도덕적으로 문제가 없다면 괜찮다고 여길 수 있다. 특히 힘의 욕구는 내가 일부러 문제를 일으키지 않았고, 그 사람이 약해서 상처받는 것을 내가 책임질 필요가 없다는 입장을 고수하는 경우가 꽤 많다. 그러나 성경은 연약한 자들이 실족하지 않도록 조심할 것을 권한다(고전 8장). 이것은 남의 유익을 구하는 한 방법이 된다. 우상에게 바쳤던 제물을 먹는 것 자체는 문제가 없기에 자유롭게 먹을 수 있지만, 믿음이 약한 성도들을 생각해서 주의하는 것이 죄를 짓지 않는 길이다. 고린도전서 8장 12절을 보면 그들의 약한 양심에 상처를 주는 것은 그리스도께 죄를 짓는 일이라고 하였다.

그렇다면 나의 욕구를 부인하려면 어떻게 해야 할까?

나의 욕구를 부인하려면

첫째, 자신의 욕구를 부인해야 하는 이유를 알고, 목적이 제대로 세워져야 한다. 욕구를 부인하려는 이유가 예수님에 대한 사랑 때문이어야 하며, 말이 아니라 삶에서 주님을 주인으로 모시려는 마음이 있어야 한다. 그래야 자기 부인이 가능하다. 자기 부인의 목적은 주님의 생명이 우리에게 나타나게 하기 위함인 것이다(고후 4:10-11). 내 마음의 동기와 생각을, 주님을 위해 부인할 수 있어야 한다. 내 욕구가 주님을 따르는 데 방해가 된다면 부인할 수 있어야 한다.

둘째, 자기 부인을 하려면 자기를 알아야 한다. 특히 욕구는 우리를 행동하게 만드는 에너지이다. 행동하게 만드는 힘인 욕구를 제대로 알면 행동하게 하는 근원을 다룰 수 있다. 그 근원에서 자기 부인에 대한 고민을 시작하면 핵심에 가까운 자기 부인이 가능해진다. 자기를 모르면서 부인하는 것은 허공에다 칼을 휘두르는 것이나 다름없다. 나에게 주님이 원하시지 않는 면은 어떤 것인지, 주님보다 더 높아지려는 면은 무엇인지, 내가 진짜 주인처럼 행세하는 영역은 어디인지 알아야 한다. 이를 통해 자신의 무엇을 부인해야 하는지 구체적으로 알아야 한다.

셋째, 우리의 반응이 내 책임임을 알면 자기 부인이 가능하다. 우리는 많은 경우 누구 때문에 어떤 감정을 느낀다고 말한다. "너 때문에 화났어", "너 때문에 괴로워"와 같은 말을 한다. 다른 사람 때문에 힘들다고 생각하면 자기를 부인할 수 없다. 폴 트립과 티모시 레인은 "힘겨운 삶이나 좋지 못한 환경은 그 사람 때문이나 그 환경 때문에 어쩔 수 없는 것이 아니며, 우리의 반응은 우리의 마음에서 나오는 생각과 동기에 의해 형성된다"라고 하였다. 내 반응은 내 욕구에 따른 것이므로 내 반응은 내 책임임을 기억하자.

넷째, 자기를 부인하려면 내가 질 십자가가 무엇인지 구체적으로 알아야 한다. 예수님은 인류의 구원을 위해 십자가라는 고통을 짊어지셨다. 십자가는 고통과 수모, 모멸, 비난이 함께하는 것이었지만 동시에 예수님의 소명의 자리이기도 했다. 내가 선택해야 하는 고난은 무엇인가? 필자는 사랑의 욕구로 인해 상대방에게 꼭 필요한 직면임에도 주저하고 피하는 경향이 있다. 하지만 상대방을 진정으로 위한다면 상대가 나를 불편해하거나 거절할 수 있는 선택을 해야 한다. 이것은 결국 내가 짊어져야 할 십자가이자 다른 사람의 유익을 구하려는 소명의 자리가 된다.

다섯째, 자기 부인의 결과를 알아야 자기 부인도 가능하다. 십자가를 지신 예수님은 이 세상에서 가장 큰, 누구도 할 수 없는 사역을 이루셨다. 창조 이후 가장 큰 역사를 이루셨으며 하나님의 큰 사랑을 이루는 도구가 되셨다. 예수님은 자기 부인의 결정체인 십자가를 지신 결과, 수많은 사람을 구원할 뿐 아니라 그들에게 부활의 소망까지 안겨 주셨다. 우리 또한 욕구의 부정 방향을 부인할 때 예수님처럼 하나님의 큰 사랑을 이루는 통로의 삶을 살 수 있다.

여섯째, 시대적 특성을 알아야 한다. 요즘은 자기 부인을 바보 같은 것으로 치부하는 시대이다. '자기'와 '나'가 가장 중요한 시대이다. 이것이 요즘 시대의 특성이지 진리가 아님을 알아야 한다. 그것을 모르면 이 시대의 흐름 속으로 마냥 흘러갈 수밖에 없다. 이 시대는 개인에게 최고의 가치를 부여한다. 옳든 그르든 상관없이 자기 취향을 존중하는 것이 미덕인 시대가 되었다. 나를 찾는 여행이 대세가 되었고, "잇츠 미!"를 노래한다. 이 시대는 자아의 중요성을 강조하고 또 강조한다. 내가 중요하고, 내가 없어지면 안 된다고 강조한다. 시대를 걱정하는 학자들에 의하면 자아 팽창의 시대이다. 다시 말해 욕구가 부정적 방향으로 팽창된 시대이다.

자아가 꽉 차 있으면 결국 갈등이 생긴다. 작은 일이라도 자기를 침해하는 상황은 참지 않는다. 손해 보는 일은 절대로 참을 수 없다. 결국 이기적인 모습이 드러나게 되고 사회는 삭막해질 수밖에 없다. 최근 교육계에서 학부모가 교사를 고소 고발하는 일이 증가하고, 사소한 일이 학폭으로 번지는 사안들도 자기 부인이 없는 시대의 한 단면이라 할 수 있다. 이러한 시대적 특성을 거스르는 것도 자기 부인의 한 측면일 것이다.

일곱째, 자기를 부인하려면 자신이 부족한 존재임을 알아야 한다. 하나님도 우리를 멋지고 큰 사람이라고 말하지 않으셨다. 강하고 담대한 사람이라고 표현하지 않으시고, "강하고 담대하라"(시 31:24)고 하셨다. 오히려 우리의 체질이 먼지뿐이라고 하셨다.

> 아버지가 자식을 긍휼히 여김 같이 여호와께서는 자기를 경외하는 자를 긍휼히 여기시나니 이는 그가 우리의 체질을 아시며 우리가 단지 먼지뿐임을 기억하심이로다 (시 103:13-14)

로렌 휘트먼은 『성경적 상담의 길잡이』에서 자신이 완벽할 수 있고 완벽해야 한다는 강박으로 공황 반응까지 온 내담자에게 성경을 인용해 인간은 먼지일 뿐이라고 말해 주었다. 완벽하다는 말을 들으며 더 열심히 하던 내담자에게, 인간은 원래 먼지 같은 존재라서 완벽할 수 없다는 것이 오히려 해방감을 주는 좋은 소식이 되었다. 무엇보다 하나님은 우리가 먼지처럼 흔들리는 것을 아시고 불쌍히 여기시며, 먼지 같은 존재이기에 당신을 의존하도록 만드셨음을 알게 되자 증상이 호전되었다. 자신의 부족함은 당연한 것이고, 하나님만이 완벽하신 분임을 알고 의지하며 회복되었다.

그렇다. 우리는 먼지일 뿐인 존재이다. 먼지 같은 존재라는 것이 얼마나 하나님 앞에서 위로가 되는지 모른다. 완벽주의로 괴로워하는 많은 이들이 이 말씀을 듣고 위로를 받는 모습을 목격했다. 하나님은 우리가 크고 완벽하기를 원하지 않으신다. 오히려 먼지뿐임을 아신다. 인간은 완벽할 수 없는 존재임을 아시는 것이다. 욕구가 부정 방향으로 나아갈 수밖에 없는 존재임을 아신다.

자신이 부족하고 연약한 존재라고 생각하면 겸손하게 자아를 내려놓고 자기 부인에 이를 수 있다.

욕구 결핍과 자기 부인

자기 부인에서 살펴보아야 할 영역 중 하나가 결핍에 대한 부인이다. 욕구 결핍은 평생 우리를 따라다닌다. 때로 결핍과 비슷한 상황이 닥치면 반사적으로 감정이 나오고 반응하게 되어 왜곡된 행동이 나타나기도 한다. 그리고 언제든지 결핍을 채우려고 노력하게 된다.

욕구 결핍은 채우면 좋다. 그러나 무조건 채워야 하는 것은 아니다. 사실 결핍을 다 채우면서 살기란 불가능하다. 기억할 점이 있다. 결핍으로 인한 상처가 나를 불행하게도 하지만 결핍을 안고 사는 것이 인생에 큰 도움이 되기도 한다는 점이다. 필자의 예를 보아도 그렇다. 필자는 공동육아와 대안학교를 하면서 수많은 고통을 겪었다. 나의 부족함으로 혹은 오해로 또 누군가의 잘못으로 갈등은 끊임이 없었다. 그럴 때마다 나는 인정받지 못하고, 이해받지 못하고, 존중받지 못하는 느낌으로 상처받았다. 그것은 나에게 결핍이었다. 그러나 지금에 와서 보면 그때의 결핍과 상처가 결국 이 책과 다른 사람을 이해하는 밑바탕이 되었음을 보게 된다. 결핍은 결국 자원이 된다.

정신과 의사인 문요한도 『관계를 읽는 시간』이란 책에서 인간에게는 애착 손상이 전혀 없는 것이 애착 손상이 심각한 것만큼 문제가 된다고 하면서 적절한 애착 손상이 필요하다고 하였다. 적절한 애착 손상은 독립심을 주고 자아 중심성에서 벗어나 상호적인 관계를 맺어 나갈 기회가 되며, 대상의 장단점을 바라보고 통합할 수 있는 시야를 열어 준다고 하였다. 그러면서 안정 애착의 신화에서 벗어나야 한다고 하였다.

물론 부모라면 아이의 결핍된 욕구를 채우도록 노력할 필요가 있다. 그러나

아이의 결핍을 모두 다 채우려고 하면 문제가 생긴다. 최선을 다해 노력해야겠지만 채울 수 없는 한계는 인정해야 한다. 아무리 노력해도 어차피 모든 욕구를 다 채울 수는 없다. 부모가 아이의 욕구를 채워 주려고 지나치게 노력하면 아이는 다른 사람이 자기 욕구를 채워 주는 것을 당연하게 여기게 되고, 결국 고통을 받게 된다.

결핍 대처법

노력해서 결핍이 채워지는 경우도 있지만 대부분의 욕구 결핍은 그대로 남는다. 그러면 어떻게 할 것인가? 결핍된 인간의 욕구를 채우는 방법은 다음과 같다.

첫째, 하나님은 각자에게 자기 스스로 욕구를 채우는 방법을 허락하셨다. 우리가 욕구를 채울 수 있도록 인간의 발달단계 가운데 특히 힘이 생기는 시기를 마련해 주셨다. 이 시기는 욕구를 대분출하는 시기이다. 내가 노력해도 쉽지 않았던 행동이 욕구 대분출의 시기에는 쉽게 나온다. 힘이 생겼기 때문이다. 그때 욕구를 채우려고 노력하게 된다. 이 발달단계는 하나님의 역사하심이다. 자세한 내용은 143쪽 박스를 참고하라.

둘째, 주변 사람들을 통해 우리의 욕구를 채워 주신다. 그 사람은 배우자일 수도 있고 가족, 친구, 교사일 수도 있다. 교회 공동체를 통해 채우기도 하신다.

셋째, 하나님만 채우실 수 있다. 인간은 한계가 있다. 부모에게서 결핍된 욕구를 채우고 싶어 부모에게 호소해도 되지 않는 경우가 허다하다. 때로는 어렸을 때 채우지 못한 욕구를 배우자에게 채우려고 하다가 갈등만 생기는 경우도 많다. 궁극적으로 우리의 결핍을 채우시는 분은 하나님이시다. 특히 보혜사 성령님이 우리와 함께하시면 결핍이 결핍으로 느껴지지 않는 은혜를 주신다.

넷째, 결핍도 은혜이다. 그러므로 결핍을 그대로 안고 가는 것도 필요하다.

하나님께 결핍을 채워 달라고 부르짖어도 채워지지 않는 경우도 많다. 이럴 때는 결핍도 내 인생이며 결핍 또한 나라고 생각하고, 있는 모습 그대로의 나를 받아들여야 한다. 욕구 결핍을 문제라고만 보면 안 된다. 욕구 결핍을 다른 각도에서 보면 은혜가 보인다. 결핍은 다른 사람의 아픔과 결핍을 이해하고 수용하는 통로이다. 또 하나님께 나아가게 하는 도구이며, 나를 겸손하게 만들어 준다. 대릴 반 통게렌은 『겸손의 힘』이라는 책에서, 자기부터 챙겨야 한다는 주장과 자아 강화라는 시류가 우리를 겸손하지 못하고 교만하게 하며 더 큰 욕구를 채우려 한다고 짚었다. 더 큰 욕구를 채우려는 갈망을 낮추게 만드는 것이 결핍이고 겸손함이다. 욕구가 너무 크면 욕구와 현실의 간극으로 인해 더 큰 상처를 받게 된다. 결핍을 채우려고 노력하는 것도 필요하지만, 결핍을 있는 그대로 받아들이는 것이 오히려 결핍에서 자유로워지게 하고 결핍을 극복할 수 있는 도구가 된다.

적용 질문 ??

1. "개인적인 편안함과 자기만족이라는 목표에서 등을 돌려야만 그리스도를 찾아 나설 수 있다"는 글을 보면서 정의와 하나님이 원하시는 삶을 위해 내 편안함과 자기만족에서 돌이켜야 할 영역이 무엇이라고 생각하는가?

2. 욕구 자체가 목표가 되어 버려 하나님보다 더 중요해진 것이 있다면 무엇인가?

3. 나에게 욕구 부인이란 무엇인가?

4. 결핍이 은혜가 되었던 예는 어떤 것이 있는가?

발달단계별 욕구 분출

　채워지지 않은 욕구 즉 결핍된 욕구는 평생을 따라다닌다. 나이 불문이다. 50대, 60대가 되신 분들과 상담해도 어렸을 적 부모에게 채우지 못한 사랑으로 인한 상처 때문에 고통받고 있음을 본다. 결핍이 평생을 간다니 어떻게 하나 싶지만, 감사하게도 하나님은 우리가 어렸을 적에 채우지 못한 욕구를 채우도록 발달단계 속에 에너지 분출이라는 장치를 심어 놓으셨다. 채우지 못한 욕구를 채우려고 힘이 분출되는 시기라고도 할 수 있고, 스스로 자신의 욕구를 다뤄 보려는 독립운동의 시기라고도 할 수 있는 때가 다섯 단계에 걸쳐 나타난다. 이때는 주변 사람들을 힘들게 하고 좌충우돌한다. 그러나 일부러 그러는 것이 아니라 욕구를 채우려고 노력하는 시기라고 해석하면 이해의 눈으로 바라볼 수 있다.

　1차 욕구 분출의 시기는 **3~4세쯤(만 2~3세쯤)**이다. 미운 네 살이라는 호칭이 붙는다. 이때는 그동안 세상에 태어나서 나름 적응하느라 맞추어 오던 것과 다르게 해 보고 싶은 마음이 일어나기 시작한다. 뭐든 반대로 해 보고 싶고 다르게 해 보고 싶다. 가장 많이 하는 말이 "싫어"가 된다. 부모 말과 거꾸로 하고 싶은 마음이 생긴다. 부모가 '사랑해'를 원하면 "싫어"라는 말을 하고 '오라'고 하면 '가고' 싶어 한다. 얘가 왜 이러나 싶지만 이 시기에 그동안 사회에 적응하느라 못 채운, 다르게 해 보고 싶은 욕구를 채운다.

　2차 욕구 분출의 시기는 **7세(만 5세)**이다. 이 시기에는 신체적인 에너지도 폭발하고, 자기가 원하는 것을 이루고 싶어서 고집을 심하게 부리기 시작한다. 자기가 맞다고 바득바득 우기느라 부모와 아이가 30분 이상을 대치하기도 한다. 아이는 나름의 이유를 들어 반박하지만, 부모 입장에서는 말도 안 되는 소리를 하니 가슴이 턱턱 막히고 뒤통수를 때려 주고 싶은 마음이 든다. 그래서 '미친 일곱 살', '죽이고 싶은 일곱 살'이라는 별명이 붙었다. 쉽지 않은 시기이지만 이를 통해 자기주장을 해 보고 싶은 욕구를 채운다.

3차 욕구 대분출의 시기는 **초등 고학년** 시기이다. 부모님들이 자주 호소한다. "우리 아이가 작년에 안 그랬는데 갑자기 변했어요. 고분고분하고 살갑던 아이가 눈빛이 변하고 말투도 변했어요. 문을 쾅 닫고 방으로 들어가요." 많은 이가 사춘기가 일찍 왔다고 하는데 그렇다고 사춘기를 안 겪으냐 하면 그것도 아닌 것을 보면 또 다른 시기라고 할 수 있겠다. 초등 저학년 때는 어른이 대단해 보이고 멋있어 보여서 빨리 어른이 되고 싶었다. 그런데 초등 고학년이 되면 대단하고 존경스러웠던 어른들이 앞뒤가 맞지 않는다는 사실이 보이기 시작한다. 말과 행동이 다르다는 것도 파악하고 허점과 단점도 보이기 시작한다. 그래서 깐족댄다. "에이, 엄마도 못할 거면서. 그거 잘 못하잖아요?" "지난번에 말해 놓고 안 지켰잖아요?" "자기도 못하면서 왜 나한테만 시켜요." 이는 그렇게 되고 싶어서 존경하던 대상이 별것 없다는 실망과 함께, 나도 어른과 대등한 존재로 대우받고 싶은 마음의 욕구가 분출된 것이라고 할 수 있다.

4차 대분출의 시기는 **사춘기**이다. 보통 중2쯤에 최고조가 되지만, 사춘기에 해당하는 시기는 참 길다. 학자들은 청소년기를 23세까지로 본다. 사춘기는 아이마다 다르다고 보면 된다. 우리 아들을 비롯하여 남자아이들은 사춘기를 대학 가서도 겪는 경우를 꽤 본다. 수업을 빼먹거나 공부를 놔 버리기도 한다. 아마 우리나라는 공부하느라 사춘기도 유예한 것이 아닌가 싶다. 이 시기는 정말 욕구가 '대'분출된다. 모든 욕구가 밀려 올라온다. 맞추어 살고 싶은 생존의 욕구는 충분히 채웠으니 그 외에 다른 모든 욕구가 분출된다고 보면 될 것이다. 사랑의 욕구는 부모를 향하던 것이 친구에게로 전환하여 분출되고, 내 멋대로 자유롭게 놀고 싶고, 즐기고 싶다. 이것을 강력하게 주장한다. 이러다 보니 부모와 가장 많이 부딪히는 시기이기도 하다. 한마디만 해도 잔소리한다고 눈을 째려보며 갈등이 일어난다. 사실 이 시기의 반항은 독립의 거대한 소용돌이라고 보아야 한다. 자유의 욕구가 아주 높은 부모가 아니라면, 부모 스스로 자녀를 독립시키기는 어렵다. 부모 눈에는 자녀가 늘 애 같기 때문이다. 앞에서도 언급했지만 이것을 아시는 하나님께서 자녀의 반항과 이로 인한 갈등을 통해 부모에게 자녀의 독립을 연습하게 하셨다. 사춘기에도 하나님의 은혜가 숨어 있다.

마지막으로 **5차 욕구 대분출**의 시기는 **갱년기**다. 그동안 세상에서 살아남기 위해 애쓰며 맞추어 왔다면 이때는 그와 다른 에너지가 분출한다. 엄마들이라면 외식을 자주 할 때 느끼던 죄책감이 줄어서 밥을 안 하기로 선택할 수도 있다. 주말부부로 사는 것이 훨씬 좋다면서 주말부부를 자처하는 경우도 생긴다. 아빠들이라면 성실하게 다니던 직장을 그만두고 사업을 시작하거나 안 하던 행동을 한다. 아무도 없는 산에 들어가서 살기도 한다. 「나는 자연인이다」라는 프로그램이 인기가 높은 이유는, 조직과 사람들에 매여 살던 곳에서 벗어나 혼자 산에 들어가서 살고 싶은 남자들의 로망 때문일 것이다.

    욕구를 채우기 위해 인간은 이렇게 단계별로 애를 쓴다. 아니, 그렇게 만들어져 있기 때문에 힘이 솟구친다고 보는 것이 정확하다. 나와 다른 사람에 대해 희망을 갖자. "어렸을 적에 결핍된 우리 아이의 욕구는 어떻게 해요"라는 고민을 하는 부모들이 있다. 사람은 언제든 욕구를 채우려고 하기 때문에 채워 주려고 노력하면 어느 정도 채워질 수 있다. 스스로에 대해서도 마찬가지다. 욕구를 채우는 방법을 알면 스스로 채울 수 있다. 발달단계를 통해 욕구 채움의 기제를 만들어 놓으신 하나님을 찬양하라!!

    욕구를 채운다고 해서 상처가 다 없어지는 것은 아니다. 상처는 흔적으로 남겠지만 욕구를 채우면 삶은 변할 수 있다. 물론 인간은 부족하기에 자녀의 결핍된 욕구를 채운다고 해도 온전할 수 없다. 부족하면 부족한 대로 그 결핍을 다루며 만져 가실 하나님께 맡기는 수밖에 없다.

10장.
욕구와 영적 성숙

성숙의 기준

　영적 성숙을 이야기하려면 먼저 성숙의 기준을 살펴보아야겠다. 대다수 사람은 자기 기준에서 다른 사람의 성숙을 판단한다. 하지만 욕구마다 지혜롭고 잘하는 부분이 있다. 필자는 하나님께서 인간에게 기본적으로 지혜로움을 심어 놓으셨다고 본다. 주변 사람들을 살펴보아도 지혜가 조금씩은 있다. 그러나 각자 다른 면에서 지혜롭다. 이를 욕구로 보면 각자 타고난 혹은 추구하는 욕구에 따라 지혜로운 면이 다르다고 할 수 있다. 이로 인해 자기의 욕구를 기준으로 다른 사람을 해석하고 비난하는 우리의 모습을 본다. 그레엄 골즈워디는 "지혜의 특정 형태만을 고집하여 경직되게 해석함으로 지혜의 위기가 온다"라고 하였다. 특히 기독교인 안에서 이런 판단과 비판이 많다. 욕구로 보면 모든 욕구가 해당한다. 그중 하나만 예를 들어 보겠다. 사랑의 욕구가 높은 이들은 성경에서 사랑이 제일이라고 하셨기 때문에 자신들이 사랑을 실천하는 것이 하나님의 마음을 실천하는 것이라 여기고 뿌듯해한다. 나아가 그렇게 살지 못하는 이들을 불편해하고 비난하기도 한다. 아마 사랑의 욕구가 낮거나 자유의 욕구가 높은 사람들을 보며 냉정하다거나 자기밖에 모른다거나 이기적이라 여기며 불편해했을 것이다. 기독교는 사랑이 가장 중요하기 때문이다. 이를 하나님이 보시는 성숙이라는 관점으로 바꾸어 보자.

사랑의 욕구가 높아서 솟구치는 마음으로 남을 돕고 섬기는 일을 7만큼 했다고 하자. 반면 사랑의 욕구가 낮은 사람이 애써서 어렵게 어렵게 3만큼 겨우 했다고 치자. 이럴 때 하나님은 어떤 사람에게 성숙이라고 표현해 주실까? 하나님은 어떤 사람을 칭찬하실까? 그렇다! 하나님은 애써서 3만큼 한 사람에게 성숙이라고 표현하실 것이다. 사랑의 욕구는 도움과 나눔 쪽으로 에너지가 저절로 가는 사람이다. 물론 그 안에서도 분명히 애씀과 수고가 있다. 하지만 욕구 성향이라 이들은 삶의 우선순위가 그렇게 될 수밖에 없다. 그러나 사랑의 욕구가 낮거나 자유의 욕구가 높다면 애를 써도 쉽지 않다. 이것을 하나님은 아신다.

반대의 예를 들어 보자. 자유의 욕구가 높은 사람이 다른 사람을 존중하고 강요하지 않으며 있는 그대로 '그럴 수 있지' 하며 수용하는 것은 성숙이라고 볼 수 없다. 이는 자유 욕구의 특성이기 때문이다. 한편, 자유의 욕구가 높은 사람은 잔소리를 잘 하지 않기에 잔소리가 많은 생존의 욕구를 보면 답답해하고 비난한다. 잔소리하는 이유는 무엇일까? 생존의 욕구는 세밀하게 모든 것이 다 보이기 때문에 잔소리를 하게 된다. 하지만 자유의 욕구는 세밀하게 보이지 않아서 잔소리를 안 하는 측면이 더 많다. 때로는 잔소리 한번 해야지 싶다가도 시간이 지나 잊어버려서 못 하는 경우도 많다. 그러므로 자유의 욕구가 생존에게 잔소리한다고 비난할 수는 없다. 오히려 자유는 꼭 필요한 훈계를 놓치지 않도록 노력하는 것이 성숙이다. 물론 생존은 잔소리를 줄이는 것이 성숙의 방향이다.

또 다른 예를 들어 보면, 힘의 욕구가 낮은 사람은 자기의 의견과 달라도 웬만하면 다 받아 주고 불편해도 수용한다. 필자도 수용성이 아주 높은 사람이라는 평을 받으며 살아왔다. 힘은 낮고 자유가 높기에 죽을 일이나 죄가 아니면 수용한다. 이 덕분에 힘이 높은 남편과 잘 맞추며 살아왔다. 이것이 나의 성숙이라고 여기며 마음이 높아졌던 시절이 있었다. 그러나 욕구로 보니 하나님이 주신 욕구 성향이었음을 알았다. 성숙이 아니다. 나의 성숙은 오히려 남편에게 아닌 건 아니라고 말하는 것이다. 지금은 이것을 위해 노력하고 있다. 그러므로 성숙의 기준은 사람마다 다르다고 볼 수밖에 없다.

달란트 비유가 떠오른다. 하나님은 각자에게 다른 분량의 달란트를 맡기셨고, 결론적으로 거기서 얼마만큼 노력하고 남기느냐에 초w점을 두셨다. 성숙의 기준은 내게 주어진 욕구라는 달란트에서 얼마나 성장하느냐이다. 내게 없는 욕구는 보완하고, 부정 방향을 향한 욕구는 부인하는 것이 성숙이다. 나아가 나와 전혀 다른 사람을 비판하지 않고 품고 수용할 수 있다면 그것도 성숙이다.

가까이 주어진 욕구의 성숙 모델을 통해 배우기

욕구 성숙을 위해 우리는 다른 사람에게 배울 수 있다. 감사한 것은 우리가 어떻게 성장해야 할지 모를 때 하나님이 우리 주변에 욕구별 모델들을 심어 놓으신 점이다. 욕구로 보면 나와 다른 사람이 매력적으로 느껴지기에 우리 주변에는 늘 자기와 다른 사람이 있다. 그러나 나와 달라서 매력적이었던 사람과 가까이 지내다 보면 갈등이 생긴다. 매력이 갈등으로 변하는 순간이다. 여기서 중요한 것은 그들을 하나님이 주신 욕구 성장의 모델로 바라보고 배우려는 마음을 갖는 것이다. 『지혜의 탄생』의 저자 중 루신다 오월과 마리온 펄

무터에 의하면, 성장이란 자아중심적인 초점에서 보편주의적 현실 이해로 나아가는 것이다. 코후트의 말을 빌리면 확장된 자기의식, 즉 '자신에게 한계가 있으며 자신이 틀릴 수 있음을 아는 것'이다. 여기서 내가 틀릴 수 있다는 낮은 마음이 배움을 가능하게 한다. 관계 안에서 욕구로 성장하려면 자신의 욕구 성향으로 인한 행동이 틀릴 수 있음을 인식해야 한다.

한 엄마를 만난 적이 있다. 자신은 문제가 없고 남편과 아이가 문제인데 어떻게 고쳐야 하나 늘 고민이었다고 했다. 욕구로 자신을 보니 자신이 옳다고 생각했던 것이 다른 사람을 힘들게 할 수 있는 행동이었고 오히려 자신이 틀릴 수 있음을 배웠다고 했다. 이것이 지혜의 시작이고 성숙이다. 나의 욕구로 인한 행동이 지혜롭고 긍정적인 방향인지, 부정적인 방향인지 성찰할 필요가 있다. 성찰이 되었다면 회개하며 하나님 앞에 나아가야 한다. 또한 '나와 다른 사람에게서 배울 점이 무엇인지'의 관점을 놓치지 않는 태도가 필요하다.

하나님은 우리에게 서로를 통해 배울 수 있는 모델을 이미 보이셨다. 서로 다른 다섯 가지 욕구의 특성을 가진 사람들이다. 형제가 서로 연합하여 동거함이 아름다운 이유는 서로의 모습 속에 내게 부족한 모습을 배울 수 있는 자원이 있기 때문이다.

예를 들면, 힘의 욕구가 낮은 사람은 힘의 욕구가 높은 사람에게서 배워야 한다. 힘의 욕구는 많은 경우 허리를 펴고 고개를 들고 있으며 목소리와 눈에도 힘이 있다. 슬쩍 봐도 자신감 있어 보이고 힘이 드러난다. 강단 있고 여간해서는 흔들리지 않는다. 토머스 길로비치는 이런 행동이 스트레스 호르몬을 적게 분비하는 역할을 한다고 하였다. 반대로 소극적이고 지위가 낮은 사람이 할 만한 행동, 즉 손으로 얼굴을 만지거나 감싸는 자세를 취한 사람은 코르티솔 수치가 올라갔다고 보고한다. 자신감 있는 자세를 취하는 것이 자신감 있어 보이게 하고, 스스로 자신감을 부여하는 역할을 한다는 것이 검증된 것이다. 힘의 욕구가 낮은 사람들이 배울 부분이다.

즐거움의 욕구에서도 배울 점이 있다. 이들은 일하면서 휘파람을 불거나 어떤 방식으로든 감정을 고양시키면, 우울한 마음이 사라져 지루하고 힘든 일도 어렵지 않게 해내는 능력이 있다. 또 감동하고 감탄하는 능력이 있다. 필자는 즐거움의 욕구가 낮아서 아이들을 보면서 감동과 감탄을 하기가 쉽지 않았다. 뭐든 진지하게 보는 경향이 있었다. 하지만 주변 선생님 중에 사랑과 즐거움의 욕구가 높은 선생님이 있었다. 아이의 눈빛 하나에도 주의를 기울이고 "우와, 저 눈빛 좀 봐", "어머, 허리 편 모습 봐. 너무 귀여워"라고 반응해 주니 아이가 힘을 얻고 존중감과 수용감을 느끼는 모습을 보았다. '이래야 한다'라며 훈계할 때보다 더 쉽게 허리를 펴는 것을 보았다. 그 이후 몇 년간 '아이들을 감동과 감탄으로 바라보기'가 필자의 새해 목표였다. 지금은 감동과 감탄이 그 전에 비해서는 잘 나온다. 주변에 그런 모델을 주신 하나님께 얼마나 감사한지 모른다.

자유의 욕구는 객관적으로 보고 편견 없이 사람을 대하는 면에서 탁월하다. 다른 사람의 어떠함을 존중하며 남들과 다르게 보는 창의성이 있다. 또 다른 사람에게 강요하지 않고 존중하는 것을 배울 수 있다. 생존의 욕구를 통해서는 계획성과 세밀함을 배운다.

더 자세히 열거하지 않아도 모든 욕구는 배울 점이 많다. 필자는 남편을 통해 즐기면서 사는 것이 무엇인지 배우고 있다. 남편은 내 사랑의 욕구를 통해 사랑으로 다른 사람을 품는 것이 무엇인지 배워 가고 있다. 나와 부딪히는 사람은 나를 성숙시키려고 보내신 하나님의 욕구 모델이다. 사랑했으나 지금은 갈등 중에 있는 사람도 내게 없는 부분을 보완하려고 주신 하나님의 선물이다. 우리의 관점을 바꾸자. '저 사람 왜 저러지?', '나와 왜 다르지?' 하는 마음이 들면서 나를 힘들게 하는 사람은 내게 없는 욕구를 보여 주는 모델이며, 내

부족한 면을 성숙하도록 돕는 롤 모델이라고!

수용이란 무엇인가?

여기서 걸리는 점이 하나 있다. 관계 안에서 서로 다름이 부딪힐 때 불편함이 너무 크다는 점이다. 현실적인 불편함을 넘어 때로는 고통을 견뎌야 하고 짐이 될 때도 있다.

C는 자신이 감정 기복이 심한 사람이다 보니, 늘 그 자리에 서 있는 나무처럼 든든하고 감정 기복이 없는 배우자가 좋아서 결혼했다. 결혼해서 살다 보니 감정 기복이 없는 것은 좋은데 내 감정을 공감해 주지 못하는 면이 너무 불편하고 때로는 외롭게 느껴진다. C가 사랑의 욕구라면 배우자는 자유나 힘의 욕구일 가능성이 크다.

F는 이렇게 저렇게 되기를 기대하지 않고, 있는 그대로 수용해 주고 뭐든 그럴 수 있다고 말해 주는 배우자가 좋아서 결혼했다. 배우자의 욕구는 자유가 높고 생존이 낮은 것이다. 그러다 보니 자신에 대해서뿐 아니라 일상생활에서 뭐든지 그럴 수 있다고 여긴다. 물건도 잘 잃어버리고, 잃어버려도 별로 스트레스를 받지 않는다. 놓친 서류가 있어서 비행기를 못 타는 상황이 펼쳐지기도 한다. 결국 그 대가는 F가 감당할 몫이 된다.

사실 이러한 불편함이 쌓이고 곪으면 큰 갈등으로 비화하게 마련이다. 그런데도 상대방을 모델로 볼 수 있는가? 나와 다른 사람은 다름에 그치지 않고 나를 불편하게 한다. 느릿느릿 움직이는 배우자 때문에 교회나 약속 장소에 지각하기도 하고, 배우자가 자주 신호를 위반하면 위반 딱지 벌금이 가정에 재정적 손실을 입히기도 한다. 이런 것도 수용해야 하는가가 관건이다.

수용은 잘못된 행동도 수용하라는 의미가 아니다. 하나님은 우리의 잘못된 행동을 그래도 되는 것처럼 수용하지는 않으신다. 그저 우리가 죄를 지을 수 있는 존재이고 잘못된 행동을 거듭할 수 있는 존재임을 아신다. 실패할 수밖에 없는 존재임도 아신다. 그 지식 안에서 우리를 훈계하시고 훈련하신다.

여기서 **지혜**가 필요하다. 그레엄 골즈워디는 지혜가 '혼란된' 질서와 '회복될' 질서를 이해하며 살도록 한다고 하였다. '혼란된' 질서를 파악하면서 '회복될' 질서도 생각하는 것이 지혜라는 말이다. 욕구로 보면, 그 사람에게 쉽지 않은 것 즉 '혼란된 질서'가 무엇인지 알게 된다. 얇은 이해로 나아가고 이해하면 화가 덜 나게 된다. 그러면 그 욕구를 수용하면서도 부정적인 행동에 대해 '회복될 질서'를 바라보며 적절한 대처를 할 수 있다. 자유나 즐거움에게 "너는 도대체 맨날 잊어버리고 왜 그러냐"라는 말을 하면 존재 자체를 수용받지 못하는 느낌이 든다. 그러나 "실수를 반복할 수 있어. 사람은 그래! 나도 실수해. 하지만 앞으로는 그러지 않았으면 좋겠어"라고 따끔하게 말해 줄 수 있다. "잘 기억이 안 나지? 그럴 수 있어. 하지만 앞으로는 주의하자"라고 한다면 어떨까? 그 사람의 약함을 인정하지만 잘못은 바뀌기를 바라는 표현이기에 존중이 깔린 느낌이 든다. 그 행동을 바꾸기가 쉽지 않은 사람임을 이해하면서 말하는 것이 중요하다.

무엇보다 하나님은 부족함에도 바뀌고 싶고 잘하고 싶은 우리의 마음을 아시기에 우리에게 격려를 아끼지 않으신다. "두려워 말라! 담대하라! 내가 너와 함께함이니라. 놀라지 말라!" 하나님의 격려는 우리에게 수용이 무엇인지를 보여 준다.

욕구로 성장한다는 것의 의미와 방법

필자의 컴퓨터 앞 메모지에 적어 놓고 늘 보는 글귀가 있다. "내가 다스려야 할 몸, 시간, 돈, 관계, 생각, 감정, 욕구가 그리스도의 십자가를 통과하고 있나?" 나의 모든 삶은 십자가를 통과해서 변화되어야 할 것들이다. 우리의 모든 삶은 구속이 필요하다. 주 안에서 새롭게 부활, 즉 변화되어야 한다. 그렇다면 욕구는 어떻게 변화되고 성장, 조절할 수 있을까? 아래 제시하는 욕구 성장 및 조절 방법은 욕구뿐 아니라 모든 영역에 적용할 수 있다.

첫째, 우리를 변화시키는 것은 결국 실패와 좌절이다. 많은 이의 삶에서 실패와 위기가 그런 역할을 한다. 힘의 욕구가 높아서 자신감 넘치고 직설적이며 다른 사람들과의 관계에서 배려가 부족한 사람 K가 있었다. K는 다른 사람이 어떻게 생각하든 상관이 없었기에 반대 의견이 와도 '난 내 갈 길 간다' 하면서 소통할 줄을 몰랐다. 그러던 중 믿었던 사람들에게 배신을 당하고 모함을 받고 모욕을 당하면서 다른 사람의 마음을 이해하게 되고 사랑하는 법을 배워 가는 것을 보았다. 변화한 K는 힘의 욕구에 공감 능력이 더해지면서 더 많은 이들을 사랑으로 섬기고 돕는 역할을 하고 있다.

베드로는 힘의 욕구와 즐거움의 욕구가 넘치는 사람이다. 생각하면 바로 행동하고 말로 튀어나오는 사람이었다. 예수님이 계신 곳이면 바다라도 첨벙 뛰어들었고, 예수님의 십자가 길을 만류하다가 "사탄아, 뒤로 물러가라"라는 리얼한 질책도 받았다. 무엇보다 예수님을 세 번 부인하리라는 예수님의 말씀에 자신은 절대 그렇게 하지 않을 거라고 자신했지만 결국 세 번이나 부인하고 말았다. 예수님을 잡아가려는 사람의 귀를 칼로 치기도 했다. 급하고 충동적이며 좌충우돌하는 사람이다. 그러나 베드로는 변화되었다. 어떻게 변화되었는지 베드로의 삶을 따라가다 보면 힌트가 보인다.

예수님은 베드로가 부인할 것을 말씀하시면서 "네 믿음이 떨어지지 않기를 기도하였노니 너는 돌이킨 후에 네 형제를 굳게 하라"(눅 22:32)고 당부하신다. 여기서 주님은 부인하지 말라거나 부인하지 않도록 조심하라고 하지 않으셨다. 실패를 막아 주실 마음은 없어 보인다. 다만, 부인한 후에 믿음이 꺾이지 않는 것이 중요하다고 말씀하신다. 우리는, 특히 힘의 욕구가 높은 사람들은 자신있게 할 수 있다고 떵떵 소리치다가 실패하면 확 무너져 버리는 경우가 많다. 베드로 역시 주님과 함께 감옥도 가고 죽을 준비도 되어 있다고 했지만, 십자가 앞에서 주님을 세 번이나 부인했으니 마음이 쉽게 무너질 수 있는 상태였다. 예수님은 이 일 때문에 베드로의 믿음이 꺾이지 않기를 기도해 주셨다. 실패하지 않게 하는 것보다 '실패해도 믿음이 꺾이지 않는 것'이 더 중요하기 때문이다.

여기서 중요한 부분을 보게 된다. 실패하는 인생에서 실패가 성숙과 변화의 도구가 된다. "난 뭐든 할 수 있어"라고 말하는 힘의 욕구에다 즐거움의 욕구까지 높으면 자신에 대해 무한 긍정이 된다. 그러나 실패를 통해 베드로는 자신의 힘으로 할 수 없음을 깨닫고 낮아지게 된다. 베드로는 주님을 부인한 뒤에 예수님의 말이 생각나서 많이 울었다. 주님에게 너무나 죄송했을 것이다. 다른 제자들을 생각하면 수치스러웠을 것이고 스스로에 대해서는 비통하고 분했을 것이다. 이 실패 덕분에 베드로는 결국 제자들의 리더로서 담대히 예수님을 전하는 사람으로 바뀌었다.

둘째, 수용되는 경험을 통해 변화된다. 실패와 위기에서 수용해 주는 사람이 있어야 변화된다. 베드로도 예수님의 특별한 다루심, 즉 수용의 경험이 있었다. 베드로는 부활하신 예수님을 다시 만나 너무 반갑고 기뻤겠지만, 마음속에 찜찜함이 남아 있었을 것이다. 그 많던 자신감이 쪼그라들어 '나 같은 사람이 뭘 할까?'라는 마음도 있었을 것이다. 하지만 예수님은 세 번 부인한 것에 대해 '그것 봐. 내가 얘기했는데도 넌 부인했지'라고 말씀하지 않으셨다. 오히려 베드로의 마음에 있는 죄책감을 다루시려는 듯 일부러 세 번이나 "네가 나를 사랑하느냐"(요 21:15-17)라고 물으셨다. '비록 실패했고, 쪼그라져 있지만 네가 나를 사랑하는 것은 맞지 않니? 그렇다면 내 양을 돌보고 먹이고 나를 따르면 된다! 나는 네 믿음이 꺾이지 않도록 기도했다. 그러니 나를 사랑하는 그 믿음으로 나를 따르며 내 양을 돌보라'고 사명을 일깨우고 계신다. 베드로는 예수님의 다루심, 즉 수용해 주시는 경험으로 변화하여 실패가 아니라 주님을 사랑하는 마음에 초점을 맞추고 이후의 삶을 살아갈 수 있었을 것이다. 실패한 우리를 품으시고 안아 주시는 하나님의 품을 만나자. 그리고 우리의 관계 안으로 들어가 보자.

우리에게도 내 약함을 수용해 주는 존재들이 있다. 힘의 욕구가 높은데 어렸을 적 상처가 많았다면 같은 힘끼리 만났을 때 상처만 주고받다가 헤어질 수도 있다. 그러나 하나님은 수용하는 사람을 만나도록 은혜를 주신다. 상처가 많은 힘의 욕구는 힘이 낮고 사랑이 많은 사람을 만나서 사랑받고 수용되면서 성숙해질 수 있다. 사랑을 받아야만 사랑을 주는 사람이 될 수 있기 때문이다.

나아가 우리는 수용하는 존재가 될 수 있음도 기억하자. 상대방 또한 나처럼 결핍과 상처가 있는 존재이기에 내가 그를 수용하면 그도 변화로 나아갈 수 있다.

셋째, 부딪힘을 통해 변화된다. 때로는 대립하는 욕구를 만나 성장하는 경우도 많다. 예를 들면 희한하게도 힘은 힘과 만나야 변화된다. 철이 철을 날카롭게 하듯 서로 부딪히며 성장한다. 남편과 끊임없이 싸운다는 D가 한 말이 리얼하게 다가온다. 둘 다 힘의 욕구가 높아서 계속 부딪혔는데 남편이 D에게 하는 말은 "활어가 부산에서 서울까지 생명력 있게 오도록 메기를 넣는다고 해. 너는 내 인생의 메기야"였다. 끊임없이 싸우면서 늘 긴장감이 있지만 서로의 필요성을 알고 서로를 채찍질해 주는 존재임을 아는 멋진 부부라는 생각을 했다. 결국 우리는 서로 부딪히면서 갈고 닦인다.

넷째, 기도와 성령 충만함으로 가능하다. 사도행전 4장에 보면 예수님이 체포되었을 때 겁먹고 도망쳤던 제자들이 변화된 모습이 나온다. 제자들은 겁박을 받고도 도망치지 않았으며 사람의 말보다 하나님의 말을 듣는 것이 옳다면서 더 담대하게 예수님의 죽으심과 부활을 전했다. 아니, 오히려 능욕받는 것을 기쁘게 여겼다. 이들은 어떻게 변화할 수 있었을까? 그들은 하나님이 주신 사명과 뜻대로 살도록 기도했다. 또 기도를 통해 성령 충만해졌다. 변화는 기도와 성령 충만을 통해 하나님의 뜻에 내 욕구가 맞춰질 때 일어난다. 기도를 통해 성령 충만을 구하자. 성령 충만함은 내 욕구 속에 하나님이 충만하게 만들어 준다.

다섯째, 하나님이 이 세상보다 더 커 보일 때 변화된다. 위 내용을 이어서 설명하려고 한다. 세상은 나보다 훨씬 커 보인다. 그래서 우리는 무서워하고 떤다. 제자들은 큰 세상 앞에서 도망치는 존재였지만 이제 이들은 세상이 감당치 못할 사람들이 되었다. 이들의 눈앞에 자신들의 목숨도 쉽게 없앨 수 있는 권력자들이 있지만, 그보다 더 크신 하나님이 계심을 알았기에 겁박을 당해도 담대할 수 있었다. 세상보다 더 큰 존재가 하나님이심을 볼 수 있다면 지금껏 넘어서지 못한 내 욕구 성향도 넘어설 수 있다. 예를 들어 사랑의 욕구가 높고 힘의 욕구가 낮은 사람은 다른 사람에게 싫은 소리를 하기가 힘들다. 누군가로부터 부정적인 피드백이 올 것 같으면 아예 행동하지 않는 이들이다. 만약 이들이 꼭 필요한 곳에 싫은 소리를 하고, 반대에도 불구하고 해야 할 일을 하려면 그것을 하게 하시는 하나님이 세상보다 사람들보다 더 커 보여야 하는 것이다. 이 시도는 보이지 않는 믿음을 가늠해 보는 척도가 될 수 있다. 고난을 선택하려면 이 세상은 간데없고 하나님만 보여야 한다. 이는 성령 충만함으로만 가능하다. 성령 충만은 기도로 가능하다.

성장의 방법들은 서로 연결되어 있다. 한 가지 요소만이 아니라 다양한 요소를 내 삶에 적용해 보면 좋을 것이다.

위에서 전반적인 성장의 방법을 살펴보았다면, 이제는 욕구에 초점을 두어 성장을 생각해 보겠다. 욕구코칭에서 욕구의 성장이란 '나의 욕구 상태를 있는 그대로 수용하는 것이며, 긍정 방향으로 자라 가는 것'이다. 동시에 '다른 사람의 어떠함을 있는 그대로 인정하고 바꾸려 하지 않는 것'이다. 이 정의를 바탕으로 성장이란 어떤 것인지 다뤄 보겠다.

첫째, 나의 욕구 상태를 있는 그대로 수용하고 아는 것이다. 모든 사람이 볼 때 생존 욕구가 높아 보이는 사람인데 자신만 그렇지 않다고 주장하는 경우가 있었다. 규칙이나 상식, 정리 정돈 관련 기대 수준이 높거나, 부모님의 기대에 못 미쳤던 경험 때문에 높지 않다고 할 수도 있을 것이다. 이 사람의 경우 1년여 만에 자신이 생존 욕구가 높음을 알게 되었다. 이처럼 자신이 어떤 사람인지 왜 그런지 이해하면서 자신의 욕구 상태를 인정하고 자신을 알아 가는 것이 성장이다.

둘째, 욕구의 성장이란 다른 사람을 바꾸려 하지 않는 것이다. 윌리엄 글래서의 말처럼 우리가 통제할 수 있는 사람은 오직 나 자신뿐이라는 관점이 필요하다. 즉 다른 사람을 내 마음대로 하려 하지 않고 존중하는 것이다.

셋째, 욕구 조절이 필요할 때 조절하는 것을 말한다. 부정적인 방향으로 나아가고 있다면 긍정 방향으로 가도록 노력해야 한다. 이를 위해 회개가 필수적이다. 회개를 하려면 자신의 행동을 욕구별로 성찰하여 혼란된 질서인지, 회복되는 과정인지 파악할 필요가 있다. 이것이 파악되면 회개함으로 돌이켜야 한다. 만약 욕구가 낮아서 관계에 불편함이 온다면 욕구를 높이는 것이 성장이다. 사랑의 욕구가 낮은 이들이 '내가 먼저 연락하기'와 같은 과제를 정하고 노력하는 것이 좋은 사례이다.

넷째, 내 욕구 수준에서 성장하는 것을 말한다. 앞에서 언급한 것처럼 큰 노력 없이 주어진 것만큼만 행동하면서 남겼다고 할 수는 없다. 성장해 간다는 것은 다른 사람과 나를 비교하는 것이 아니다. 각자 하나님께서 주신 욕구 성향에 따라 기준이 달라진다. 나의 욕구 수준에서 성장하고 있는지에 초점을 맞추는 것이 중요하다.

다섯째, 인간의 첫째 목적인 하나님을 영화롭게 하는 방향으로 나아가는 것이다. 내가 하는 모든 행동이 욕구로 인한 것이라면, 하나님을 영화롭게 하겠다는 목적이 내 모든 욕구에 새겨질 때 하나님 안에서 진정한 욕구 성장이 일어난다고 할 수 있다. 이를 위해서 다시 반복하자면, 욕구도 십자가를 통과해야 한다.

공동체 속에서 성장하기

성장을 위해 가정이나 교회 소모임에서 혹은 혼자서라도 욕구를 추측하는 과정을 제안하고 싶다. 아래에 방법을 소개한다.

첫째, 한 사람이 이야기를 하면 욕구 카드를 활용해서 **욕구를 추측**해 본다. 혼자 한다면 카드 중에서 욕구를 골라 보면 된다. 욕구를 추측하는 것이 깊은 정서적 공감의 과정이 된다. 원하는 것을 묻는 또 다른 방법이 있다. 다섯 가지 욕구를 쟁반이라고 생각하면서 나오미 글래서가 제안한 것처럼 "오늘 이 욕구 쟁반 중 하나를 선택한다면 뭘 선택할래요?"라고 물은 뒤, 이를 채우기 위해 현재 무엇을 하고 있으며 긍정적으로 욕구를 채우려면 어떻게 해야 할지 물어볼 수도 있다.

둘째, 그 사건이나 행동을 지켜보시는 **하나님은 마음이 어떠셨을지** 물어보는 것도 한 방법이다. 하나님이 내 곁에 계심을 느끼면 위로가 되기도 하고 새로운 자기 성찰이 될 수 있다. 하나님이 항상 나를 지켜보고 계심을 인식하는 것은 하나님을 경외하는 방법이 되기도 한다.

셋째, 내가 한 행동이 욕구를 채우기에 적절했는지 평가하는 것도 지혜로운 방법이다. 현실치료 학자인 로버트 우볼딩은 행동이 자신에게 도움이 되는지 해가 되는지 묻거나, 그 행동이 욕구를 채우는 데 도움이 되는지 물을 수 있다고 하였다. 인간은 법이나 규칙이니까 지켜야 한다고 생각은 하지만 그것으로 동기부여가 되는 경우는 많지 않다. 오히려 욕구를 채우기 위해 그 행동이 적절했는지 평가해 보는 것이 더 지혜로울 수 있다.

위의 방법에 기초하여 욕구별 긍정 방향과 부정 방향을 보면서 어떻게 성장하고 성숙해 가야 할지 각자 자신을 돌아볼 수 있기를 바란다.

적용 질문 ??

1. 욕구 성장 방법 중 하나님이 내게 허락하신 방법이 있다면 무엇인가?

2. 나의 성장을 위해 새롭게 선택하고 싶은 방법은 무엇인가?

11장.
생존과 안정의 욕구, 신앙 성숙 방향

욕구마다 긍정 방향이 있고 부정 방향이 있다. 각자 자신이 욕구의 어떤 쪽에 있는지 점검해 보기 바란다. 긍정 방향은 선한 방향이라고 할 수 있으므로 더 잘 성장하는 계기로 삼고, 부정 방향은 죄나 우상이 될 수 있으므로 방향을 바꾸는 계기로 삼을 수 있다. 무엇보다 다른 욕구의 긍정 방향을 보고 배울 수 있기를 바라고, 다른 욕구의 부정 방향을 보면서 긍휼한 마음으로 응원하는 계기가 되기를 바란다.

긍정 방향 특성

- **성실하다**

생존의 욕구는 아주 작은 일에 충성하는 이들이다. 해야 할 과제도 잘하고, 약속도 성실하게 지킨다. 이들이 있어서 사회와 공동체가 안정적으로 유지될 수 있다. 신앙생활에서도 작은 부분에서 성실하다. 욥처럼 예배, 큐티, 새벽기도 등 신앙인으로 하나님 앞에서 해야 할 것을 잘 지키는 이들이다. 하나님도 성실하신 분이기에 이들은 하나님의 성실하심을 닮았다고 할 수 있다.

• **신중하다**

생존의 욕구는 생각이 깊어서 결정을 내리기 전에 신중히 생각한다. 실수가 적은 이들이다. 무엇보다 말하기 전에 생각을 깊이 하고 말하기 때문에 쓸데없는 말은 하지 않는다. 깊은 생각을 하는 이면에는 행위의 결과까지 미리 저울질하는 것도 포함되어 있다. 깊이 생각해서 나올 수 있는 "'경우에 합당한 말'은 아로새긴 은 쟁반에 금 사과"라고 성경은 말씀하고 있다(잠 25:11). 신중하게 생각한 후에 말하기 때문에 바로 말을 못 하는 경우가 있는데 이때는 "잠시만요. 저 생각 중이에요"라고 말해 준다면 다른 사람을 위한 배려와 존중의 태도로 신중함이 더 돋보일 수 있다.

• **미래를 생각한다**

당장의 현실만 생각하지 않고 미래를 고려해 준비하는 이들이다. 그래서 저축도 잘한다. 한편 미래 사회가 더 나빠지지 않도록 지금부터 할 수 있는 환경적인 부분의 책임을 다하는 이들이기도 하다. 쓰레기를 함부로 버리지 않는 것부터 시작해서 일회용품 사용을 줄이며, 자연에 해가 되는 행동은 절제하려고 노력한다.

• **질서 있는 삶을 산다**

이들은 질서가 있어야 편안하다. 하나님도 질서 있게 이 세상을 만드시고 운행하고 계신다. 하나님은 무질서의 하나님이 아니시며, 모든 것을 품위 있고 질서 있게 하기를 원하신다(고전 14:33, 40). 이들은 원칙과 계명도 잘 지킨다. 질서의 요소 중 규칙을 통해 안정감을 쌓고 문제를 예방할 수도 있다. "지혜로운 자는 계명을 받거니와"(잠언 10:8)라는 말씀에 순종해 계명을 잘 지켜서 질서와 안정을 만든다. 계명을 지키는 지혜로움의 모델이 생존의 욕구라고 할 수 있다.

• 성찰과 적용을 잘 한다

자신의 믿음과 부족함에 대해 파악하고 잘 성찰한다. 말씀을 들으면 그에 맞게 적용하려고 가장 많은 노력을 기울이는 이들이다. 설교를 들을 때 반응이 크지는 않지만 이후에 만나 보면 적용하려는 몸부림이 가장 큰 이들이라 주변 사람들에게 도전을 주기도 한다.

• 더 간절히 기도한다

이들은 안전과 미래에 대한 걱정이 많은 만큼 더 간절히 기도한다. 북한에서 동해로 미사일을 쏘았을 때 다른 욕구들은 또 그러려니 하지만 생존의 욕구는 혹시나 이것이 커지지 않을까 싶어 걱정되어 하나님 앞에 더 간절히 기도한다. 이들의 기도는 나라가 평안을 유지하는 데 크게 기여하고 있을 것이 틀림없다. 욕구 성향 덕분에 이들은 작은 일에도 기도하는 삶을 살 수 있다. 이들은 섬세해서 일상의 작은 일에도 의미를 두기에, 작은 일만 있어도 하나님의 마음을 알려고 기도로 나아갈 수 있다.

부정 방향과 성장 방향

• 완벽주의

인간은 완벽할 수 없다. 그러나 생존의 욕구는 실수가 싫고 흠이 있는 것 자체가 싫기에 완벽을 추구한다. 특히 세세하게 모든 것이 보이기 때문에 일 하나를 하더라도 누군가에게는 잘 보이지 않는 부분까지 챙겨서 완벽하게 일 처리를 하려고 한다. 완벽을 추구하는 것 자체가 잘못은 아니다. 완벽을 추구했기에 발전하고 성공을 거두고 성장해 나갈 수 있었다. 행복하게 살아가는 사람들도 많다. 그러나 완벽하지 않으면 절대로 안 된다는 신념이 있다면 자신을 괴롭히고 나아가 다른 사람까지 괴롭게 만들기도 한다. 『네 명의 완벽주의자』라는 책을 쓴 이동귀는 우리나라 사람 두 명 중 한 명은 완벽주의자라고 하였다. 이들 중에는 성취 기준이 높고, 부모가 높은 기대를 투영했던 사람이 많다. 이들은 실수할까 봐 늘 걱정한다. 두려움이 기본 감정이 되어 버리기도 한다. 실수에 대한 두려움 때문에 일을 행하는 것인지 아니면 신뢰 가운데 행하는 것인지 점검할 필요가 있다.

완벽주의의 실체를 한번 살펴보자.

첫째, 불가능한 것을 추구한다. 이들은 하나님도 완벽을 요구하신다고 여긴다. 마태복음 5장 48절에 "그러므로 하늘에 계신 너희 아버지의 온전하심과 같이 너희도 온전하라"고 하신 말씀을 보면서 더 그런 마음을 갖게 된다. '온전'은 영어 번역으로 보아도 perfect이기에 흠이 없기를 원하시는 것으로 여길 수 있다. 그러나 온전함에 대해 『라이프 성경사전』을 보면 "하나님만이 우리를 온전하게 하실 수 있다"(겔 27:4, 히 7:25, 벧전 5:10)라고 하였다. 온전함이란 우리 스스로 추구해서 이룰 수 없는 영역인 것이다. 그리고 하나님은 우리에게 완벽을 요구하지 않으신다. 불가능한 일임도 아니신다. 앞에서도 언급했던 것처럼 우리가 먼지일 뿐임을 아신다(시 103:14). 하나님은 우리가 이토록 부족한 존재임을 아시기 때문에 우리를 긍휼히 여기신다.

둘째, 완벽주의는 교만을 만든다. 완벽주의의 대표적인 예가 바리새인들이다. 이들은 자신들이 율법을 완벽하게 지킨다고 생각하기에 교만했다. 그리고 다른 사람을 비판했다.

셋째, 하나님도 자신을 사랑하지 않으실 것이라 여긴다. 다른 사람을 비판하는 것과 반대로 이들은 이룰 수 없는 꿈인 완벽을 추구하기에 늘 자신의 부족함을 본다. 이로 인해 하나님도 자신을 사랑하지 않으실 것이라는 착각을 하는 경우가 많다. 하나님은 우리가 괜찮아서 사랑하신 것이 아니다. 우리가 죄인이었을 때에 우리를 위해 죽으셨다. 부족함이 보일 때 하나님께로 그 상황을 옮기라. 그리고 내가 죄인임을 기억하라.

넷째, 완벽주의는 조급함을 만들기도 한다. 완벽이라는 높은 기대 수준을 갖고 있기 때문에 마음이 조급해지지 않기가 어렵다. 그러나 말씀은 "조급한 자는 궁핍함에 이를 따름"(잠 21:5)이라고 하였다. 조급하면 지나치게 부지런해지고, 결국 누리지 못하니 궁핍해진다. 조급함은 성실함이 아니다. 사울왕은 사무엘이 오지 않자 조급한 마음에 자기가 번제를 드려서 하나님의 진노를 쌓았다. 이들은 확실하지 않고 분명하지 않은 애매한 상황이 불편하여 가능한 한 빨리 현 상태를 벗어나 확실한 상태를 만들고 싶어 한다. 그러나 로버트 스턴버그(2010)에 의하면 지혜, 즉 성숙함에 이른 사람은 애매함을 불편하게 여기지 않을 뿐 아니라 애매하지 않은 상황이란 존재하지 않는다고 여긴다. 애매함이 불편하지만 결국 창조적 해답으로 이어질 것이라 믿는 것이다.

- **다른 사람을 정죄한다**

생존 욕구는 잘못된 일에 분개한다. 잘못을 바로잡고 싶은 마음이지만 비난과 정죄로 흘러갈 가능성이 크다. 이들은 옳은 말을 하면서 인격을 무시하는 말로 관계를 어렵게 하기도 한다. 문제행동이 계속되니 답답해서 그럴 수 있지만, 찬송가 「겸손히 주를 섬길 때」 가사에 "인자한 말을 가지고 사람을 감화시키며"라고 했듯이 처럼 바른 말을 인자하게 하여 상대방을 감화시키는 방향이 꼭 필요하다. 옳은 말을 하더라도 비판하거나 판단하지 않는 것이 중요하다. 말에 담긴 내용은 좋기에 이들이 지혜를 입으면 "지혜로운 자의 혀는 양약과 같으니라"(잠 12:18)라는 말씀처럼 될 수 있다.

간음하다 붙잡혀 온 여자를 예수님이 어떻게 할지 바리새인과 종교학자들은 시험했다. 이때 예수님은 너희 가운데 죄 없는 사람이 먼저 돌로 치라고 하셨다. 그러자 모두 양심의 가책으로 슬금슬금 가 버렸다. 여기서 주님이 죄인을 대하는 방식이 우리와는 다름을 알 수 있다. 우리는 어떻게 그런 행동을 할 수 있냐면서 쉽게 정죄한다. 그러나 주님은 죄를 지은 여자임에도 정죄하지 않으셨다. 우리는 모두 주님 앞에 똑같은 죄인임을 기억할 필요가 있다. 문제 행동을 하는 사람들도 정죄와 판단으로 행동이 바뀌지 않는다. 정죄하지 않는 예수님의 모습은 특히 생존의 욕구가 닮고 성장해야 할 부분이다.

그리고 생존의 욕구는 옳고 그름에 대해 급하게 나서지는 않아도 시시비비를 가리는 것을 좋아한다. 때로는 필요한 일이다. 그러나 그냥 넘어가도 되는 옳고 그름도 있다. 관계 속에서 누군가가 나에게 서운해하고 속상해하는 부분이 있다면 내가 옳게 느껴져도, 상대가 오해를 했어도 그 마음을 받는 것이 필요하다. 시시비비를 가리다가 관계만 깨지는 경우가 허다하다. 다툼이 시작되면 이미 둑이 새는 상황인데, 거기에 더해 시시비비를 가리다가 둑을 터뜨릴 수 있다. "허물을 덮어 주는 자는 사랑을 구하는 자요 그것을 거듭 말하는 자는 친한 벗을 이간하는 자니라. 싸움이 일어나기 전에 시비를 그칠 것이니라."(잠 17:9, 14) 시비를 그칠 때를 아는 지혜가 필요하다.

이렇게 되면 생존은 답답하다. 그럼 잘못되거나 틀린 것에 대해서 가만히 있냐고 항변할 수 있다. 물론 틀린 일에는 그르다고 말해야 한다. 하지만 판단, 비난, 심판하지 않도록 조심해야 한다. 그러면 어떻게 할 것인가? 김동호 목사의 설교(날기새 #719)를 들으면서 '아하, 이것이다!' 싶었던 것이 있다.

그는 훈육할 때 "그래선 안 되지만 그럴 수 있어"라는 말을 한다고 하였다. 그러면서 겉사람은 문제이지만 속사람은 'made in God'임을 믿어 주라고 하였다. 믿어 준다는 것은 높은 것을 기대한다는 의미가 아니라, 지금 있는 부족함을 수용하며 변화할 것을 믿는다는 뜻이라고 하였다. "그래선 안 되지만 그럴 수 있다"라는 말과 함께, 하나님이 만드신 사람에 대한 가능성과 소망을 가지고 겉사람의 문제를 다루어야 한다.

• 규칙과 상식의 절대화

이들은 규칙, 상식, 틀이 있기 때문에 여기까지는 되고 이건 안 된다는 경계가 분명하게 존재한다. 다른 말로 폐쇄성이 존재한다. 김준수는 그의 논문(2018)에서 성경은 모든 경험에 대해서 무비판적인 개방성을 격려하지 않는다고 하면서 특정한 경험에 대해서는 폐쇄적인 태도를 취하도록 격려한다고 하였다. 생존의 폐쇄성은 복음의 진리를 고수하는 데 꼭 필요하다.

그러나 그 경계 때문에 때로는 하나님의 뜻을 막는 일을 하기도 한다. 예를 들어 생존의 욕구는 때로 율법을 지키기 위해 인간이 존재하는 것처럼 행동하기도 한다. 바리새인들은 율법 자체가 목적인 삶을 살 뿐 아니라 다른 사람에게도 요구했다. 이에 대해 이관직은 『성경으로 불안 극복하기』라는 책에서 "경계선 자체가 목적이 될 때는 그 경계선이 경직성을 나타내게 되고, 그 경계선에 강박적으로 속박당하는 노예가 된다"라고 했다. 율법이라는 경계선의 의미와 목적은 사람을 위하여 있는 것임을 기억해야 한다(막 2:27).

하나님은 개방적이시고 변화를 만들어 가는 분이시다. 성경을 보면 율법이라는 경계를 허무는 성장의 과정들이 수없이 많다. 베드로는 하나님이 보여 주신 환상을 통해, 부정하다고 취급되는 이방인에게 복음을 전하는 사역을 시작했다. 또 짐승의 사체를 만지던 무두장이의 집에 머물렀다. 이는 율법에서

금한 일이다. 그러나 그리스도 안에서 자유하므로 거기에 머문다.

생존 욕구의 경계선은 성경에서 세리와 죄인 및 사마리아인을 가까이하면 안 되었던 것처럼 죄를 지은 사람이나 문제행동을 하는 사람과 가까이하는 것 자체를 싫어하게 할 수 있다. 그러나 예수님은 죄인과 가까이하신다. 마가복음 2장 16~17절을 보면 예수님은 세리와 죄인들과 함께 잡수셨다. 병든 자에게라야 의사가 쓸 데 있다며, 자신은 의인을 부르러 온 것이 아니요 죄인을 부르러 왔노라 하셨다. 또 예수님은 안식일에 일하심으로 경계선을 뛰어넘어 변화를 보여 주셨다. 오랜 편견을 깨부수셨다. 하나님을 믿는다는 것은 경계를 허무는 일이다. 그러므로 예수님의 태도를 배워 경계를 뛰어넘어 죄인을 품는 것이 생존 욕구의 성장 방향이다.

우리에게도 오랜 세월 그래야만 한다고 지켜온 습관과 규칙들이 있다. 그런 습관과 규칙을 지키지 않는 이를 만나면 정죄하게 되고, 속되다는 느낌으로 바라보게 된다. 규칙이 우상이 될 수 있는 것이다. 주님은 "아무도 속되다 하거나 깨끗하지 않다 하지 말라"(행 10:28)고 하셨다.

특히 하나님은 규칙과 율법을 하나님과의 관계를 세우는 도구로 주셨음을 놓치지 않아야 한다. 율법의 정신보다 율법 자체에 더 관심을 가지거나 규칙이 최우선이 되면 오히려 관계를 잃어버리는 도구가 된다. 그러므로 생존의 욕구는 왜 규칙을 만들었고 무엇을 위해 규칙이 필요한지 잘 새겨 볼 필요가 있다.

또한 규칙이라고 하는 것의 한계를 파악하고 넘어설 수 있는 용기가 생존에게는 필요하다. 규칙은 서로를 존중하고 자유를 지켜 주기 위해 존재한다. 그러나 자신의 생각이 절대적이 되거나 옳다 여기면 (율법주의가 되면) 억압이 생기고 통제하려고 하고 사람을 강제하고 노예화한다. 규칙이 존중에 기초하는지, 억압을 만들지는 않는지 점검이 필요하다. "율법이 완악한 마음에 담기면 딱딱해서 다른 사람을 비난하고 판단하고 상처를 줄 수 있다. 완악한 마음에 담긴 율법은 열심을 내면 낼수록 다른 사람을 아프게 한다"라는 김동호 목사의 말은 생존의 욕구가 받아야 할 중요한 부분이라고 생각이 된다.

• '만약'이라는 불안과 걱정, 염려

생존의 욕구는 불안과 걱정을 기본값으로 달고 산다고 해도 과언이 아니다. 불안이라는 감정이 모든 것을 대비하고 준비하고 예측하게 하기 때문이다. 이런 측면에서 불안이란 감정은 실제로 불필요한 감정은 아니다. 자기 보호를 위해 꼭 필요한 감정이다. 그러므로 '우리는 한 번도 경험 못 한 시간을 살기에 불안은 당연하다'라는 생각이 필요하다. 이렇게 당연하고 긍정적인 감정이 현실에서는 많은 이들에게 부정적으로 받아들여진다. 불안이 과해져서 강박이나 두려움이 되면 자신을 극단적 행동으로 밀어붙이기 때문이다. 더 큰 문제는 불안에 대해 부담스러워하고 불안해하지 않으려고 노력하지만 노력할수록 불안이 더 심해진다는 것이다.

무엇보다 불안이 정상 수준을 넘어가면 단순한 대비와 준비 정도가 아니라 과한 행동으로 자신을 괴롭히고 다른 사람을 불편하게 만들기도 한다. 안전에 대해 너무 과민하게 행동하는 이들도 있다. 안전을 지켜 줄 물품을 살 뿐 아니라 아이에게서 한시도 눈을 떼지 못하는 부모들에 대해 토머스 길로비치는 자신이 피하고자 하는 바로 그 재난의 위험성에 사로잡혀 자녀의 공포 수준까지 높인다고 말한다. 우리는 피조물이기 때문에 완벽할 수 없고 불안과 두려움은 당연하다. 염려할 수 있다. 그러나 염려가 내 인생의 주인인 것처럼 하지는 말아야 한다. 헨리 나우웬은 "우리의 말과 생각의 배후가 두려움이어서는 안 된다. 두려움은 품고 생각할수록 커지는 법이다"라고 했다. 무엇이 내 생각의 배후인지 잘 돌아볼 필요가 있다.

주의해야 할 것은 불안과 두려움은 사탄이 틈타는 도구가 될 수 있다는 점이다. 이관직은 『성경으로 불안 극복하기』란 책에서 불안은 사탄의 좋은 무기로 사용 가능하다고 하였다. 불안에 취약하면 사탄이 틈을 타서 왜곡되고 과장된 정보로 과도한 불안에 휩싸이게 한다. 사탄이 위협을 가하더라도 실제로 사람에게 위해를 가할 수는 없음을 기억해야 한다. 그리고 불안과 두려움 자체는 죄가 아니다. 문제는 죄가 들어온 이후 불안과 두려움이 순기능으로 작용하기보다 역기능적으로 작용하는 경우가 많아진 것이다.

그렇다면 불안을 어떻게 다루어야 할까?

불안의 긍정성을 수용하라

하나님이 불안이라는 감정을 조금 더 많이, 기본값으로 주신 사람들이 있다. 이들이 생존의 욕구가 높은 사람들로, 이 사회의 위험을 대비하고 준비하는 중요한 일을 담당한다. 하나님의 심판을 두려워하여 대비하기 위해 매일의 삶에서 근신하며 깨어 있으려 노력하기도 한다. 무엇보다 이들의 성실함을 통해 신앙생활을 어떻게 해야 하는지 많은 이들이 배우게 된다. 그러므로 불안은 좋은 감정이다.

이관직은 달란트 비유를 언급하며 다섯 달란트와 두 달란트를 받은 사람들은 실패에 대한 두려움과 불안을 극복했다고 보았다. 불안을 오히려 노력으로 바꾼 것이다. 그러나 한 달란트 받은 종은 불안과 두려움 때문에 모험하지 못한 미성숙한 사람이라고 표현했다. 실패에 대한 두려움과 손해를 볼 수도 있다는 위험성 때문에 창의적인 노력을 하지 않았고, 안전을 위해 현상 유지에 만족하려다 능동적이고 진취적인 행동을 하지 못했다고 본 것이다. 이 해석에 동의한다. 생존의 욕구도 불안을 긍정적으로 보고 극복하면 하나님으로부터 잘하였다 칭찬받지만, 불안에 매여 버리면 책망받게 될 수 있다.

감정을 없애려고 하지 말고 함께 사는 동지로 여기며 친구로 삼아라

불안은 좋은 감정이지만, 나를 힘들게 하는 감정임도 틀림없다. 불안하면 마음이 편하지 않기 때문이다. 그래서 우리는 불안을 없애려고 한다. 하지만 불안을 직면해서 없애려고 하면 할수록 더 불안해진다. 조미자의 『불안』이라는 그림책이 있다. 그 내용을 요약해서 소개한다.

불안이 늘 이곳저곳 어디든 함께하고 있다. 나는 불안이 궁금했지만 무서워서 알려 하지 않았다. 그러다 불안을 잡아당겨 가까이 보았더니 불안이 너무 커서 무섭다. 머릿속은 온통 불안 생각뿐이다. 어디에 숨어도 불안은 나를 찾아낸다. 그러다가 불안을 다시 잡아당겨 보니 좀 작아진 불안을 보게 된다. 어디든 졸졸 따라다니지만 이젠 싫지만은 않다. 불안이 두려울 때도 있지만 이제는 불안과 이야기도 나눌 수 있게 된다. 더 많은 이야기를 나누다 보면 좋은 친구가 될 수 있지 않을까?

이 책의 내용처럼 불안을 피하려 하기보다 함께 이야기 나누면서 지내면 더 가벼워질 수 있는 것이다.

관련 사례를 하나 더 들어 보겠다. 가치를 중요하게 여기는 수용전념치료에서 예시로 제시하는 이야기이다. 이것을 불안을 다루는 방법으로 설명해 보려고 한다.

한 사람이 잔치를 열고 손님들을 초대했다. 손님 중에는 기쁨, 즐거움, 감사, 사랑 등의 반가운 이들이 많다. 이들과 함께 잔치를 즐기고 있는데 갑자기 불안이라는 손님이 문을 두드린다. 불안이라는 손님은 가까이하기에는 영 편하지 않은 손님이다. 잔치 분위기를 망가뜨릴 수 있는 사람이다. 그래서 부르지 않았는데 온 것이다. 주인은 고민한다. 밖에서 두드리는데 문을 열어서 들이지 않으면 계속 두드릴 것이고, 가라고 쫓아내더라도 싸움이 생길 것이기에 잔치 분위기는 엉망이 될 수밖에 없다. 그렇다면 어떻게 해야 하나? 그나마 차선의 방법은 반갑지 않은 손님이라도 집으로 들이고 음식을 내주어 한 자리를 차지하고 앉게 하는 것임을 알고 들어오라고 한다.

이 이야기가 시사하는 바는, 불안이라는 감정을 인정하지 않고 내쫓으려 하면 마음속이 점점 더 시끄러워지고 삶 전체에 영향을 미친다는 것이다. 그러나 불안을 인정해 주고 수용하며 불안이라는 감정이 원하는 것은 무엇인지 이야기를 나누면 삶 전체에 별다른 영향을 미치지 않고 잦아들게 된다.

미래가 아닌 오늘을 생각하라

생존의 욕구는 때로 알 수 없는 미래의 일까지 걱정하느라 불안하다. 20대 후반인데 내 집 마련을 못 할까 봐 전전긍긍하며 온 에너지를 돈 버는 데 집중하기도 한다. 최대한 아껴 쓰고 웬만한 거리는 걸어서 가며, 돈을 쓰지 않기 위해 친구들과의 만남을 최소한으로 줄이는 경우도 있다. 미래 대비는 필요하다. 그러나 그것이 내 삶을 팍팍하게 만들고 불안으로 다른 사람을 옥죈다면 문제가 있다. 한 젊은 아빠는 아이가 커서 어렵지 않게 살도록, 초등학교도 가지 않은 아이에게 늘 돈을 아껴야 하고, 투자를 해야 한다고 말한다. 외식도 별로 하지 않고 아이에게 장난감을 사 주는 일도 거의 없다. 젊은 나이에 즐기고 싶지만 그런 건 사치라고 생각한다.

불안, 걱정, 염려를 멈추는 방법은 말씀 그대로 내일 일은 내일 염려하는 것이다. 생존의 욕구는 미래의 일까지 가지고 와서 불안해한다. 성경 말씀에도 분명히 나온다. 내일 일을 위하여 염려하지 말라고. 염려는 불안과 짝꿍이다. 염려가 많으면 불안해진다. 그러므로 말씀처럼 오늘 일에만 집중하면 된다. 여기서 오늘이란 가깝게 해야 할 일들로 보는 것이 타당하다.

내일 일을 위하여 염려하지 말라 내일 일은 내일이 염려할 것이요 한 날의 괴로움은 그 날로 족하니라(개역개정) / 내일 일을 걱정하지 말아라. 내일 걱정은 내일이 맡아서 할 것이다. 한 날의 괴로움은 그 날에 겪는 것으로 족하다(새번역) (마 6:34)

물론 자유의 욕구가 높아서 해야 할 일에 대해 "내일의 내가 알아서 할 거야" 하면서 아무 생각 없이 던져 버리는 느낌과는 다르다.

기뻐하고 즐거워하라

사람들은 "미래가 어두우니 불안할 수밖에 없어요"라고 말한다. 하지만 하나님은 반대의 말씀을 하신다. 캄캄한 날이 몰려올 것이니 지금 기뻐하고 즐거워하라, 창조 세계의 아름다움을 발견하고 기뻐하고 즐거워하라고 하신다.

내 형제들아 너희가 여러 가지 시험을 당하거든 온전히 기쁘게 여기라 이는 너희 믿음의 시련이 인내를 만들어 내는 줄 너희가 앎이라 (약 1:2-3)

빛은 실로 아름다운 것이라 눈으로 해를 보는 것이 즐거운 일이로다 사람이 여러 해를 살면 항상 즐거워할지로다 그러나 캄캄한 날들이 많으리니 그 날들을 생각할지로다 다가올 일은 다 헛되도다 (전 11:7-8)

기뻐하고 즐거워하기에도 시간이 모자라므로 걱정 근심으로 시간을 보내기는 아깝다. 기뻐하고 즐거워하려면 창조주를 기억하는 것이 방법이다.

오늘의 작은 일에 초점을 두라

내일 일을 염려하지 않는 방법은 오늘의 작은 일에 초점을 두는 것이다. 염려가 많으면 작은 일을 하지 못한다. 작은 일을 못 하면 성취감이 떨어지면서 에너지도 떨어지고 효능감도 떨어진다. 이로 인해 작은 일도 잘 못 하게 된다.

만만하게 작은 일부터 성취하면 에너지가 생겨서 더 열심히 해 나갈 수 있다. 대청소보다는 "오늘은 옷장만!" 하는 식으로 작은 목표를 정하는 것이 도움이 된다. 불안이 많은 사람은 스스로 해 보지 않으면 불안을 넘어서지 못한다. 작은 일부터 경험해 보아야 한다.

불안과 두려움을 해소하기 위한 우상을 넘어서라

불안과 두려움이 있으면 적극적으로 삶을 통제하려고 한다. 아니면 엉뚱한 데서 의지할 곳을 찾는다. 내 계획이 우상이 되기도 한다. 하나님의 뜻보다 내 계획이 우선되면 자신의 계획대로 되지 않을 때 화가 나고 불안해진다. 또 익숙한 것이 우상이 되기도 한다. 하나님은 우리를 익숙한 곳에서 부르셔서 새로운 곳을 향해 나아가게 하신다. 아브라함도 그랬고, 이스라엘 백성도 그랬다. 안타깝게도 이스라엘 백성은 힘든 일이 생길 때마다 익숙하던 곳을 향한 그리움으로 죄를 지었다. 때로는 돈이 우상이 되기도 한다. 돈이 있어야 불안하지 않을 것 같기 때문이다. 돈이 우상이 되면 돈을 아끼려는 마음으로 편법을 저지르기도 한다. 정직하지 못한 것이다. 예를 들면 연말정산 때 공제를 많이 받으려고 갖은 방법을 다 쓴다. 실제로는 쓰지 않은 돈을 쓴 것처럼 등록해서 지출을 늘리는 식이다. 노화로 인해 아픈 것을 다쳐서 아픈 것으로 병원에 이야기해서 실손 보험을 타 내기도 한다. 장애인 주차구역을 쓰기 위해 혹은 장애인 할인을 받기 위해 돈으로 장애인 등록증을 사기도 한다. 그러면서 이런 행동이 지혜로운 것인 양 다른 사람들에게 자랑하기도 한다. 이들은 누군가에게 피해를 주는 것도 아니니 문제가 되지 않는다고 생각한다. 큰 불법이 아니면 된다는 마음이겠지만 하나님이 보시기에 옳지 않다. 무엇보다 믿지 않는 이들에게 덕이 되기는커녕 비난을 살 수 있는 모습이다. 하나님과 사람들이 보기에 칭찬받을 만한 삶을 살아야 빛과 소금으로 살 수 있지 않겠는가?

그리고 돈을 사람보다 더 중요하게 여기지 않는지 돌아보아야 한다. 귀신 들렸던 사람에게서 예수님의 명령으로 나온 군대 귀신이 돼지 떼로 들어가 바다로 내달려 몰살하는 장면(막 5장)에서 사람들은 그의 회복에 기뻐하기보다 예수님에게 떠나가시기를 요구한다. 사람이 건강해진 것보다 재물이 훨씬 중요한 것이다. 특히 생존의 욕구에게 재물은 사람보다 더 중요한 가치로 여겨질 가능성이 크다. 생활의 안정을 위한 돈을 위해 사람을 가치 없게 여기고 예수님을 떠나가게 하고 있지 않은지 돌아볼 일이다.

• 영역을 사수하려고 한다

이들은 자신의 공간, 물건, 시간 등에 대해 선이 분명하다. 이것이 잘못된 것이라고 규정할 수는 없다. 자신의 영역을 지킴으로써 안정감을 얻기 때문이다. 그러나 때로는 공동체를 만들어 가는 데 걸림돌이 될 수 있다. 이들은 갑작스럽게 자기 공간에 찾아오는 것을 불편해한다. 자기 물건을 함부로 만지는 것도 싫어한다. 갑작스러운 만남도 부담스럽다. 자기 계획에 없는 것은 거부하기 때문에 사랑 안에서 서로 교류하는 데 한계가 생긴다. 사실 이러한 행동은 아주 개인주의적인 행동으로 성도가 연합하여 하나 되는 데 걸림돌이 될 수 있다. 그리스도 안에서 성숙하려면 이 선을 넘어야 한다. 내 영역에 다른 사람이 들어와도 괜찮다고, 위험하지 않다고 자신에게 말해 줄 필요가 있다.

• 익숙한 곳으로 돌아가려 한다

생존의 욕구는 안전함과 편안함, 익숙함이 중요하다. 그래서 어지간하면 그 속에 있으려고 한다. 변화를 바라지 않는다. 그러나 때로 하나님은 우리에게 변화를 향해 한 걸음 내디딜 것을 요구하신다. 익숙하던 곳, 익숙하던 행동, 익숙하던 관계, 익숙하던 편안함에서 한 걸음을 내딛기 어렵다면 모세를 생각해 보자. 애굽의 왕자로 자라던 모세가 장성하여 자기 민족인 이스라엘 백성 편에 섰다. 영향을 미치고 싶었지만, 백성은 자신을 인정해 주지 않았다. 모세는 오히려 왕의 노여움을 샀고 죽음의 위기에 몰려 애굽을 떠났다. 광야에 정착하여 양을 키우며 산 지 어언 40년. 나이 80이 되어 이제 죽음을 앞둔 노인인데 하나님이 부르신다. 다시 애굽으로 돌아가라고 하신다. 모세는 익숙했던 곳에서 떠나기를 거부한다. 옛 생각이 트라우마처럼 드러나면서 이스라엘 사람들이 자신의 말을 듣지 않고 믿지 않으며, 하나님이 자신에게 나타난 것도 믿지 않을 것이라고 말한다. 그러자 하나님은 백성들이 이를 믿을 수 있도록 표적을 보이신다. 지팡이를 뱀으로 만드시고, 모세가 뱀을 잡으니 다시 지팡이가 된다. 또 손을 품에 넣었다 꺼내자 나병이 생기고 다시 품에 넣었다 꺼내니 원래대로 돌아온다. 만약 이스라엘 백성들이 믿지 않는다면 나일강 물을 피로 만들겠다고까지 약속해 주신다. 그렇게 변화를 일으키시는 분이 하나님임을 알려 줌에도 불구하고, 모세는 나는 본래 말을 잘 못하며 입이 뻣뻣하고 혀가 둔하다고 말한다. 입을 지으신 주께서 함께하며 할 말을 가르칠 것이라고 해도 자신은 보냄받을 자가 아니라고 거부한다. 이에 하나님은 모세의 형인 아론이 말을 잘하니 그에게 말하라고 하여 결국 설득한다. 하나님이 모세를 부르셨을 때 그는 익숙한 곳에서 벗어나는 것이 어려웠다고 볼 수 있다. 변화가 싫고 무엇보다 자신의 트라우마 같은, 거부당했던 기억을 떠오르게 하는 장소로 다시 돌아가기가 싫었을 것이다. 이제 나이가 들어 말도 잘 못하고 능력도 없음을 호소하며 변화와 하나님의 부르심을 거부한다.

   이러한 모세의 모습은 생존 욕구의 한 측면이라 할 수 있다. 생존은 하나님의 부르심에 반응하기가 쉽지 않을 가능성이 크다. 익숙함을 벗어나는 것이 어렵기 때문이다. 양 치는 자리에 계속 있으면 아무런 문제도 없고 편안하다. 그러나 애굽으로 가는 순간부터 안 하던 일을 해야 하고, 다른 사람이 변하지 않을 것이라는 인식을 넘어서야 하고, 내 단점으로 인해 안될 것이라는 생각을 넘어서야 한다. 넘어서야 할 것이 너무나 많다.

부르심에 응답하여 한 걸음을 넘어서면 하나님은 우리의 입과 함께하실 것이며, 역사를 일으키시고, 변화되지 않는 이들을 변화시키실 것이다. 모세를 바라보며 어렵지만 한번 넘어서 보자. 무엇보다 변화를 두려워하는 우리를 끝까지 기다려주시는 하나님을 바라보자.

• **모든 순간을 '할 일'에 집중하려고 한다**

이들은 주어진 일에 늘 집중하려고 한다. 예를 들어 과제가 있다면 다른 모든 유혹을 물리치고 종일 앉아서 과제에만 집중한다. 여행을 가서도 일이 생각나서 일 걱정을 하곤 한다. 이것이 성실함으로 보이기도 하지만, 실제로는 종일 앉아 있는다고 계속 집중하는 것은 아니다. 러시아 심리학자 블루마 자이가르닉에 의하면, 인간은 해결되지 않은 문제를 계속 기억하며 머릿속에서 떨치지 못한다. 임무를 완수하지 못했다면 임무를 완수할 때까지 계속 임무가 떠오르는 것이다. 이를 자이가르닉 효과라고 한다. 이에 대해 『왜 똑똑한 사람이 멍청한 짓을 할까』의 저자 중 한 사람인 레이 헤이먼은 모든 일에 마음을 집중하는 것은 멍청한 행동이라고 말한다. 언제 마음을 집중하고 분산해야 하는지 판단해야 지혜로운 것이다.

적용 질문 ??

1. 생존의 욕구가 높다면 자신의 긍정 방향과 부정 방향은 어떤 것인가?

2. 부정 방향 중에서 자신의 불안을 해소하기 위해 선택하는 우상이 있다면 무엇인가?

3. 현재보다 미래에 초점이 가 있거나 옛날이 나았다고 투덜거리는 나의 모습이 있다면 어떤 것이 있는가?

4. 규칙과 상식을 절대화해서 나타나는 갈등을 생각해 보고, 관계를 세우려면 어떻게 해야 할지 생각해 보자.

12장.
사랑과 소속의 욕구, 신앙 성숙 방향

긍정 방향 특성

사람에게 관심이 많다

다른 일들보다 사람이 우선인 사람들이다. 무엇을 하더라도 사람이 먼저이다. 공부를 하면서도 주변 사람을 먼저 본다. 교회에 오면 성도들 한 사람 한 사람을 다 살펴보고 있다. 누가 안 왔는지 다 알고, '저 사람이 오늘 예배 시간에 목덜미를 자주 만지는 걸 보니 목이 아픈가보다' 하면서 상태를 파악하는 이들이다. 사람이 우선이기에, 이들은 돈이 아니라 사람을 위해 회사를 차리기도 한다. 예수님도 그렇게 하셨다. 김동호 목사는 포도원의 주인 되신 하나님이 사업을 위해 사람을 고용하지 않고 고용하기 위해 사업을 하셨다고 표현한다. 동의하는 바이다.

공감을 잘한다

사랑의 욕구는 다른 사람의 말을 아주 잘 듣고 공감한다. 공감은 많은 학자들이 지혜라고 정의했을 만큼 중요한 덕목이다. 사랑의 욕구는 대화 속에서 경청하며 함께 아파하고 함께 눈물을 흘린다. 친구가 되어 시간과 공간을 공유한다. 예수님도 사람들과 함께 우셨다. 멸망한 성전을 보고 안타까워 우시고(눅 13:34-35), 나사로가 죽었을 때 우는 이들을 보며 함께 눈물을 흘리셨다(요 11:33-35).

긍휼히 여기는 마음으로 나누고 돕기를 좋아한다

이들은 힘든 사람을 보면 마음이 간다. 아프고 고난당하는 사람에게 눈이 가 있다. 아프다면 음식을 만들어 전해 주고, 돈이 없다면 일거리를 만들어 주려고 애쓴다. 또 선한 사마리아인처럼 고통당하는 이들의 치료를 위해 시간과 돈을 들인다. 소외된 이들에게 관심이 가고 신경이 쓰여 그들의 친구가 되는 것이다. 이들의 나눔과 긍휼히 여김은 하나님의 도움이 어떻게 이루어지는지 보여 주는 세상 속 모델이다. 성경에서도 긍휼히 여기는 자는 복이 있다고 말씀하신다(마 5:7).

예수님은 아픈 사람을 보면 고쳐 주려 하셨다. 심지어 안식일이라 바리새인들이 고발하려고 지켜보고 있음에도 아픈 사람을 고치셨다. 예수님은 부정한 사람에게 손을 대면 안 되는 사회에서 나병환자의 몸에 손을 대는 파격적인 행동으로 병을 고치시고 사랑을 보여 주셨다(막 1:40-45). 예수님은 사랑에 힘의 욕구까지 더하여 사람들을 긍휼히 여기시고 돕는 일을 하신 것이다. 그리고 예수님은 병 고침을 넘어, 사람들이 진정한 복음으로 변화하여 구원을 얻는 데 초점을 두셨다. 이것이 예수님의 더 큰 사랑이다. 진정한 사랑은 영혼까지 아끼는 사랑인 것이다(막 1:38-39).

가난한 자를 돕는 것은 하나님께 꾸어 드리는 것이다. 그러므로 하나님께서 다 갚아 주신다. 하나님은 참 좋으신 분이다. 가난한 자를 돕는 것을 하나님께 빌려드리는 것으로 봐 주신다니!! 얼마나 가난한 자를 사랑하시는지 감동스럽기 그지없다. 필자는 연구소의 자격과정에 들어오는 비용의 30퍼센트를 도움이 필요한 이들을 위해 쓰기로 마음먹고 후원하고 있다. 작지만 후원하면서 얼마나 기쁜지 모른다. 그 기쁨만으로 하나님께서 그 값을 주신다는 생각이 들 정도였다. 물론 그만큼 채우시는 경험도 하고 있다. 말씀은 이루어진다.

친밀함을 잘 만든다

이들은 주변 사람들과 친밀한 관계를 원하고 그런 관계를 맺어 나간다. 인사도 잘하고 밝은 얼굴로 다가간다. 이 친밀함은 다윗처럼 하나님을 의지하고 하나님과 친밀한 관계를 유지하는 기반이 된다. 하나님을 인격적으로 만나고 하나님과 교제하는 것이 어떤 것인지 이들에게 물어보면 가장 잘 이야기해 줄 수 있다.

감동을 만든다

이들이 있는 곳에는 감동이 있다. 말 한마디라도 의미 없이 내뱉지 않는다. 상대방에게 기쁨과 감동을 주는 말을 하려고 한다. 커피 한 잔을 주더라도 "남았는데 먹을래?" 하거나 농담조로 "오다 주웠어"라는 말보다는 "널 위해 준비했어", "네가 생각나서 사 왔어" 등의 말로 감동을 전한다. 다른 사람의 필요를 잘 기억했다가 도움을 베풀기도 한다. 또 누군가 집에 오면 극진히 환대하는 분위기를 만들어 낸다. 꽃도 준비하고 맛있는 음식도 예쁘게 만들어 준비하여 감동을 선사한다.

감사를 잘한다

이들은 작은 마음에도 감사한다. "고맙다"라는 말도 자주 한다. 하나님께 감사기도도 어떤 누구보다 잘 드릴 수 있다.

부정 방향과 성장 방향

자기 방식의 사랑 강요

사랑의 욕구는 성경에서 사랑을 최고의 덕목으로 여기기 때문에 자신의 사랑 방식이 옳다고 여기고 사랑을 강요할 수 있다. 친밀해진 대상에게 주로 그렇다. 자기 방식의 사랑을 강요하는 모습을 몇 가지 특징으로 나눌 수 있다.

첫째, 서운함을 자주 느낀다. 도와주지 않아서 서운하고, 사랑을 표현해 주지 않아서 서운하고, 속 얘기를 해 주지 않아서 서운하고, 알아주지 않아서 서운하고 등등 서운함 투성이다. 한 교회에 사랑의 욕구가 높은 리더 C가 있었다. 열심히 잘할 수 있는 멤버 G가 부득이한 상황으로 모임에 계속 빠지자 C는 서운함이 쌓였다. 그렇다고 서운함을 직접 표현하지도 못하지만 서운함이 티가 나서 만날 때 표정이 좋지 않고 아는 척도 잘 하지 못했다. G는 다른 사람을 통해 C가 서운해한다는 이야기를 전해 들었다. G 입장에서는 상황을 충분히 이야기했고, 특별히 잘못한 것이 없는데 자꾸 서운해하고 불편해하니 결국 교회를 떠나고 말았다. 서운함이 많이 느껴진다면 건강한 욕구 상태는 아님을 파악해야 한다. 어찌 보면 서운하다는 것은 상대방이 잘못되었고, 자신이 원하는 방식대로 맞춰 주기를 바라는 강요의 한 측면이라고 할 수 있다.

둘째, 내 사랑을 받아 주지 않으면 비난한다. 이들은 비밀을 공유하는 것이 사랑이며 연락을 자주 해야 사랑이라고 여긴다. 상대가 자신이 생각한 사랑법을 벗어날 때 상대를 비난한다면 이 또한 강요가 된다.

셋째, 상대가 원하지 않는데 사랑을 주려 하기도 한다. 나아가 자신이 주려고 할 때 상대가 받지 않으면 사랑이 없다며 서운해하고 비난하기도 한다. 이러한 상황에서는 자신의 마음 중 어떤 것이 긍정적이고 어떤 것이 부정적인지 구분이 필요하다. 다른 사람에게 맞춰 주고 배려하고 양보하는 것 자체가 잘못은 아니지만, 어떤 마음으로 하는지에 따라 조절이 필요할 수 있다.

이를 알려면, 기꺼이 하느냐 두려움으로 하느냐를 살펴보면 된다. 많은 경우 이들은 착하게 배려하거나 양보하지 않으면 죄책감이 들고, 부득이하게 응해 주지 못해도 미안한 마음이 몰려온다. 그래서 미안하다는 소리를 달고 산다. 배려하고 양보하지 않으면 나쁜 사람이 된다고 여긴다. 내 욕구를 주장하는 것도 잘못이라 여긴다. 그래서 다른 사람의 욕구를 만족시키려 최선을 다하는 것이다. 또한 언제나 섬김을 의무 사항으로 생각한다. 본인이 그렇기에 다른 사람에게도 그것을 기대한다. 상대방이 그렇게 하지 않을 때 화가 난다면 건강하지 않은 것이다. 이 화의 근저에는 거절당하고 버림받는 것에 대한 두려움이 깔려 있다. 그것을 살펴보아야 한다.

기꺼이 하는 것은 기쁨으로 하고 상대방에게서 돌아오지 않아도 서운해하지 않는 것을 말한다. 해 주면서 '왜 나만 주고 있나' 싶어 화가 나고 억울하다면 그것은 기꺼이 하는 것이 아니다. 말씀은 도로 갚지 못할 사람에게 대접하라고 하신다(눅 14:12). 주고받을 수 있는 사람에게 준다면 이는 결국 자신을 위한 것이다.

사랑의 욕구는 자기 혼자 다 섬기기보다 상대방에게 섬길 기회를 주는 것도 필요하다. 상대방을 존중한다는 것은 그 사람이 스스로 하도록 기다려 주는 것도 포함하기 때문이다.

사랑의 욕구가 원하는 사랑은 하나님이 원하시는 사랑과 다른 경우가 많다. 무조건 비밀을 공유해야 사랑하는 것이고, 말하지 않아도 알아서 해 주어야 사랑이며, 자신이 원하는 대로 맞춰 줘야 사랑하는 것이라며 사랑을 요구한다. 그러나 예수님은 사랑을 강요하지 않으셨음을 기억하자. 찰스 F. 멜처트의 『지혜를 위한 교육』 중에 적절한 내용을 소개한다.

> 예수는 현명한 교사였고, 통찰력과 능력을 나타냈지만, 다른 사람에게 사랑의 마음으로 강요하지 않았다. 왜냐하면 강요는 모두 사랑이 아니라 방어적이고 자기 보호적인 행동이기 때문이다.

사랑하는 사람에 대한 자기화와 절대화

이들은 친밀한 사람에게 동질을 요구한다. 모든 것을 공유하기를 바란다. 상대가 자신의 감정과 같은 감정을 느끼기를 바란다. 이것은 그 사람을 자기화하는 행동이다. 최근 SNS에서 20년 지기 절친이 3일간 엄마의 장례식장을 함께 지켜 주었는데, 그 와중에 맘에 드는 남자가 있어 번호를 따서 사귀었다면서 어떻게 그럴 수 있냐는 글을 보았다. 글쓴이는 자신의 절친이 자신과 똑같은 마음이기를 바라며 동질성을 요구하고 있다. 가족도 아닌 친구가 장례식장에 3일간 같이 있어 준 것만으로 고마울 일인데 거기에서 남자를 만났다고 서운하다는 것은 친구가 자신과 똑같이 슬퍼서 다른 것은 보이지 않을 정도이기를 바라는 것이다. 물론 서운할 수는 있지만 이것 때문에 관계가 어그러질 정도라면 친구를 자기화한 것이 된다.

모든 것을 함께 하고 모든 것을 공유하는 것을 사랑이라 여기고 나만 바라봐 주기를 바라는 마음은 갈등의 요소가 된다. 자식도 자기화하여 절대화시킬 수 있는 위험이 존재한다. 아브라함의 예를 보자. 젊을 때도 아니고 어렵게, 어렵게 100세에 얻은 이삭이 얼마나 귀했을까 싶다. 자기같이 여기며 애지중지했을 것이다. 이에 대해 박명재 목사는(2021년 7월 18일 설교) 하나님이 이삭을 바치라는 명령을 통해 이삭을 아브라함에게서 떼어 내는 작업을 하신다고 해석하였다. 동의한다. 사랑하고 아끼는 이를 절대화하면 결국 그것이 우상이 된다. 그렇게 되면 하나님은 그 사람을 떼어 놓으신다. 필자도 가끔 '이 모임에서 저 사람은 없으면 안 돼' 싶은 사람이 있는데 꼭 그 사람이 엉뚱한 사건을 통해 떠나는 경험을 했다. 왜 그러셨을까 생각했는데 지나고 보니 내가 그를 너무 의지했던 것을 깨달았다. 하나님은 하나님보다 더 의지하는 것은 질투하심을 기억하자.

자책

이들은 문제가 생기면 자신에게 무슨 문제가 있나 생각한다. 말할 때도 "미안한데"를 붙이면서 부탁하는 것이 습관처럼 배어 있다. 교회에서 만난 집사님이 나를 보면서 표정이 안 좋았다면 '내가 뭐 잘못했나', '내가 실수했나' 등등 문제를 자신에게서 찾는 경향이 많다. 그 사람이 나와 아무 상관 없이 그저 상태가 안 좋았을 뿐인데도 자신에게서 문제를 찾는 것이다. 이들은 갈등이 생기면 자신이 잘못한 일이 없어도 일단 자신이 잘못한 1이라도 찾아서 미안하다고 한다. 이것은 건강하지 않다. 건강한 죄책인지 거짓 죄책인지 구분할 필요가 있다. 건강한 죄책감은 죄를 토설하게 하고 회개하게 만든다. 그러나 거짓 죄책감은 자존감을 망가뜨리고, 대인관계를 삐걱대게 하며, 수치심(사탄의 소리)이 끼어들게 만든다. 거짓된 죄책감과 거짓된 수치심은 말씀에 반응하기를 어렵게 만든다.

모든 상황에서 자책으로 생각이 흘러가지 않는지 확인해 보고, 상대방의 문제와 내 문제를 객관적인 입장에서 살펴보는 시간을 갖기 바란다.

뒷말과 끼리문화

사랑의 욕구는 사람에게 관심이 많은 만큼 기대하게 되고, 상대가 특별히 잘못한 것이 아니어도 상처를 받을 수 있다. 그 상처에 대해 표현하고 싶지만,

상대방이 마음 상할 만한 말은 하기가 어렵다. 그렇다고 그 불편함을 표현하지 않고는 버티기 힘들다. 속이라도 풀자는 마음으로 다른 사람과 그 이야기를 하는데 그 말이 돌고 돌아 관계가 깨지는 경험을 하기도 한다. 공동체 속에서 속상하고 억울한 일을 당하면 누군가 내 편이 되어 주기를 바라는 마음에 이 사람 저 사람을 찾아다니며 이야기하는데, 이로 인해 편이 갈라지고 공동체 전체의 문제가 되는 경우도 많다. 마음을 나눈 것이라고 하지만 그 안에 판단과 비난이 가득 들어 있다면 그것은 험담이 된다. 성경에서도 이 사람 저 사람에게 남을 헐뜯는 말을 퍼뜨리고 다녀서는 안 된다고 명시한다(레 19:16).

사랑의 욕구는 모든 사람을 사랑하고 모든 사람과 화평하기를 원하는 마음이 간절하다. 그러나 끼리끼리 문화를 조장하는 경우도 많다. 잘 나누고 사람을 좋아하기에 친해진 사람과는 결속이 잘되고 하나가 된 듯한 모습으로 드러난다. 표현도 감동적으로 하고 감사를 표할 때도 보이는 것으로 하는 모습이, 공동체 속에서 그 대상이 되지 않은 사람에게는 소외감을 주기도 함을 기억해야 한다.

신체화

앞에서도 언급했지만, 사랑의 욕구는 불편한 감정을 표현하기가 어렵다. 상대방이 싫어하거나 부담스러워하는 것이 싫기 때문이다. 표현하지 못한 부정적인 감정은 많은 경우 신체화로 간다. 『커플 체크업』에서 소개한 내용을 옮겨 본다. 하워드 마크맨과 동료들이 10여 년간의 연구를 통해 '회피'가 불행한 관계를 만들고 이혼의 전조가 된다는 것을 밝혀냈다. 이들이 학술지에 소개한 내용에 따르면, 말다툼이 났을 때 침묵을 지키는 여성이 자신의 생각과 마음을 표현하는 여성에 비해 빨리 죽을 가능성이 4배가 높으며, 침묵이 오히려 우울증이나 심장병, 식이장애로 연결된다.

아이들이라면 아침마다 배가 아프다면서 학교를 가지 않겠다고 실랑이하는 경우가 많다. 학교에서 점심은 잘 먹는다고 하니 꾀병인가 싶기도 하다. 하지만 사랑의 욕구가 높아서 스트레스가 쌓일 때 잘 표현하지 못하다가 몸으로 표현되는 경우가 대부분이다.

모든 인간은 스트레스가 몸으로 온다. 그렇긴 하나 주변을 보면 신체화로 가장 많이 가는 경우가 사랑의 욕구이다. 상대방에게 표현하기는 어려운데 잊어버리지도 못하기 때문이다. 생존의 욕구는 나중에라도 정리해서 표현하기 때문에 쌓이지 않는다. 힘의 욕구는 불편함을 아주 잘 표현하기에 쌓일 수가 없다. 자유는 잘 잊어버리니 조금은 덜 쌓인다. 즐거움의 욕구는 유머나 긍정으로 승화하니 덜 쌓인다. 하지만 사랑의 욕구는 이 스트레스를 주변 사람들과 이야기하면서 푸는 방법 외에는 다른 수가 별로 없다. 다른 사람과 풀면서도 죄책감을 가지기에 또 스트레스가 가중되는 것이다.

의존성

사랑의 욕구는 함께 하기를 원하는 마음이 많아서 혼자 결정하기보다는 다른 사람의 조언을 중요하게 여긴다. 이것이 지나치면 다른 사람을 통해서만 결정하려 하는 의존성을 보이기도 한다. 혼자 할 수 있는 일도 누군가가 있어야 한다는 마음을 가지면 밥도 늘 함께 먹어야 하고, 어디를 갈 때도 늘 함께 가야 하며, 누군가의 도움이 당연하다고 느끼게 된다. 이것이 지나치면 혼자 하는 것 자체에 대해 외로움을 느끼고 서운해하게 된다. 하지만 홀로 설 수 없으면서 함께 하는 것은 성숙이라고 할 수 없다. 인간의 몸을 보면 손이 두 개다. 오른손과 왼손은 한 몸이다. 하나이다. 그러나 따로따로 자기 역할을 한다. 그러다가 뭔가 함께 해야 할 때 같이 한다. 이 선이 참 어렵다. 어디까지가 의존이고 어디까지가 독립해야 하는 부분일지 고민하면서 우리는 균형을 잡아야 한다. 뭐든 함께 해야 한다는 쪽으로 기울어지면 의존이 되고 독립성을 저해한다. '인간'의 '간'은 한자로 '사이 간(間)'이다. 사이가 있는 것이 인간이다.

사랑의 욕구의 성장 방향은 개별화라고 할 수 있다. 『커플 체크업』에서는 개별화를 "자신이 속한 집단의 영향 속에서도 자기 자신으로 남아 있는 능력"이라고 하였다. 개별화가 된 사람은 다른 사람이 나와 생각이 달라도 잘 지낼 수 있다. 개별화가 안 되면 생각까지도 맞추려고 한다. 민감하고 연약한 자아를 가진 개별화가 안 된 사람에게는 다른 사람과 다르다는 것은 위협적인 일이 된다.

과잉보호

사랑의 욕구는 관계 속에서 다른 사람의 필요를 잘 보고 도와준다. 그러다 보면 스스로 할 수 있는 일인데도 도와주고, 이것이 습관이 되어 상대방을 의존하게 만드는 경향이 있다. 이는 지혜롭지 못한 행동이다. 만약 부모가 자녀를 이와 같은 방식으로 대하면, 심리학자 제인 넬슨의 말처럼 무능력하게 만드는 훈육이 될 뿐이다. 다른 사람을 무조건 돕는 것은 경계를 세우지 못하는 일이다. 상대방이 스스로 할 수 있는 일임에도 다 도와주는 것은 경계를 침범하는 것이다. 내가 주는 호의와 도움이 경계를 침범하는 것인지 돌아보아야 한다.

나아가 너무 많이 도와줘서 상대가 하나님을 의지하지 못하게 하는 우를 범할 수도 있다. 어떤 목사의 아들 이야기이다. 사업을 시작했는데 빠듯한 재정 상황이라 아버지가 생활비를 도와줄까 하고 물었더니 "생활비를 도와주면 '일용할 양식을 주옵시고'를 기도할 수 없잖아!" 하며 생활비를 거부했다고 한다. 하나님에게 의지할 일까지 도와주고 있지는 않은지 살펴보게 하는 일화다.

모든 사람에게 좋은 사람이기를 원한다

모든 사람으로부터 싫은 소리를 듣지 않을 뿐 아니라 칭찬받기를 원할 수 있다. 모두에게 좋은 사람이기를 원하는 이들이 갖는 특징을 몇 가지로 정리해 보겠다.

첫째로 거절을 잘 못한다. 모든 것을 다 맞춰 주고 양보하다가 갖은 일을 다 맡게 되고, 빌려주고 싶지 않은데 거절을 못 해서 다 주고 나서는 억울하고 괴롭기도 하다. 결국 자기 보호를 하지 못한다. 편안한 사람이 되고 싶은데 만만한 사람이 되어 버린다.

이들은 경계가 없다. 이들이 자주 하는 말을 들어 보면 말에도 경계 없음이 드러난다. "아무거나 괜찮아", "아무거나 좋아"라는 말을 자주 하며 다 괜찮다는 식으로 행동하면 이곳저곳에서 만만히 보고 막 시키게 된다. 자신의 의견을 내려니 다른 사람이 어떻게 생각할지 걱정되어 "죄송한데요"라는 말을 먼저 붙이면서 말하고, "중요한 건 아닌데요", "제가 잘 몰라서 그런데요" 등의 말을 하면서 혹시 있을지 모르는 상대방의 불편함을 미리 막으려 애쓴다. 거절하거나 정확히 자기 의견을 내고 나면 혹시 다른 사람이 불편했을까 싶어 또 전전긍긍이다. 착한 사람 콤플렉스라 할 수 있는 것들로, 모든 것을 맞추어 줘야만 사랑받는다고 여기며 자라왔기 때문에 이런 현상이 강화되었을 가능성이 크다. 사랑의 욕구에게 필요한 것은 경계를 세우는 일이다. 이는 자기 생각의 표현과 거절에서부터 시작한다. 거절은 다른 사람이 나를 함부로 보지 못하게 하는 중요한 작용을 한다.

많은 일에 치이는 것도 경계를 세우지 못했기 때문이다. 마르다가 많은 일에 허덕이다 예수님께 나아가자, 마리아는 좋은 것을 택했다고 하시는 예수님을 떠올려 보자. "네가 많은 일로 염려하고 근심하나 몇 가지만 하든지 혹 한 가지만이라도 족하니라."(눅 10:41-42) 한 가지만이라도 주님에게는 족함을 기억하자.

둘째, 눈치를 본다. 모든 사람이 나를 좋게 봐 주기를 바라는 마음 혹은 모두에게 사랑받고 싶은 마음 때문에 이들은 눈치를 보게 된다. 눈치가 보여서 원하는 말도 잘 못하고, 요구해야 할 것도 정당하게 하지 못한다. 하지만 나에게만 맞추어 주는 세상이 아니기에 마음에 상처를 쉽게 받는다. 더 깊이 들어가 보면, 이들은 '이 행동이나 말을 하면 다른 사람이 싫어하겠지, 비난하겠지'와 같은 두려움이 많다. 이는 사실 다른 사람을 믿지 못함이기도 한다. 호의와 너그러움으로 받아들이는 사람들도 많을 텐데, 다른 사람 모두를 작은 행동에도 비난할 사람으로 취급하는 것이다.

또한 이들은 상대방의 잘못된 행동이나 말에 기분이 나쁘지만, 눈치를 보느라 표현하지 못하기도 한다. 화를 내면 나에 대해 좋지 않게 생각할 것 같아서 표현하지 못하고는 집에 가서 붉으락푸르락하거나 이불 킥을 하기도 한다. 이들은 상대방을 공격하지 않으면서 자신의 감정 상태를 표현하는 말을 연습할 필요가 있다. 영국 공인심리치료사인 안젤라 센이 「유 퀴즈 온 더 블럭」에서 한 제안이 적절해 보인다. "그게 무슨 말이야?", "좀 혼란스러운데 무슨 뜻이야?" 이렇게 말하면 상대방은 자신을 돌아보게 된다. 나를 함부로 대하지 못하게 말하는 방법으로 좋다.

셋째, 감정 기복이 심해진다. 많은 사람을 다 바라보고 관심을 가지기에 누군가의 작은 행동에도 마음이 쓰인다. 날 보면서 삐죽했다면 '내가 뭘 잘못했나', '실수를 했나', '저 사람이 나를 싫어하나' 등의 생각이 꼬리를 물며 감정이 다운된다. 좋을 때 티가 나는 만큼 좋지 않은 감정일 때도 바로 티가 나는 이들이라 감정 기복이 심해 보인다. 누군가가 나를 좋지 않게 보고 있다는 이야기를 듣는 순간 세상이 무너지는 느낌이 들기도 한다. 그러나 성경은 사람들의 험담에 마음을 주지 말라고 선을 그으신다.

또한 사람들이 하는 모든 말에 네 마음을 두지 말라 그리하면 네 종이 너를 저주하는 것을 듣지 아니하리라 너도 가끔 사람을 저주하였다는 것을 네 마음도 알고 있느니라 (전 7:21-22)

넷째, 서운함이 쌓이면 폭발하여 절연한다. 거리가 좀 있는 사이라면 서운해도 표현하지 못하는 경우가 훨씬 많다. 표현하지 못하면 쌓이고 쌓인다. 그러다 임계점이 넘으면 폭발하는데, 그 순간에 관계를 끊을 수도 있다. 그만큼 많이 쌓인 것이다. 그러나 상대방은 전혀 모른다. 왜 갑자기 냉담해졌는지 알 수가 없다. 사랑의 욕구 입장에서는 그렇게 눈치를 줬는데 몰랐다니 당황스럽다. 하지만 말하지 않으면 모르는 것이 일반적이다.

그렇다면 어떻게 해야 하나? 가장 좋은 방법은 마음을 표현하는 방법을 연습하는 것이다. 작은 불편함이라도 표현하는 연습을 해야 한다. 문제는 이들에게 표현하라고 해도 쉽지 않다는 점이다. 표현하면 상대가 싫어할 것 같기 때문이다. 여기서 사랑의 욕구가 알아야 할 것이 하나 있다. 다른 욕구들은 사랑의 욕구와 달리 불편함을 표현해도 상처를 쉽게 받지 않는다는 것이다. 물론 쌓고 쌓았다가 표현하면 그 하중이 너무 커서 누구든 받기가 쉽지 않다. 하지만 작은 일에 대해 표현하면 별일 아닌 것으로 넘어갈 수 있는 욕구가 많다. 힘의 욕구, 자유의 욕구, 즐거움의 욕구는 작은 불편함을 표현해도 상처나 큰 영향을 받지 않는다. 오히려 말하지 않고 끙끙대는 것을 더 불편하게 여길 가능성이 크다. 표현하면서 잘 사는 사람들이 많다.

필자는 즐거움의 욕구와 힘이 같이 높아서 애교 혹은 농담조로 자기 마음을 잘 표현하는 사람들이 늘 부러웠다. 상대방에게 큰 타격은 주지 않으면서 자기를 보호하는 것이다. 주변에 즐거움과 힘이 높은 욕구의 모습을 보면서 배워 보자.

모든 사람에게 좋은 사람이고 싶은 이들에게 주어진 말씀이 있다.

모든 사람이 너희를 칭찬하면 화가 있도다 (눅 6:26, 개역개정)

다른 사람을 치켜세우는 말과 비위를 맞추는 행동으로 사람에게 인정을 받으려고 하면 화가 있다. (눅6:26, 『메시지』 성경)

사람을 두려워하면 올무에 걸리게 되거니와 여호와를 의지하는 자는 안전하리라 (잠 29:25)

두려운 말씀이다. 모두에게 인정받고 칭찬받으려는 그 마음이 화를 부른다. 결국 그것은 하나님을 의지하는 것이 아니며 사람을 두려워하는 것이기 때문이다. 모두와 좋은 관계를 원하고, 어떤 사람과도 불편한 관계를 원하지 않기에 모든 사람에게 맞춰 주고 배려하고 양보하면서도 눈치를 보는 이들. 모두가 나를 좋아하기를 바라기에 한 사람 한 사람의 표정과 말투에 신경이 가 있는 이들. 상대방이 자신을 어떻게 생각하는지에 민감해서 감정 기복도 심해지는 이들. 이는 사람에게 인정받고 칭찬받으려는 것이요. 사람을 두려워하는 모습으로 올무에 걸릴 수 있다. 그 두려움은 여호와를 의지함으로 극복이 가능하다(잠 29:25).

다윗이 떠오른다. 다윗이 여호와를 의지하여 겁 없이 골리앗을 향해 돌진하듯 우리도 하나님 때문에 겁 없이 나아가는 자가 되기를 원한다. 좋은 말만 들으려 하는 것은 참 신앙이 아니다.

여호와를 의지하여 연습을 시작해 보길 권한다. 힘든 마음도 표현해 보라고 조언해 주는 사람들이 주변에 있을 것이다. 그들 중 잘 받아 줄 만한 사람을 정하고, 서운함이 생길 때 표현해 보겠으니 좀 받아 달라고 부탁하는 것도 방법이다. 안전한 사람에게 연습해 보아야 평소에도 표현할 수 있게 된다.

적용 질문 ??

1. 사랑의 욕구가 높아서 드러나는 긍정적인 면과 부정적인 면은 어떤 것이 있는가?

2. 내가 옳다고 생각하는 사랑의 방식 때문에 갈등이 생겼던 사례는 어떤 것이 있는가?

3. 사랑하는 사람이 나와 같은 마음이기를 원해서 요구한 것이 있다면 어떤 것이 있는가?

4. 개별화를 위해 혼자 해 보기를 선택하고 싶은 것은 무엇인가?

5. 서운함을 표현해 볼 수 있는 사람을 한 명 정한다면 누구인가?

오지랖의 기준

　사랑의 욕구가 높은 사람들이 주변 사람들을 도우려고 나설 때 "오지랖 좀 그만 부려" 혹은 "알아서 하겠지, 냅둬" 하면서 핀잔을 받는 경우가 꽤 많다. 사랑의 욕구 입장에서는 돕고 싶고 나누고 싶은데 이런 말을 들으면 서운하면서도 오지랖이라고 돕지 않으면 세상이 삭막해질까 봐 걱정되기도 한다.
　그런데 실제로 사랑의 욕구가 하는 행동이 오지랖이 될 때가 있다. 스스로 할 수 있는데, 혹은 도움이 필요치 않은데 도와주는 경우이다. 또는, 힘들어도 스스로 할 필요가 있는데 도와달라고 하니 무조건 돕는 경우이다. 이런 경우는 자율성과 독립성을 저해하는 역기능을 하기도 한다.

그렇다면 어디까지가 필요한 도움이고 어디까지가 오지랖일까?

이와 관련하여 성경의 기준을 살펴보면 하나님은 오히려 오지랖을 요청하시는 것으로 보인다. 신명기 22장 1절부터 4절을 보면 잃어버린 양이나 나귀, 소, 의복 등을 보면 "반드시" 끌어다가 주인에게 돌려주고, 주인을 모르거나 길이 너무 먼 경우는 집에 데리고 있다가 돌려주라고 한다. 또 사고로 다치거나 문제가 생겨 길에 넘어진 경우에도 "못 본 체하지 말고 반드시" 도와 일으키라고 하신다. 이에 대해 많은 이들이 반론을 제기할 수 있다. "집에 데리고 가면 더 못 찾을 수 있잖아요. 주인을 모른다면 그냥 그대로 두는 것이 주인이 그것을 빨리 찾는 방법일 걸요"라고 말하는 사람도 있을 것이다. 요즘의 분위기라면 "넘어져 있는 것을 일으키다가 내가 다치면 어떻게 해요" 아니면 "의사도 아닌데 다친 것을 어떻게 도와요"라고 말할 수도 있을 것이다. 하지만 하나님은 '반드시'라는 말을 두 번이나 사용하시면서 도움이 필요할 때는 도우라고 하신다.

야고보서 4장 17절에는 "선을 행할 줄 알고도 행하지 아니하면 죄"라고 하신다. 이웃을 도울 수 있는데 돕지 않으면 '죄'라는 말씀에 귀를 기울일 필요가 있다. 내가 일부러 길을 잃게 만든 것도 아니고, 다치게 한 것도 아닌데 그걸 돕지 않았다고 죄라고 하면 억울하다고 반론을 제기할 수도 있다. 그러나 하나님은 나만 잘 살거나 나 위주로 사는 것을 원하지 않으시고 함께 잘 살기를 바라신다. 누구든 생명을 존중하면서 살기를 원하시는 것이다. 어찌 보면 하나님은 우리에게 오지랖을 요청하시는 것이 아닐까 싶다. 여기서 중요한 것은 상대방에 대한 존중, 곧 상대방을 생각하는 마음이다. 상대방을 생각할 때 조심할 것은 모두 내 마음 같을 것이라는 착각이다. 내 마음과 같지 않다. 다르다. 나는 저럴 때 누군가 도와주기를 바라지만 누군가는 도움받기를 싫어할 수도 있다. 상대방이 진정 원하는지를 생각하면서 돕는 것이 필요하다.

13장.
힘의 욕구, 신앙 성숙 방향

긍정 방향 특성

꼭 필요한 말과 조언을 할 수 있다

꼭 필요한 말과 조언을 하는 것을 로버트 스턴버그는 지혜라고 하였다. 힘의 욕구가 낮거나 사랑의 욕구 또는 자유의 욕구가 높으면 말해야 할 때 못 하고 훈계가 필요한 순간에 못 하는 경우도 많다. 이는 지혜롭지 못하다. 반면 힘의 욕구는 훈계가 필요할 때 꼭 필요한 말을 해내는 힘이 있다. 복음에 대한 확신이 서는 순간 이들은 담대하게 복음을 전할 수 있다. 이들이 성숙하다면 확신 있게 하는 말이 많은 이에게 큰 도움과 울림이 된다.

포기하지 않는 뚝심이 있다

힘의 욕구는 꼭 필요한 일을 해야 할 때 다른 사람이 싫어하거나 반대해도 필요한 것을 포기하지 않고 해내는 뚝심이 있다. 예수님은 바리새인과 제사장들이 싫어하는, 안식일에 병자를 고치는 일(막 3:1-6, 눅 6:1-11)을 일부러 하신다. 사도바울은 예루살렘으로 가면 감옥에 갇힐 것을 뻔히 알면서도 전도하러 예루살렘에 가는 것을 포기하지 않는다(행 21:11-13). 느헤미야는 예루살렘 성을 재건하면서 적이 방해할 때 인원의 반은 무장하게 하고 나머지 반이 일을 했고, 성을 건축하는 자와 짐을 나르는 이들은 한 손에는 짐을, 다른 손에는 무기를 잡고 일하도록 했다(느 4:16, 17). 꼭 필요한 일은 어떤 반대에도 불구하고 해내는 뚝심이 결국 목표한 바를 이루게 한다.

남이 뭐라 하든지 상관없이 꼭 필요한 일은 해내는 이 뚝심이 사랑의 욕구와 결합하면, 자기를 모함하고 헐뜯는 사람들도 포기하지 않고 끝까지 품는 사도바울의 모습으로 드러날 수 있다. 사도바울은 이들에게 편지를 쓰고, 권면하고 포기하지 않는 사랑을 보여 주었다.

이 뚝심은 자신을 넘어서야 할 때도 발휘된다. 힘들수록 더 열심히 노력하게 하여 결국은 난관을 이겨 내고 자신이 원하는 것을 이루어 낸다. 작정 기도를 한다면 힘들어도 해낸다. 금식 기도를 해야 한다면 중간중간 포기하고 싶어도 결국은 해낸다. 필사를 시작했다면 끝을 본다. 한 해에 한 번 성경을 읽겠다고 작정하면 이것을 이루어 낸다. 생존까지 높으면 더 성실하게 이뤄 낼 수 있다.

자신과 타인을 분리할 수 있다

자신은 전혀 잘못하지 않았는데도 상대방이 서운해하면 자기 때문이라고 여기며 전전긍긍하는 사람들이 많다. 힘의 욕구가 낮으면서 사랑의 욕구가 높은 경우이다. 그러나 힘의 욕구는 자신이 잘못한 것이 아니라면 상대방의 문제는 그 사람의 몫이라고 경계를 세우는 힘이 있다. 쓸데없는 죄책감을 가지지 않는다. 힘의 욕구가 낮고 사랑이 높은 사람은 이 면을 배울 필요가 있다.

정의와 진리 편에서 사이다 발언을 할 수 있다

교회나 회사에 심각한 문제가 있음을 뻔히 알지만 이야기했다 괜히 일이 복잡해지는 것도 싫고, 반대 의견에 부딪혀서 갈등이 일어날 것이 뻔해서 회피하는 이들도 많다. 그러나 힘의 욕구는 문제를 드러낸다. 그리고 해결책을 제시하여 해결해 내려고 노력한다.

이들은 이해되지 않는 상황에서도 의견을 표현하여 문제를 드러낸다. 하박국은 이해되지 않는 상황을 놓고 하나님께 항의한다. 그리고 그 답을 기다린다. 이처럼 혼자 속으로 삭이고 분을 내는 것이 아니라 직면해서 당사자와 해결하는 것이 힘의 욕구이다. 어찌 보면 공동체에서 가장 소통을 잘할 수 있는 사람이다.

우리는 문제를 드러내는 사람에 대해 갈등을 일으키는 사람으로 여기는 경향이 많다. "그냥 가만히 있으면 될 것을 왜 굳이 말해서 상황을 복잡하게 만드는지 모르겠다"라는 소리를 하기도 한다. 그러나 문제는 드러나야 한다. 갈등이 없는 것을 추구해서 갈등을 무마하려고 노력하는 것은 거짓 평화일 수 있다. 이와 관련하여 스콧 펙은 "갈등이 없고 편안한 만남은 사이비 공동체다"라고 하였다. 성경은 갈등 없는 평화를 추구하지 않는다. 오히려 진리를 추구하려면 갈등이 생긴다고 말씀한다(눅 12:49-53). 평화만을 유지하려고 싸움을 피하면 편안하기는 하겠지만 가짜 화평이 온다. 하나님의 검으로 싸우면 고통스럽지만, 진정한 평화가 올 수 있다.

때로 이들은 꼭 필요한 분노의 감정을 나타낼 수 있다. 예를 들어 사도바울은 아덴에 우상이 가득한 것을 보고 격분한다(행 17:16). 이 분노는 바울이 그 시대의 유명한 철학자들과 변론하며 온 열정을 다해 복음을 전하게 하는 요소가 된다. 무던하고 그러려니 하는 사람이라면 '아, 이런 사람들도 있구나. 그렇지 뭐' 하면서 그냥 지나갈 뿐, 열정적으로 복음을 전해야겠다는 마음이 일어나지 않았을 것이다.

뒷말을 하지 않는다

관계에 문제가 생기면 당사자와 문제를 해결한다. 많은 경우 그 사람에게 직접 표현을 못 해서 뒷말을 하게 되는데, 힘의 욕구는 뒷말할 필요가 없다. 이 또한 공동체 안의 소통에 큰 도움을 주는 방법이다. 교회 공동체에서 수많은 뒷말이 얼마나 많은 관계를 깨고 있는지 돌아보자.

제안하고 이끄는 리더십이 있다

조직이나 모임을 이끈다. 이들의 리더십은 특히 어려운 상황에서 안정감을 준다. 교회 주일학교에 힘의 욕구가 높은 교사가 있으면 아이들이 그의 통솔을 잘 수용하고 따르기에 안정감이 느껴진다. 포스나 카리스마가 느껴져서 함부로 대하기 힘든 이들이기도 하다. 이들의 리더십은 자신감이 있어서 말이나 행동이 시원시원하다.

부정 방향과 성숙 방향

자신의 잘못을 잘 인정하지 않는다

힘의 욕구는 자신의 잘못이 드러날 때 그것을 인정하면 지는 느낌이 들어서 인정하지 못하는 경향이 크다. 미국의 사회학자 앤서니 그린월드는 이를 베네펙턴스 현상이라고 불렀다. 잘되면 자기 덕분이고 안되면 남 탓으로 여기는 것이다. 모든 사람에게 있는 현상이지만 특히 힘의 욕구에게서 많이 발견된다. 이들은 잘잘못을 따지는 상황이 되거나 누가 자신을 책망하면 공격당한다고 느껴서 오히려 더 세게 나가거나 핑계를 대기도 하고 남 탓을 하기도 한다. 훈계를 받아야 할 때도 승부 상황으로 보고 이기려 하는 경우가 많다. 싫은 소리는 무조건 듣기 싫은 것이다.

힘의 욕구는 인간이란 부족하고 잘못을 지적받을 수 있는 존재임을 기억해야 한다. 힘의 욕구뿐만 아니라 모든 인간은 죄인이다.

무조건 이기려고 한다

힘의 욕구는 경쟁심과 승부욕이 크다. 지면 화가 나서 어떻게든 이기려고 한다. 이것은 긍정적으로 작용하여 더 열심히 준비하고 연습하게 하는 원동력이 되기도 하지만, 부정적인 방향을 향할 경우에는 이기기 위해서 무리한 행동을 하게 한다. 이기고 싶은 마음이 우상이 되기도 한다. 솔로몬왕의 아들 르호보암은 너무나 위대했던 솔로몬에 대해 자격지심이 있었던 것 같다. 그는 내 새끼손가락 하나가 내 아버지의 허리보다 굵다거나, 아버지는 가죽 채찍으로 매질하였지만 나는 너희를 쇠 채찍으로 치겠다고 말하며(왕상 12:10-11) 크고 세 보이려고 한다. 초장에 잡아야 한다고 생각하고, 무시당하거나 쉽게 보이지 않기 위해 무섭게 하려는 마음은 지혜롭지 못한 마음이다. 그래서 르호보암은 지혜가 없고 미련하여 백성을 반역으로 몰아넣은 자로 평가받는다.

무조건 이기려고 하는 마음은 모든 것을 다른 사람보다 잘해야 한다는 마음으로 이어져 부모의 행동에 고스란히 드러난다. 자녀가 시험문제 하나를 틀렸다면, 나머지를 다 맞은 것에 대해 칭찬하기보다 "뭘 틀린 거야?" 하며 틀린 것에 초점을 둔다. 성공 위주의 삶을 살아왔기 때문에, 자녀가 시험 기간에 감기라도 걸리면 아이의 건강을 챙기는 대신 "자기관리를 어떻게 한 거야? 자기관리도 실력이야" 하면서 실망감을 드러내기도 한다.

또 이들은 이기기 위해 다른 사람을 누르거나 비난하며 밟아 놓으려 하는 경우가 많다. 성경은 갈등이 생겼을 때 상대방의 흠을 들추거나 실패를 꼬집거나 잘못을 비난하지 말라(마 7:1 『메시지』 성경)고 하신다. 상대방에게 모욕을 주면서까지 이기려고 해서는 안 된다. 수치를 드러내는 것은 비겁한 짓이다. 물론 힘의 욕구에게는 쉽지 않다. 그러므로 더 하나님께 나아가야 한다.

이에 대해 어디선가 들은 내용이 힘의 욕구에게 적절해서 메모해 두었었다. "이기더라도 판정승으로 이겨라. KO로 이기려 말아라. 조금만 이겨라. 지는 사람의 자존심도 생각하라. 모욕과 수치를 주는 것은 화를 키우는 길이고 전쟁을 일으킨다. 상대의 인격을 존중하며 옳고 그름만을 갖고 싸워라."

힘의 욕구는 상대의 자존심을 짓밟아서라도 크게 이기려고 한다. 그러나 이는 결국 더 큰 갈등과 전쟁으로 나아가는 인간의 악함이 될 수 있다. 모욕과 수치를 주지 않고 인격을 존중하며 이기려는 마음인지 돌아볼 필요가 있다. 여기에서 이기지 않아도 된다는 말을 하지 않는 이유가 있다. 힘의 욕구에게는 이기고 싶은 마음이 태생적으로 존재하기에 이기지 않아도 된다는 말은 아무런 소용이 없음을 많은 사람을 통해 경험했기 때문이다. 이기고 싶은 마음은 긍정적이므로 존중 안에서 이기는 방향으로 간다면 멋진 모습이 될 수 있다.

관계를 지배하려 하고 무례하다

힘의 욕구가 부정 방향으로 가면 지시와 지적, 충고, 조언 등을 너무 쉽게 하는 경향이 있어서 자녀나 주변 사람을 화나게 할 수 있다. 직면해서 직설적으로 표현하는 것이 긍정적인 부분이 있지만, 상대를 배려하지 않고 뼈 때리는 말을 한다면 본인 마음은 후련할지 몰라도 상대방을 변화시키는 쪽으로 나아가기는 어렵다. 이들은 직설적으로 말해서 주변 사람들에게 상처를 주기도 한다. 이야기하고 나서 본인은 잊어버리는데 상대방은 오래오래 상처로 아파하는 경우도 많다. 그래서 많은 이가 힘의 욕구를 무서워하는 경향이 있다.

부모라면 옳은 말, 바른말이라도 기분 나쁘게 말해서 그저 자녀를 노엽게 하는 상황이 벌어질 수 있다(엡 6:4). 자녀의 잘못된 것을 찌르고 도려낼 때 싸매는 사랑이 없으면 오히려 죽이는 것이 될 수 있다.

여호와께서 자기 백성의 상처를 싸매어 주시고 주께서 백성들을 치셔서 생긴 상처를 고치시는 날에 달빛은 햇빛처럼 밝아질 것이다. (사 30:26, 쉬운 성경)

사랑은 무례히 행치 않는다. 힘의 욕구가 무례하지 않게 하려면 어떻게 해야 할까? 하나님의 예의를 본받을 필요가 있다. 하나님은 우리의 마음 문을 벌컥 열어젖힐 수도 있으시지만, 밖에 서서 두드리시며 우리가 열 때까지 기다리시는 분이시다(계 3:20). 이와 관련된 내용은 자유의 욕구에서 조금 더 다루겠다.

자기 이익과 자리가 우선이다

다른 사람은 배려하지 않고 자기 자리를 차지하는 것이 우선이 될 수 있다. 마태복음 20장 20절부터 28절에도 예수님이 영광을 얻으실 때 한 자리를 차지하려는 욕심이 치맛바람과 함께 불어닥치는 광경을 목도한다. 엄마가 두 아들, 즉 야고보와 요한을 데리고 와서 예수님의 오른쪽과 왼쪽을 달라고 말하는 장면이다. 힘의 욕구는 '내가 이렇게 수고했으니 이 정도 자리는 차지할 수 있다' 여기고 실제 자리를 차지하기 위해 나서서 말할 수 있는 이들이다. 다른 제자들 모두가 분개한다. 그러나 힘의 욕구는 사람보다 일에 더 관심이 있기에 다른 사람이 이에 대해 어떻게 생각할지 관심이 많지 않다. 그들의 분노에 공감하기도 쉽지 않다.

주님은 말씀하신다. 하나님 나라에서는 으뜸이 되고자 하면 종이 되고 섬김을 받고자 하면 먼저 섬기는 자가 되어야 한다고!. 한 가지 놓치지 말아야 할 것은 으뜸이 되고자 하는 마음과 섬김을 받고자 하는 마음 자체를 부정하지는 않으셨다는 점이다. 하나님 나라의 관점은 섬김을 받고자 하면 섬기는 일을 먼저 해야 한다. 물론 주님은 '섬김을 받으러'가 아니라 '섬기려고' 오셨다는 것도 꼭 기억해야 할 것이다.

자기 자랑과 교만

이들은 자신감이 크고 "나는", "내가"라는 말을 많이 한다. 한마디로 자랑을 잘한다. 일을 해 놓고도 자신이 어떤 일을 했는지 드러내는 말을 어렵지 않게 한다. 이 자랑이 잘 나타난 본문이 있다. 누가복음 18장 9절 이하를 보면 세리와 바리새인의 기도가 비교되어 나온다. 바리새인은 죄를 범하는 자나 세리와 비교하여 자신은 깨끗하다며 자랑을 한다. 또 자신이 한 일을 드러낸다. 기도라기보다 기도라는 도구를 사용해 자랑하는 느낌이다. 반면 세리는 자기를 누구와도 비교하지 않았다. 오히려 감히 하나님 앞에 가까이 가지도 못한다는 마음으로 하늘도 쳐다보지 못한 채 가슴을 치며 기도하였다. 보통 세리들은 자신의 이익을 위해 비도덕적 선택을 하는 경우가 많기에 그 비도덕적 선택들이 가슴 아팠던 것으로 보인다.

겸손은 남과 비교하지 않고 하나님 앞에 내가 홀로 서 있다는 생각으로 사는 것이다. 반대로 교만이란 내 삶에 하나님 대신 자신을 집어넣는 것이라 할 수 있다. 힘의 욕구는 하나님 안에서 하나님을 자랑해야 한다. 내 공로를 내세우지 않고 내려놓을 줄 아는 신앙이 필요하다. 힘의 욕구로 부름받은 목적은, 나를 세우기 위함이 아니라 하나님의 통치를 받는 삶이 이 사회에서 어떤 모양인지를 보여 주는 것이다. 사도바울의 말처럼 오히려 자신의 여러 '약한 것들을 자랑'하려고 노력해야 한다. 그래야 그리스도의 능력이 머물기 때문이다(고후 12:9).

높은 자리에 올라갔다면, 누군가의 말처럼 정상은 올라갔다 내려가는 곳임을 기억하자. 그곳에 계속 있을 것이라 여기면 더 교만할 수 있다. 하나님은 교만한 자를 물리치시고 겸손한 자에게 은혜를 주시는 분이시다(약 4:6). 주 안에서 낮추면 주께서 높이실 것을(약 4:10) 믿고 겸손하게 자신을 낮출 필요가 있다. 어린아이같이 자기를 낮추는 사람이 천국에서 큰 자임을(마 18:4) 늘 새기자.

내 뜻인지 하나님 뜻인지 구별이 필요하다

이들은 자기 뜻이 분명하다. 다른 말로 자기 확신이 분명하다. 그래서 하나님께 여쭈어보지 않고 나아갈 가능성이 크다. 이 점이 하나님 뜻을 따르는 데 걸림돌이 될 때가 있다.

힘의 욕구는 서열을 중요하게 여기기에, 자기에게 숙이고 들어올 때 인정받았다고 느껴서 상대방을 받아 주려는 경향이 있다. 이 마음이 하나님의 뜻과 상관없이 자신의 기준이 되면 죄가 될 수 있다. 아합왕은 시리아 왕이 굵은 베로 허리를 묶고 목에 줄을 매고 와서 목숨만은 살려 달라고 애원하자 그를 놓아 주었다(왕상 20:32). 하나님이 멸하기로 작정한 사람을 자기 마음대로 놓아 준(왕상 20:42) 일로 결국 아합왕 자신이 대신 죽게 되고 백성도 멸망하게 되었다. 힘의 욕구는 내 생각과 뜻이 명확한 만큼 그것이 하나님의 뜻인지 분별하려는 노력이 더 많이 필요하다.

시기가 있을 수 있다

다른 사람이 잘될 때 (다른 욕구도 그렇지만) 진정으로 기뻐하기가 가장 어려운 것이 힘의 욕구이다. 왜냐하면 자신이 잘되기를 누구보다 바라기 때문이다. 내가 잘되고 싶고, 내가 성공하고 싶은데 나는 잘되지 않으면서 다른 사람이 잘되거나 나보다 다른 사람이 더 잘되면 배가 아파질 수 있다. 사울왕은 다윗을 향해 만만이라고 외치는 백성들의 소리에 다윗을 시기하기 시작해 나중에는 죽이려 한다. 자신이 왕임에도 인정받는 것에 매여, 전쟁에 큰 공을 세운 다윗을 죽이려고 계속 쫓아다니게 된 것이다. 시기는 스스로의 영혼을 피폐하게 만들어 불행한 삶을 살게 한다.

성찰이 약하다

힘의 욕구는 외부적인 일이 가장 중요하기에 자기 내면에 별 관심이 없다. 내면에 관심을 많이 가질수록 외부 일에 사용할 에너지가 없어지기 때문이기도 하다. 이 때문에 누군가가 지적하면 방어하는 방향으로 에너지를 쓰지 자기를 성찰하는 방향으로 에너지를 쓰지 못한다. 문제 제기를 받을 때 방어하려고 애쓸 뿐, 나에게 무슨 문제가 있었는지에는 집중하지 않는다. 일상에서 성찰하려고 애쓰지 않으면 환난과 고통을 통해 깨닫는 수밖에 없다. 자신이 어떤 면이 약하고 바꾸어 가야 하는지 성찰한 후, 목표를 세우고 노력해 보길 권한다.

감정에 무감각하다

힘의 욕구는 성취가 목표인 만큼 일에 집중하다 보니 자신이나 다른 사람의 감정에 무감각하다. 일과 성취에 골몰하느라 자신의 감정을 돌아볼 여지와 겨를이 없어서 감정을 느끼지 않는 것이 습관화되고 결국 부정적인 감정(수치심, 좌절, 실패감, 죄책감 등) 자체를 느끼지 못하게 되기도 한다. 본인이 못 느끼니 다른 사람의 감정을 돌아보기는 더 어려워진다. 공감을 못하는 이유이다.

『매일성경』(2024년 2월 20일)으로 성경을 묵상하다 발견한, 힘의 욕구와 관련된 문구이다. "힘의 성취가 우상이 되면 그 노예가 되어 자신과 다른 사람을 파괴하면서 살아가게 된다." 그렇다. 일의 성취에만 골몰하여 가정과 관계가 깨지는 예를 수도 없이 본다.

어찌 보면 이들에게 가장 긍휼함이 필요하다. 힘을 부리고 성취하며 여러 사람에게 영향을 미치지만, 자신과 타인을 망가뜨리기만 하는 것은 죽은 힘이기 때문이다. 일부러 그러는 것이 아니라 자신도 어쩔 수 없이 그렇게 되었다는 사실, 자신을 돌보는 방법이 성취뿐이라고 생각하며 방어하는 자세로 살아왔다는 사실을 기억할 필요가 있다.

그리스도인도 부정적인 감정을 느낄 수 있고 느껴도 된다. 하나님도 이런 감정을 인정하시고 외면하지 않으신다. 다윗은 시편에서 그가 느낀 부정적인 모든 감정을 하나님 앞에 다 토해 냈다. 심지어 저주하는 내용(시 109편)까지 포함된다. 그러함에도 하나님은 다윗의 감정을 수용하고 받으셨으며 하나님 마음에 맞는 사람(행 13:22)이라는 평가를 해 주셨다. 힘의 욕구는 자신의 감정을 인정하는 연습부터 시작하는 것이 필요하다. 이는 공감으로 나아갈 것이다.

인정받는 것에 매인다

인정받는다는 것은 인간에게 중요한 일이다. 모든 욕구가 인정받는 것을 좋아하고 추구한다. 그중 인정받기를 원한다고 직접 말하는 이들은 주로 힘의 욕구이다. 그래서 인정을 힘의 욕구 부분에서 다루지만, 다른 욕구가 높은 이들도 인정에 매이는 부분은 함께 생각해 볼 필요가 있다.

경영학자인 오타 하지메는 『인정받고 싶은 마음』이란 책에서, 매슬로의 욕구위계이론 중 가장 높은 단계인 자아실현 욕구보다 인정 욕구에서 동기부여를 더 많이 받는 것 같다고 하였다. 필자가 생각하기에는 자아실현이라는 말이 의미가 모호해서 인정 욕구가 채워지면 자아실현이 되었다고 여기는 부분도 있는 것으로 보인다. 인정받고 싶은 마음은 인정받지 못할 때에 대한 두려움을 깔고 간다. 그래서 인정받지 못할까 봐 걱정하고 불안해하는 마음이 많다. 이것을 넘어서려면 어떻게 해야 할까? 오타 하지메는 책에서 몇 가지 방법을 제시한다. 첫째는 **약점을 보여 주라**고 하였다. 동의가 된다. 힘의 욕구는 약점을 보여주는 것이 쉽지 않은 일이다. 그러나 약점을 나누면 실패에 대한 부담이 줄어든다. 기대 수준을 함께 낮추는 데 도움이 되기 때문이다. 둘째는 **더 큰 꿈을 생각하며 현재를 상대화**하면 지금의 상황은 아주 작은 것이기에 부담이 줄어든다고 하였다. 현재가 절대적인 위치에 있지 않음을 볼 수 있도록 시야를 넓히는 면에서 동의가 된다. 셋째는 **즐거움에 집중**하라고 하였다. 그는 "하나의 활동에 몰입하면 잠재력을 발휘할 수 있다"라는 칙센트미하이의 말을 인용하면서 몰입은 최고로 에너지를 발휘하는 생산적 상태라고 하였다. 몰입을 통해 인정 욕구에 버금가는 만족감을 누릴 수 있고 인정 욕구의 강박에 빠질 위험이 줄어드는 것이다. 힘의 욕구에 즐거움의 욕구가 잘 활용될 때 인정 욕구의 부정 방향을 넘어설 수 있다. 이는 욕구별 상호작용이 얼마나 중요한지를 보여 준다. 한 가지 욕구에서 오는 한계를 다른 욕구가 채워 줄 수 있다. 넷째로 연결망을 만든다. 자신이 인정받아야 한다고 생각하는 일 외의 동아리나 단체 혹은 네트워크를 구축하는 것도 인정이라는 강박에 빠지지 않는 방법이라고 하였다. 이 또한 사랑의 욕구나 즐거움의 욕구를 활용하는 방법이 도움 될 수 있겠다.

안될 것 같으면 일찌감치 포기한다

힘의 욕구는 인정받고 성과를 내는 것이 중요하다. 성과가 나지 않을 만한 일은 시도조차 하지 않으려는 경향이 있다. 빨리 포기해 버리는 것이다. 끝까지 할 법한 사람인데 '왜 이렇게 빨리 포기하지?' 싶을 때 이런 이유인 경우가 많다. 이 마음은 어떻게 다루어야 할까?

  성경에는 반대로 어차피 잘되지 않을 일인데 왜 이렇게까지 하나 싶은 본문이 있다. 사도행전 21장부터 26장에는 사도바울이 법정에서 복음을 전하는 사건들이 나온다. 법정은 맞고 틀리고를 따지는 곳이며, 자기를 변호하는 공간이다. 맞고 틀리고에 집중하면 내가 아무리 좋은 이야기를 해도 상대는 마음으로 받기가 힘들다. 양극단의 의견이 논쟁으로 조율되는 경우는 거의 없는 것도 이 때문이 아니겠는가? 특히 왕이나 총독 앞에서 그것도 '죄인의 신분'으로 이야기하는데 누가 그 사람의 말을 귀담아듣거나 마음을 열겠나 싶다. 효과가 있을까 싶지만 그래도 사도바울은 권력자들 앞에 설 때마다 복음을 전한다. 때를 얻든지 못 얻든지 항상 복음을 전하기에 힘쓰는 모습이다. 이에 대해 "헛수고하지 말고, 지혜롭게 할 만한 때에는 하고 안될 때는 하지 않는 것이 낫지 않을까"라고 이야기할 수 있다. 애매한 상황에서 이야기하면 오히려 복음에 대해 나쁜 선입견만 생길 거라고 항변할 수도 있다. 그러나 복음을 받아들이는 것은 그들의 몫이기에 사도바울은 자신의 역할을 충실히 행한다. 힘의 욕구에게는 '어차피 안될 거 뭐 하러 하나' 싶을 때 도전하는 것이 가장 힘들지만, 사도바울은 그곳에서도 복음을 전한다. 내가 꼭 해야 할 중요한 일이라면 결과가 어떠하든지 관계없이, 실패할지라도 할 일을 하는 것은 하나님 안에서 배워야 할 부분이다.

적용 질문 ❓

1. 힘의 욕구가 높아서 생기는 나의 긍정 방향과 부정 방향은 무엇인가?

2. 인정받고 싶은 마음에 매이지 않는 방법으로 내가 선택할 수 있는 것은 무엇인가?

3. 내가 원하는 것이 하나님이 원하시는 것인지 확인하기 위해 어떤 방법을 사용하고 있는가?

4. 부정적인 감정을 하나님께 토하는 것이 어려운 이유는 무엇이고 어떤 것을 하나님께 아뢰고 싶은가?

14장.
자유의 욕구, 신앙 성숙 방향

긍정 방향 특성

하나님이 주신 가장 큰 은혜, 자유의 욕구

하나님은 우리를 하나님이 원하는 대로만 살도록 만들 수 있음에도 그렇게 하지 않으셨다. 이는 인간에 대한 절대적인 존중이 아닐까 싶다. 하나님은 사랑으로 우리를 눈동자처럼 아끼고 보호하시지만, 우리를 노예로 만들지 않으셨다. 로봇이나 자동인형도 아니다. 제럴드 메이는 "우리가 외부의 강압이나 조종 없이 하나님을 사랑하고, 또 마찬가지로 완전한 방식으로 이웃을 사랑하는 것을 자유롭게 선택할 수 있도록" 하나님이 우리에게 자유의지를 주셨으며, 이것을 "마음속 가장 깊은 곳의 욕구"라고 칭했다. 즉 사람은 "사랑에 의해, 사랑 안에서, 사랑을 위해 창조된다"라고 말한다. 하나님의 사랑은 우리에게 자유를 주심으로 나타났다는 말이다.

필자는 자유의 욕구를 '가장 하나님의 욕구를 닮았으나 가장 타락하기 쉬운 욕구, 즉 하나님으로부터 멀어지기 쉬운 욕구'라고 표현한다. 모든 욕구가 하나님을 닮았지만, 자유의 욕구는 사람들이 생각하기에 가장 어려운 부분에서 하나님을 닮았다. 예를 들어 하나님의 기다리심과 선택을 존중하시는 부분은 자유의 욕구가 가장 잘할 수 있는 부분이다.

"볼지어다 내가 문밖에 서서 두드리노니 누구든지 내 음성을 듣고 문을 열면 내가 그에게로 들어가 그와 더불어 먹고 그는 나와 더불어 먹으리라"(계 3:20)라는 말씀처럼 주님은 문밖에 서서 두드리신다. 우리가 주님 음성을 듣고 문을 열면 그제야 들어오신다. 하지만 우리는 보통 문을 똑똑 두드리고는 안에서 문을 열지 않으면 벌컥 들어가서 내 용건을 이야기하거나 왜 문을 열지 않느냐며 따진다. 주님은 우리에게 지극히 예의를 차리신다. 기다려 주시는 예의. 이처럼 잘 기다리는 것이 자유의 욕구이다. 상대방이 원하지 않는다면 기다린다.

하나님의 자유 욕구를 잘 드러내는 이야기가 또 하나 있다. 탕자 비유이다. 아버지는 둘째 아들인 탕자가 유산을 미리 달라고 할 때, 어차피 줄 것이니 미리 주었다. 아들은 이것을 모두 들고 외국에 가서 허랑방탕하게 지냈다. 결국 모든 재산을 탕진하고는 먹고 살 것이 없어 돼지우리에서 쥐엄나무를 먹으면서 살게 되었다. 이런 소식이 들리면 우리의 부모들은 어떻게 할까? 괜히 주었다면서 후회하거나, 쫓아가서 데리고 오거나 누구를 보내서든 돌아오게 했을 것이다. 그러나 탕자의 아버지는 그저 동구 밖에서 기다린다. 아들이 언젠가 돌아오겠지 하면서 기다린다. 스스로 돌아오지 않는 이상 억지로 데리고 온들 삶의 변화는 없으리라 생각했을 수도 있다. 이러한 탕자의 아버지, 즉 하나님의 모습은 본인의 선택을 존중하고 본인이 선택한 삶에 책임을 지고 겪어 본 후에 스스로 돌이켜야만 진정한 변화가 온다고 보는 자유의 욕구의 측면이다.

무례하지 않다

자유의 욕구는 다른 사람을 존중하는 마음이 기본적으로 깔려 있다. 그래서 상대방이 원하지 않는 부분까지 억지로 하게 하거나 무리하게 요구하지 않는다. 사랑은 무례히 행하지 아니한다(고전 13:4-5)는 말씀을 가장 잘 실천할 수 있는 욕구이다. 너와 나의 경계를 적절히 지키기 때문에 가능하기도 하다. 하나님도 우리의 자유를 소중히 여기셔서 우리에게 억지로 하지 않으셨다. 목줄을 묶어 함부로 이리저리 끌고 다니지 않으시고 우리가 스스로 선택하고 결정하도록 기다리시고 허용하셨다. 우리 마음에 들어오고 싶으실 때도 우리 인격에 폭력을 가하지 않고 스스로 문을 열 때까지 기다려 주신다. 우리는 다른 사람을 내 마음대로 하고 싶은 본능이 있다. 이것은 기독교의 정신이 아니다. 자신의 자유뿐 아니라 남의 자유도 소중히 여기는 것이 기독교 정신이라는 측면에서 자유의 욕구는 아주 좋은 욕구이다.

선입견이 없다

자유의 욕구는 선입견이나 편견 없이 대하려고 한다. 존중의 측면이기도 하다. 특정한 말로 사람을 규정하지 않는 경향이 크다. 누군가의 잘못을 말하는 뉴스를 보면서도 욕을 하기보다는 '다른 측면도 있지 않나'라는 생각을 한다. 다른 사람에게서 누군가의 나쁜 이야기를 들어도 그것은 저 사람의 관점이고 나는 다를 수 있다고 생각한다. 사람이 매일 바뀌는데 맨날 똑같이 살지 않는다고 여기면서 객관적 관점을 유지하려고 한다. 물론 인간이기에 자유의 욕구가 무조건 객관적 관점을 가지고 있다고 단언할 수는 없다. 되도록 객관적으로 보려고 하고 중립적 태도를 취하려 하며, 판단을 보류한다고 보면 될 것 같다.

수용력이 좋다

'모든 인간은 약하고 죄인이니까 그럴 수 있지'라는 마음으로 수용력이 큰 편이다. 긍휼히 여김과는 조금 다른 차원으로 '그러려니 한다'에 가깝다. 인생이 꼭 이래야 한다 또는 저래야 한다는 규칙으로 재단하고 싶지 않기 때문이다. 부모라면 자녀의 행동이 누군가에게 피해를 주거나 죄가 되지 않는다면 "그럴 수 있지" 하면서 허용한다. 구멍 뚫린 청바지에 슬리퍼 차림으로 교회에 와도 '그렇게라도 오는 게 어디야'라고 생각한다. 이들은 교회에 약하고 부족한 혹은 유별나게 튀는 사람이 오더라도 '그럴 수 있지' 하면서 다양성을 인정하려는 사람들이다.

융통성과 개방성이 있다

자유의 욕구는 흐름에 따라 흘러가는 대로 살아가려는 경향이 있다. 상황에 따라 변화하는 융통성이 있고 변화에 개방적이다. 새로운 것을 받아들이고 싶어 한다. 내가 계획한 것이 있지만 좀 다르게 되어도 죽을 일은 아니라고 여기고, 그것도 의미가 있다고 받아들일 수 있다. 멋진 공원에 꽃구경을 가기로 했는데 길을 잘못 들어서 엉뚱한 곳으로 갔다면 그쪽에서 다른 꽃을 구경해도 크게 스트레스를 받지 않는다. 꼭 이래야만 한다는 제한이 없기 때문에, 즐거움도 같이 높다면 더더욱 인생이 흘러가는 대로 즐길 수 있다.

같은 맥락에서 이들은 유연하다. 각 지역과 상황에 맞게 복음을 전했던 사도 바울의 모습이 이 유연함의 하나가 아닐까 한다. 그는 아테네 사람에게는 철학적 접근을 했고(행 17:16-34) 다른 지역 사람에게는 그에 맞게 접근했다.

내 계획이 아니라 믿음으로 산다

이들은 "나는 꿈이 없다. 하나님이 이끄시는 대로 한 걸음씩 나아간다"라는 말을 자주 한다. 그런데 꿈이 없었지만 무언가를 이뤄 낸 사람들이 많다. 꿈을 가지고 그대로 실천해서 멋진 삶을 이뤄야 한다는 사람들의 눈에는 주먹구구식으로 살아가는 불안한 인생으로 보일지 모른다. 그러나 이들은 본인의 계획이나 목표에 따르기보다는 하나님이 이끄시는 방향으로 살아가는 것을 추구한다. 김창현 목사는 그의 책에서 이것을 "아무것도 하지 않는 영성"이라고 불렀다. 이들은 특별한 소명은 내가 찾는 것이 아니라 하나님이 주시는 것으로 여기며, 특별한 부르심을 알지 못해도 가치 있는 존재라고 여긴다. 그러다가 특별한 부르심을 만나면 또 감사하면서 살아간다. 성공이나 특별한 성취, 욕심을 위해서 아무것도 하지 않는 영성이 가능한 이들인 것이다. 이것은 가만히 서서 여호와께서 목전에서 행하시는 일을 볼 수 있는(삼상 12:16) 자원이 되기도 한다. 한편, 김창현 목사가 책에서 밝히듯 이들은 게으름이나 나태의 경계선에 아슬아슬하게 자리 잡고 있기에 자칫하면 문제가 될 수도 있다.

이들은 믿음으로 어디든 갈 수 있는 사람들이다. 선교지에서 정치 사회적인 여건이 급변해 어찌 될지 모르는 상황에서 하나님만 의지하며 사역해야 한다면 자유의 욕구가 그나마 스트레스를 덜 받을 수 있다. 생존의 욕구라면 감당은 하겠지만 스트레스가 엄청날 것이다.

만약 생존과 힘이 같이 높다면, 새로운 요구사항이 와도 계획을 변동하기보다는 자신의 계획에 다른 사람이 맞추기를 바라는 경향이 크다. 하지만 자유가 높은 사람들은 계획을 세세하게 만들지 않기도 하고, 계획을 하더라도 방향만 잡는 식으로 목표를 잡기 때문에 필요가 보이면 그에 맞춰 행동하는 경향이 크다. 자유와 사랑이 같이 높다면 내 계획보다 주변 사람들의 필요를 따라 움직이는 삶이 가능하다. 하나님이 그렇게 사람들을 통해서 갈 길을 보여 주신다고 여기는 것이다. 필자도 사랑과 자유가 같이 높다. 그래서 욕구코칭을 어떻게 해야겠다는 구체적인 계획이 없었다. 처음 가 보는 길이기에 계획할 수도 없었다. 그저 상황에 따라 하나님의 인도하심을 바라면서 한 걸음 한 걸음 나아가며 지금까지 왔다. 세미나를 언제 하겠다고 계획을 짜긴 하지만, 그 계획에 따라서 실행하기보다 필요가 보이면 움직였다. 필요가 보이지 않으면 세미나 자체가 이루어질 수 없기 때문이기도 하다. 기본과정 참가자 가운데 심화과정을 바로 열어 달라는 사람이 많으면 전혀 계획에 없던 심화과정을 시작하기도 했다. 이렇게 뭔가 즉흥적으로 분위기가 만들어져서 과정이 시작되면 마음에서 희열이 올라오고 '하나님이 이렇게 이끄시는구나' 하면서 감사의 찬송이 올라온다. 이것이 내가 걸어온 욕구코칭의 길이다. 필자가 아는 한 사역자도 자녀 양육에 도움을 주는 소그룹 모임을 진행했는데, 전혀 계획한 바 없었지만 후속 과정을 해 달라는 요청에 바로 후속 모임을 진행했다고 한다. 어떻게 보면 자유의 욕구는 '사람들의 필요'를 통해 하나님이 이끄심을 확인한다. 그러다 보니 하나님도 이런 사람에게는 필요를 보여 주시고 일하게 하시는 것 같다.

부정 방향과 성숙 방향

하나님을 떠나기가 가장 쉬운 욕구

이렇게 하나님을 닮은 자유의 욕구이지만 한편으로는 늘 하나님을 떠날 궁리를 하는 사람처럼 보인다. 왜 하나님은 세상에 악이 판을 치도록 내버려두시는지 고민하고, 왜 착한 사람들이 악인들에게 괴롭힘을 당하도록 내버려두시는지 질문한다. 일상에서는 왜 공부하는지 질문한다. 학생이 교사나 부모에게 왜라는 질문을 하면 교사는 공부하기 싫어서 혹은 교회가기 싫어서 그런다고 생각할 수 있다. 그러나 이들은 정말 본질이 궁금해서 묻는다. 만약 답을 못 찾으면 하나님은 없다며 기독교를 떠나기도 한다. 또 교회의 불합리함과 불의를 보면서 교회를 떠나기도 한다. 교회라는 집단에 적응하기가 가장 어려운 사람들이다. 하지만 교회에는 왜를 묻는 자유의 욕구가 꼭 필요하다는 사실을 놓치지 말아야 한다.

끈기가 없다

뭐든 걸리는 것 없이 자유롭기를 바라는 만큼 귀찮아하는 면이 많다. 계획했던 일을 쉽게 포기해 버리거나 지속하지 못하고 게으름을 피우기도 한다. 이들은 '꼭 해야 하나', '안 해도 되지 뭐' 이런 생각 때문에 무엇을 하든 끈질기게 악착같이 하는 면이 약하다.

이런 성향은 기도에서도 드러난다. 끈질기게 기도하지 않는다. '안 주시면 말고!'라는 마음이 크다. 끈기가 없는 가장 중요한 이유는 간절함이 없기 때문이다. 이들은 닥쳐오는 상황마다 '그럴 수 있지' 하거나 '그러려니' 하는 마음이 크기에 간절히 기도하지 않는다. 좋은 일도 흥, 나쁜 일도 흥, 모두 그러려니 하는 마음이다. 그러려니 하는 마음은 앞에서 언급했듯이 긍정적이지만 하나님 앞에서 간절함이 없다는 면에서는 한계가 된다.

그러므로 누가복음 11장 5절부터 13절에 "간청함을 인하여 일어나 그 요구대로 주리라... 구하라 그러면 너희에게 주실 것이요 찾으라 그러면 찾아 낼 것이요 문을 두드리라 그러면 너희에게 열릴 것이니." 말씀을 기억할 필요가 있다. 이 말씀에는 간청함의 방법이 나와 있다. ① 구하고 ② 찾고 ③ 두드리는 것이다. 자유의 욕구는 구하는 정도에 그치는 경향이 크다. 기도할 때 구하고 찾고 두드리는 이 3단계를 시도해 보길 권한다.

'그럴 수 있어'에서 끝난다

다른 사람이 잘못된 방향으로 가고 있는데도 '그럴 수 있지 뭐' 하면서 그냥 끝나면 안 된다. '본인이 알아서 하겠지' 하면서 내버려두는 것도 성경에서 말쏨하는 바와 다르다. 하나님이 우리에게 지체를 주시고, 또 공동체를 주신 것은 서로 권면하면서 성숙해 나가길 바라시기 때문이다. 잘못된 행동은 말해 주어야 한다. 그 사람 일은 그 사람 몫이라고 버려두어서는 안 된다.

자유의 욕구가 높은 부모가 지혜롭게 훈계하는 방법은 "인간은 그럴 수 있어. 누구든 죄를 지을 수 있다. 하지만 그건 잘못된 일이야. 다시는 그렇게 하지 말아라"이다. 약함은 수용하되 잘못은 말해 주어야 하는 것이다.

자유의 욕구는 '그리 아니하실지라도'가 가장 쉬운 욕구이다. 꼭 이렇게 되어야 한다고 기도하기보다 "하나님 뜻대로 되기를 원합니다"라는 기도를 많이 한다. 여기서 주의할 점은 뭐든 너무 쉽게 '안 되면 말고요'라는 면이 있을 수 있다는 점이다. 이것은 믿음이라기보다 흘러가는 대로 받아들이는 것이다. 믿음으로 받는 것인지 아니면 그저 뭔가를 끈기 있게 추구하기가 귀찮고 힘들어서 수용하는 것인지 구분이 필요하다.

틀과 습관을 못 만든다

자유의 욕구는 뭐든 꾸준히 오래 하지 못한다. 성경을 읽어도 작심삼일이다. 기도를 하지만 오래 지속하지는 못하는 경향이 있다. 틀이 싫기에 습관을 만들지 못하거나 성실하지 못할 수 있다. "마음만 있으면 되지" 하면서 예배나 신앙의 형식을 거부할 수도 있다. 양재혁(2015)의 욕구 관련 연구 논문에 의하면 자유의 욕구가 높을수록 학교생활 적응이 어려운 것으로 나타났다. 틀에 매이기 싫어서, 또는 규칙에서 벗어나고 싶어서, 관계 속에서 구속당하기 싫어서 빠져나오다 보면 속한 공동체에서 홀로 되거나 적응을 못 하는 경우가 생길 수 있다. 이들은 틀이 답답하다. 의미 없는 틀은 더 답답하다. 습관적으로 하는 것을 기계적이라고 느낀다. 자유의 욕구는 틀을 넘어서서 새로움을 제시하는 사람들이기 때문이다. 그러나 틀을 부정하면 이 세상에서 안정적으로 살아가기가 어렵다. 김동호 목사의 이 말이 자유의 욕구에게 아주 적절하다고 할 수 있다. "거푸집[1]만으로는 아무것도 할 수 없지만 거푸집 없이는 마음을 지키기 어렵다."(날기새 #647) 그렇다. 틀과 습관이 아무 의미가 없어 보일 수 있지만 그 틀과 습관마저 없다면 마음을 지켜 내기가 어려운 것도 사실이다. 이것을 생각하면서 틀과 습관을 만들어 보자. 결국 그 습관이 삶에서 성취를 만들어 내고 신앙의 열매를 만들어 낼 것이다.

자유의 욕구는 특별새벽기도회같이 특별한 기도회에 부담을 가진다. "왜 특별이야? 기도는 평소에 해야지?" 이런 말을 한다. 그러나 자유의 욕구에게는 '이런 특별한 기회를 통해서라도 기도하지 않으면 언제 기도할 것인가'라는 자문이 필요하다. 평소에도 잘하지 못하니 말이다.

틀이나 형식은 우리를 억압하기 위한 것이 아니다. 이것을 아주 잘 설명한 예가 있다. 앤서니 후크마가 그의 책에서 인용한 의사 브랜드의 비유다. 요약하면 다음과 같다.

하나님의 율법을 사람의 신체 중 뼈라고 할 수 있다. 뼈는 단단해서 구부러지지 않는다. 하지만 뼈는 우리를 억압하기 위한 것이 아니다. 돕기 위해 있다. 인간은 뼈 없이 움직일 수 없기 때문에, 뼈들은 인간이 자유로운 행동과 움직임을 하도록 돕는다. 율법도 마찬가지다. 하나님의 율법이 우리의 자유를 억압하는 것 같지만 그렇지 않다. 오히려 우리를 도와 자유롭게 한다.

여기서 율법을 틀이나 형식이라고 할 수 있다. 틀이나 형식을 바탕으로 발휘하는 자유라야 참 자유가 될 수 있다. 때로는 특별한 기도회나 수련회 등의 틀이 더 풍성한 은혜와 교제의 기회가 됨을 기억하자.

---

[1] 콘크리트나 쇠붙이를 특정한 형태 및 치수로 만들기 위하여 일시 설치하는 구조물 혹은 모형 틀 (두산백과사전)

훈계를 싫어한다

잔소리는 누구나 싫어하겠지만 가장 싫어하는 욕구가 자유의 욕구라고 할 수 있다. 그런데 꼭 필요한 훈계를 잔소리로 치부해서 받아들이지 않으면 영혼을 경히 여김이 되고(잠 15:32), 가난이나 수치가 닥치게 된다(잠 13:18). 지혜롭지 못하게 되는 것이다. 나아가 부모나 리더로서 훈계하는 상황이 되었을 때 자유의 욕구는 한두 번 말하고 끝내거나, 상대가 받아들이지 않는 것 같으면 훈계를 못 하기도 하여 중요한 부분을 놓칠 수 있다.

인간은 완벽하지 않으며 약한 존재다. 훈계가 필요한 존재이다. 누군가는 "상대방이 지긋지긋하게 잔소리해 대고 무례하게 나를 존중하지 않고 말하기 때문에 들을 수 없다"라고 할 수도 있다. 물론 이런 경우도 있다. 그러나 많은 경우 그저 듣기 싫어서 잔소리로 치부하는 경우가 허다하다.

또 알아서 잘할 수 있다고 하지만 가슴에 손을 얹고 생각해 보라. 알아서 잘하는가? 알아서 잘하지도 못하면서 잔소리는 싫어하고, 이후의 삶이 죽이 되든 밥이 되든 내가 알아서 하겠다고 하는 것은 공동체로 살아가는 삶에서 지체들에 대해 예의가 아니다.

잠언 15장 5절에 보면 "명철한 사람은 아버지의 책망을 간직한다"(새번역)라고 하였다. 인간은 연약해서 누군가의 도움이 필요할 때가 많다. 도움은 때로 훈계와 지시라는 형태로 온다. 훈계와 지시는 거부하면서 상대가 나를 수용해 주기만을 바라지 마라. 우리는 누군가의 잔소리를 들어야 하고 지시를 받아야만 하는 존재이다.

특히 직장에 들어갔을 때 처음에는 잔소리와 지시와 명령을 들어야 한다. 내가 모르는 영역이라면 특히 그러하다. 아는 영역이라도 실제 해 보기 전에는 제대로 알고 있는지 알 수 없는 경우가 많다. 잔소리가 싫어서, 상사가 큰 잘못을 하지 않았는데도 이상한 상사로 몰아붙이는 경우도 많다. 익숙해지기 전에는 지시와 잔소리를 듣겠다고 작정하는 것이 이롭다. 자유의 가장 큰 성숙 방향은 무조건 따라 보는 것이다. 주의할 점은 이 글을 보면서 자유에게 무조건 따르라고 강요해서는 안 된다는 점이다.

이해가 되어야만 믿는다

신앙은 이해되지 않는 영역이 태반이다. 우리의 삶은 내비게이션의 음성에 의지해 모르는 곳을 향해 가는 것과 비슷하다. 하나님의 말씀은 "내 발에 등이요 내 길에 빛"(시 119:105)이다. 내비게이션을 따르듯, 이해되지 않아도 믿으려고 하는 부분이 필요하다. 때로는 이해해서 믿는 것이 아니라 믿음으로 이해에 이르는 면이 있다. 약도를 믿고 가다 보면 길이 익숙해지고 길을 알게 되는 것처럼 말이다. 군인이 명령에 따라야 전쟁을 수행할 수 있듯이 믿음에도 그저 따르는 태도가 필요하다.

거리를 둔다

이들은 관계 속에 일정한 거리를 유지한다. 용건이 있어야 연락하며, 볼일 없이 전화하거나 만나는 일은 피하고 싶어 한다. 이로 인한 거리감은 사람들과의 관계에서 친밀함을 누리지 못하게 하고, 누군가에게는 냉정함으로 느껴질 수 있다.

이것은 하나님과의 관계에서도 드러난다. 일단 말을 길게 하기가 싫기에 기도도 짧고 굵게 하려는 경향이 있다. 또 하나님과 교제하려 하기보다 일이 있을 때만 하나님을 찾을 수 있다. 하나님을 수단으로 사용하는 우를 범할 수 있다. 자유와 더불어 사랑이 높다면 일이 있을 때만 기도하면서 하나님을 찾는 것에 대해 미안한 마음이 들어 기도를 아예 못 하기도 한다. 그러면 점점 더 기도를 안 하게 된다. 만약 생존과 자유가 함께 높으면 기복신앙이 싫기에 이것저것 해 달라는 기도를 하고 싶지 않다. 그렇다고 하나님과 교제하기 위해 기도하는 것도 익숙하지 않아서 기도가 어렵다. 결국 하나님과의 교제도 어렵고 하나님의 뜻대로 사는 삶도 살지 못할 수 있다.

자유의 욕구는 상대방이 이해할 수 없는 문제행동을 하면 거리 두기 스킬로 문제를 해결하려고 한다. 그러나 이는 불쌍히 여기시는 하나님의 마음과 다르다. 성숙하려면, 거리 두기가 필요한 상황에서도 불쌍히 여기시는 하나님의 마음이 필요하다. 이것이 성숙이다.

또 자유의 욕구는 거리 두기에서 벗어나 누군가의 사랑을 잘 받는 연습도 필요하다. 사랑을 받을 줄 알아야 상대를 행복하게 해 줄 수 있고 자신도 행복할 수 있다. 상대방이 당신에게 사랑을 주면서 얻는 행복을 누리도록 기회를 주라.

회피하는 성향이 있다

이들은 고통과 괴로움, 갈등을 회피하는 성향이 크다. 힘든 일은 잊어버리는 것으로 자기를 보호하려고 한다. 불편해지는 것이 싫어서 감정도 느끼지 않으려 한다. 누군가 힘들었던 일을 물어보면 이야기하지 않으려 한다. 실제 갈등이 있는데 당사자와 이야기하지 않고 넘어가려고 하는 경우도 많다. 부부간에 가장 많이 있을 수 있는 부분이다. 싸우기 싫어서 이야기를 피하고, '지나간 일인데 뭐 또 꺼내서 힘들게 해' 하면서 이야기를 하지 않는다. 그러나 문제가 해결되지 않은 관계는 멀어지고 결국 깨지는 경우도 많다. 게다가 인간은 깨끗이 흔적도 없이 잊을 수 있는 존재가 아니다. 회피해도 그 스트레스는 고스란히 남아서 드러날 수밖에 없다. 회사에서 힘든 일이 있었으면 집에 와서 괜히 가족에게 신경질을 내는 식이다. 때로는 누군가에게 표현하지 못한 아픔들이 우울로 찾아오기도 한다. 이런 습관은 결국 다른 사람의 마음도 공감하지 못하는 방향으로 갈 수밖에 없다.

삶의 의미를 못 느낀다

이들은 "왜 살아야 하나?"라는 질문을 한다. 삶의 의미를 잘 못 느낀다. 지금 죽어도 괜찮을 것 같은 마음이 든다. 그렇다고 죽고 싶다는 것은 아니다. 그래서 이들은 자아를 찾아 헤맨다. 자아를 찾고 나를 찾는 것은 인간에게 꼭 필요한 과정이다. 그러나 이것이 과해진 시대가 되어 버렸다. 문요한은 현대를 "자아 과잉의 시대"라고 하면서 프린스턴 대학교 생명윤리 교수인 피터 싱어의 말을 인용한다. "모든 시간과 정력을 자신의 내부로 돌려서 자아를 찾는 데만 소비하면 자아를 갖더라도 실체가 없는 허깨비가 될 것이다. 정도 이상으로 자아를 찾는 데 시간과 정력을 낭비하면 결국 축소된 삶뿐이다." 이를 토대로 문요한은 자아를 외면한 채 외부의 소리에 끌려가는 것도 문제이지만 자아에만 몰두하는 것 역시 문제라고 하였다. 내면 탐색뿐 아니라 세상과 교류하며 새로운 경험을 통해 자신을 알아 가는 것이 중요하다고 하였다. 우리 시대가 불행한 이유에 대해 "자아를 생각하는 시간은 많지만 정작 자아를 채우는 내용물은 빈약하기 때문"이라고 하였는데 공감이 가는 대목이다.

자유의 욕구는 자아가 중요하다. 자신을 찾으려고 노력한다. 그러나 자신만 바라볼수록 자아는 허공에 흩어져 버린다. 미국의 시사주간지 「타임」은 이러한 흐름을 'The Me Me Me Generation'이라고 칭했다. 하나님은 인간을 함께 하는 존재로 만드셨다. 무엇보다 하나님의 자녀로 만드셨다. 자신의 내면만 바라본다고 자신이 알아지지 않는다. 하나님 또 사람들과의 관계를 통해 자아를 알 수 있고, 그렇게 알아 가야 진정한 자아를 깨닫게 된다.

물론 나 자신과 인간관계 둘 사이에서 균형을 이룬다는 것은 쉬운 일이 아니다. 너무 관계 쪽으로 가서 자아가 없을 수 있는 사랑의 욕구에게는 자유의 욕구가 모델이 될 수 있다. 그러나 치우치지 않도록 노력할 필요가 있다.

자유의 욕구는 의미가 중요하다. 본인이 의미를 느끼지 못하면 안 하려고도 한다. "낯간지러워서 못 하겠다", "마음이 동하지 않는데 그걸 꼭 해야 하나" 등의 말을 한다. 병원에 친척이 입원해 있는데, 의식이 없는 상태이니 병문안을 가려 하지 않는 경우를 보았다. 가 봤자 알아보는 것도 아니고 뭐 하러 가냐는 것이다. 그 사람이 몰라도 친척들끼리 함께 마음을 나눌 수 있고, 나중에 깨어났을 때 왔었다는 사실이 위로가 되기도 한다. 의미에 너무 집착하면 관계가 어려워진다.

이들은 진정으로 우러나는 마음이 아니면 가식이나 위선처럼 생각한다. 그래서 누군가의 선의에 대해 쉽게 고맙다고 말하지 않는 모습을 보이기도 한다. 예의상 하는 것은 싫어한다고 보면 된다. 그러나 진정한 마음의 소리가 아니라도 관계 속에서 필요한 말과 행동을 하는 것도 의미 있는 일임을 기억하자. 자유의 욕구라서 의미 없게 느껴질 수도 있기 때문이다.

은둔하고 혼자 있으려 한다

혼자 있는 것을 좋아하고 혼자 있는 사람이 많은 시대가 되었다. 서로에게 맞추어 주면서 살고 싶은 마음은 많이 줄어들었다. 혼자 사는 것이 자유롭고 편하며 애꿎은 갈등을 예방하는 면도 확실히 있다. 혼자면 내가 하고 싶은 대로 살면 되는데, 같이 살면 서로 맞추어야 하고 양보하고 신경 써야 하고 부담을 줄 수 있으니 가장 편한 방향으로 가게 되는 면이 있다.

그렇게 편하고 좋은데 왜 문제인가? 이런 성향은 하나님으로부터도 자유로움을 추구하기 쉽다. 이는 지독한 문제 상황이 될 수 있다. 앤서니 후크마는 『개혁주의 인간론』에서 물고기가 물로부터 자유로움을 추구하면 자유와 생명을 잃게 되는 것을 예로 들면서, 인간이 하나님으로부터 자유로움을 추구하면 죄의 노예가 되고 만다고 단언한다. 인간은 혼자서는 완전하지 못하며, 따라서 고립적인 존재도 아니다. 하나님은 인간이 다른 사람을 떠나서는 완전치 못한 존재로 만드셨다. 우리는 다른 사람들과의 교제가 필요하다. 특히 우리를 돕는 사람들과의 교제가 필요하다. 인간은 다른 사람을 필요로 하는 존재다. 우리는 서로를 부요케 하며 풍요롭게 한다. C. S. 루이스는 "우리는 사실상 서로를 필요로 하는 존재이기에 필요의 사랑을 인식하지 못하는 것은, 다시 말해 혼자 사는 것이 좋다고 착각하는 것은 영적으로 나쁜 증상"이라고 말한다. "음식을 꼭 필요로 하는 인간에게 입맛이 없다는 것은 의학적으로 나쁜 증상"이라는 예도 적절하다.

혼자의 문제를 생각하기보다 함께함의 유익이 무엇인지 생각해 보면 방향이 잡힐 것이다. 하나님은 혼자 있는 아담을 보며 혼자 있는 것이 좋지 못하다고 하시면서 하와를 만드셔서 함께 살게 하셨다. 함께하는 것은 창조의 원리이다. 함께해서 좋은 것이 많다.

세움교회 박명재 목사가 함께함의 유익을 이야기한 설교(2024년 5월 5일)를 정리해 보면 다음과 같다. 첫째, 안전하다. 레드우드라는 나무는 100미터 이상으로 자란다. 너비만 해도 10미터가 넘는 큰 나무이다. 뿌리는 겨우 2~3미터인데 어떻게 그 큰 높이와 덩치를 유지하는지를 보니 뿌리가 옆으로 퍼져서 다른 나무와 서로 얽혀 넘어지지 않게 받쳐 주고 있었다. 함께함은 우리를 안전하게 해 준다. 둘째, 돌봄을 받게 된다. "두 사람이 함께 누우면 따뜻하거니와 한 사람이면 어찌 따뜻하랴"(전 4:11)라는 성경 말씀처럼 함께함은 서로에게 온기를 전한다. 의지가 될 뿐 아니라 서로의 필요를 따뜻하게 채워 주는 돌봄이 되는 것이다. 셋째는 힘을 갖게 된다. 한 사람이면 패하지만 두 사람이면 맞설 수 있다. 세 겹 줄은 쉽게 끊어지지 않는다. 함께함을 선택해야 할 때를 생각해 보자.

도움이 꼭 필요한 곳에 손을 못 내밀 수 있다

자유의 욕구는 오지랖을 싫어한다. 오지랖이 싫어서 가만히 있느라, 도움이 꼭 필요한 곳에도 손을 내밀지 않을 수 있다. '필요하면 도움을 요청하겠지', '필요하면 먼저 말을 걸겠지' 하면서 존중한다고 하는 행동이 결국은 도움을 주지 못하고 깊은 관계를 맺지 못하게 한다. 교회에서도 이들은 먼저 말을 걸면 불편해할 수 있다고 여기며 가만히 있는다. 이런 사람이 많으면 교회는 서로 말도 안 하고 어색한 분위기가 되어 버릴 수 있다.

자유의 욕구는 똑같은 상황에서도 고통을 적게 느끼려 하고 감정을 덜 느끼려 하며 빨리 잊는다. 그러다 보면 다른 사람도 자신처럼 무덤덤하게 느낄 거라고 착각할 수도 있다. 그러나 인간의 고통은 저마다 다르다. 누군가는 내가 상상할 수조차 없는 고통을 겪기도 한다. 그러므로 내 기준에서 "내버려둬. 자기가 알아서 하겠지!"라고 말하면 안 된다. 도움의 손길이 간절히 필요한데 말을 못 하고 있을 수도 있다.

자유의 욕구는 오지랖을 부리는 것이 성숙의 방향이라고 할 수 있다. 자유는 이미 자신을 돌볼 수 있는 사람이므로 남을 위해 사는 연습이 필요하다. 다른 사람을 위해 사는 연습을 할 필요가 있다. 오지랖 부분은 사랑의 욕구 성장 방향의 끝부분을 참고하기 바란다.

성경 공부를 하다가 도전되었던 내용이 있다. '오늘은 이웃 사랑을 위해 무엇을 할 것인가?'를 생각해 보라는 것이었다. 오지랖 없이 살면 결국 사랑을 전할 길은 없다. 오늘 누군가에게 사랑을 전하려면 오지랖은 필수다. 상대방이 원하지 않는데 도움을 주려 한다면 오지랖이지만, 필요가 있는 곳에는 가야 한다.

필자 주변에 힘과 사랑의 욕구가 높은 오지라퍼가 있다. 누군가 힘든 사람이 있으면 "우리 같이 만나자!" 하면서 모임 깃발을 든다. 누군가가 재정적으로 어려우면 "나 이만큼 지원해 줄 수 있는데 할까?" 하고, 재정이 필요한 사람에게는 재정이 나올 수 있는 일자리를 만들어 주기도 한다. 오지랖이라 할 수 있지만 그녀와 함께 있으면 가슴이 따뜻해지고, 여기가 사람 사는 세상 같다. 그래서 나는 그녀가 너무 좋다.

자유 욕구의 성장을 위해 건네는 '조심스러운' 조언

신앙의 증거가 될 수 있는 기억을 많이 가지라

자유의 욕구는 간증을 하기가 어렵다. 아주 큰 이슈가 아니면 대부분 그러려니 하고 받기 때문에 큰 의미를 두지 않아서 기억을 깊게 하지 않는다. 그러다 보니 간증할 거리가 많지 않다. 이는 꼭 필요한 이들에게 하나님을 전해야 할 때 신앙의 증거를 이야기해 줄 수 없다는 측면에서 하나님 앞에 부족한 부분이 된다.

요즘은 신앙을 떠나는 사람들이 주변에 많다. 이들에게 신앙은 그저 마음에 편함을 주는 것일 뿐이다. 이런 이들에게 하나님이 마음을 바꾸는 분이심을 알릴 필요가 있다. 세상에서 가장 어려운 것이 마음이 바뀌는 것이 아닐까 싶다. 특히 환난 중에 고통스러워하지 않고 오히려 즐거워한다거나, 상대에 대한 분노가 바뀌어 긍휼함이 된다거나 하는 경험을 잘 기억하는 것이 좋다. 기억하기 어렵다면 기록이라도 해서 주변 이들에게 나누어 줄 수 있다. 자주 나누면 잘 기억하는 데 도움이 된다. '뭐 이런 걸 나누나' 싶어서 그냥 넘어가는 경우가 많지만, 내가 작다고 여기는 경험이 누군가에게는 큰 경험일 수 있다. 하나님이 내 속에 역사하셔서 변화하는 경험은 나눌수록 은혜가 되고 나에게도 상대에게도 성장의 도구가 된다. 나누어 보라.

완전한 자유를 누릴 수 없음을 인정하라

자유에 대한 우리의 이미지와 그림을 한 번 더 정리하고 넘어갈 필요성이 보인다. 앤서니 후크마는 『개혁주의 인간론』에서 다음과 같이 말한다.

참 자유는 태초에 우리를 창조하면서부터 주어진 것이다. 특히 하나님은 우리가 선택할 수 있는 능력 즉 옳은 것을 선택할 능력과 자유를 인간에게 주셨지만 완전한 자유는 아니었다. 그는 죄를 지을 수 있었으며 사실상 죄를 지었다. 그래서 인간은 참된 자유인 하나님에 대한 절대복종 속에 살아갈 수 있는 능력을 상실해 버렸다. 참 자유가 상실된 것이다. 이것이 참된 자유를 잃어버렸다는 것은 아니며 선택의 능력을 상실했다는 것도 아니다. 여전히 선택을 하지만 죄짓는 일을 기꺼이 선택하기에 이른 것이다. 그러나 하나님은 구속(의지의 속박으로부터의 구출)을 통해 거듭남을 주셨다. 하나님의 뜻을 행하는 참 자유가 구속의 과정을 통해 회복되는 것이다. 크리스천은 현세에 살고 있는 한 참으로 자유로우나 완전히 자유롭지는 못하다. 하나님의 구속 사역으로 인해 이제 참된 자유를 갖고 있으며, 아직 완전한 자유는 아니다. 더 이상 죄의 노예는 아니지만 여전히 죄를 짓고자 하며, 죄악을 행한다. 훗날 육체의 부활 후에 온전하고도 완전하게 자유로워질 것이다.

그렇다. 인간은 육체를 입고 있는 동안에는 자유롭지만 완전한 자유는 누릴 수 없다. 자유를 추구하다 보면 오히려 죄에서 자유로울 수 없다. 완전한 자유를 추구한다면 교만이다. 육체의 부활 후에 완전히 자유로워지는 날을 기다려야 하는 것이다.

자유가 방종으로 흐르면 오히려 자유를 제한받게 된다

자유롭게 살고 싶어서 멋대로 하다 보면 내 자유와 다른 사람의 자유가 충돌하여 다른 자유를 방해하는 경우가 있다. 사회 속에서 내 멋대로 하면 남의 자유를 억압하고 죄를 짓게 된다. 그러면 역사 속에서 그랬던 것처럼 이런 상황들을 방지하기 위한 법이 생긴다. 그 법으로부터 자유하려고 하면 오히려 법의 적용을 받아 자유가 제한된다. 그리고 자유를 제한하는 사람들에게 권력을 쥐여 주게 된다. 자유를 누리려다가 구속당하게 되는 것이다. 자유에는 법이 꼭 필요함을 기억해야 한다. 특히 하나님의 법을 지켜야 자유하게 된다.

자유의 한계는 어디까지인가?

어디까지 자유를 허용하고 어디까지 제한할지는 늘 어려운 문제이다. 자유의 욕구는 경계선을 넘으려고 한다. 한계선을 넘고 싶어 하는 행위는 교만이라고 이관직(1998)은 말한다. 인간에게 주신 자유의지도 무제한이 아니라 제한된 범위 내에서의 자유이다. 하나님이 명확하게 그어 주신 경계선을 함부로 넘어가는 것은 교만이라는 치명적인 죄이다.

그러므로 큰 울타리는 있어야 한다. 죄가 되거나 남을 해치거나 자신을 해롭게 하는 것은 해서는 안 되는 일이며, 죄가 되지 않는 선 안에서 자유를 누릴 수 있다.

무엇보다 자유를 추구하자면 끝이 없다. 내 시간, 관계, 신앙 등 그 영역이 끝이 없을 수밖에 없는 것이 자유다. 그러나 인간은 완전히 자유로울 수 없다. 인간은 오직 진리 안에서 참 자유를 누릴 수 있음을 기억해야 할 것이다.

진정한 자유란 무엇인가?

진정한 자유는 사랑하는 자유이다. 사랑을 잘 받을 수 있어야 다른 사람에게 행복을 줄 수 있음을 자유의 욕구는 기억할 필요가 있다. 누군가가 나에게 호의를 베푼다면 '뭘 부담스럽게 이렇게까지!'가 아니라 감사하고 기뻐할 수 있어야 한다. 함께 살아가는 세상 속에서만 자유가 진정 자유답게 꽃필 수 있기 때문이다. 진정한 자유는 하나님을 섬기는 것뿐 아니라 사람들을 섬기는 것을 의미하기도 한다. 자유하지만 스스로 모든 사람의 종이 되는 것이다. 후크마의 말처럼 진정한 자유는 사랑하는 자유이다.

진리 속에서 자유롭다. 부모로부터, 교사로부터, 감독으로부터, 누군가로부터의 자유를 추구하는 경우가 많다. 아무도 나를 귀찮게 하지 않는 곳에서 혼자 있을 권리가 자유인가? 무엇이든 다 선택할 수 있는 것이 자유인가? '~로부터의 자유'는 제한이 있어야 완성될 수 있다. 오스 기니스는 『진리, 베리타스』에서 "무엇으로부터의 자유는 무엇을 위한 자유로 대체되어야 한다"라고 말한다. 자유는 하나님과 진리를 위해 사용되어야 한다. "진리 없는 자유는 신기루다. 자유가 공허하고 무의미한 것이 되지 않으려면 진리, 그것도 실천적 진리가 필요하다. 하나님의 깊고 내밀한 음성을 따를 때, 어딘가로 달아나지 않고 내면에 순종할 때 자유롭다"라고 기니스는 말한다. 하나님과 진리 속에 있을 때 참 자유를 누릴 수 있다.

예수 안에서 자유로울 수 있다. 유진 피터슨은 『메시지 신약』 성경에서 갈라디아서를 소개하면서 하나님의 자유에 대해 피력한다.

> 종교를 통제하는 수단이며 다른 사람을 얽어매는 것으로 여기는 것 때문에 종교로부터 벗어나는 것을 자유라고 여기게 되었다. 그러나 하나님은 밖에서 우리를 억누르는 분이 아니라 안에서 우리를 해방하는 분이다.... 바울 또한 편지를 통해 옛 방식에 얽어매고 종교 규칙과 규정이라는 틀에 가두려는 시도를 비판하며 예수 안에 자유로운 삶을 강조했다(갈 3:2-4).... 자유는 미묘하고 민감한 선물이라서 자칫 오해되거나 악용될 수 있음을 유의해야 한다. 갈라디아서를 통해 자유를 바르게 이해하라. '자유롭게 살되 하나님의 영이 이끌고 북돋아 주시는 대로 사십시오, 그러면 여러분은 이기심이라는 욕망에 휘둘리지 않게 될 것입니다. 성령이 이끄시는 삶을 선택하여 율법이 지배하는 변덕스러운 욕망의 삶에서 빠져나오십시오'(갈 5:16-18).

적용 질문 ❓

1. 자유의 욕구가 높아서 생기는 긍정 방향과 부정 방향은 어떤 것이 있는가?

2. 하나님이 원하시는 진정한 자유란 무엇이라고 생각하는가?

3. 내 삶에서 제한이 필요한 자유는 무엇인가?

4. 내 삶에 하나님이 역사하신 경험(증거)은 어떤 것이 있는가? 이 내용을 전하면 도움 될 사람이 있는가?

5. 나의 성숙을 위해 훈계를 받기로 선택해야 할 영역이 있다면 무엇인가?

15장.
즐거움의 욕구, 신앙 성숙 방향

긍정 방향 특성

삶을 즐거워한다

즐거움의 욕구는 사는 날 동안 즐거운 이들로 삶을 긍정적으로 본다. 낙천적이며 소망을 가지고 사는 이들이다. 감사하고 즐거워하라는 성경 말씀을 가장 잘 드러내는 삶을 산다. 사실 즐거워할 일이 많지 않은 세상에서 즐거워하기는 쉽지 않다. 그러나 이들은 하나님이 '즐거워한다는 것은 이런 거야' 하며 보내주신 모델이다. 늘 생글생글 생기가 넘치는 이들, 잘 웃는 이들이 주변에 있으면 참 따스하고 좋다. 사랑과 즐거움이 함께 높으면 표정에 생동감이 넘친다.

지인이 암 수술한 병원에 병문안을 간 적이 있다. 즐거움의 욕구가 높은 지인은 환자 같지 않게 밝은 모습으로 우리를 맞았고, 잘 나을 것이라며 오히려 우리를 위로해 주었다. 이들은 병에 걸렸다고 의기소침해지고 싶지 않은 이들이다. 긍정적으로 소망을 가지며, 밝은 표정과 웃음을 잃지 않으려 한다. 소망을 가지는 투병 생활이 무엇인지 많은 환자에게 보여 주는 모델이 된다. 또 다른 지인은 암 수술 전에 "Don't worry. It's ok"라는 글귀가 적힌 마스크를 쓰고 사진을 찍어 보냈다. 자신에게 하는 말이기도 하지만 다른 사람에게 하는 말이기도 했다.

이들은 즐거운 분위기를 만들려고 한다. 분위기가 가라앉거나 어색해지면 어김없이 나타난다. 유머나 농담으로 분위기 반전을 꾀하는 것이다. 물론 쓸데없는 말을 한다고 타박받기도 하지만, 이들의 마음은 좋은 분위기를 만들고 싶었던 것뿐이다. 찰스 멜처트는 『지혜를 위한 교육』이란 책에서 "유머가 어떤 폭력도 행사하지 않고 사물들을 열린 공간으로 끌어내어 해방감을 맛보게 하고 암묵적인 사항들을 드러내기에 아주 유쾌한 놀이방식"이라고 말하였다. 그래서 즐거움의 욕구가 높은 이들 중에는 진지하고 딱딱한 표정이 아니라 즐거운 표정으로 유머를 사용하여 분위기를 띄우는 이들이 많다.

또 이들은 놀이를 좋아한다. 놀이는 즐거움을 만들 수 있기 때문이다. 찰스 멜처트는 "지혜는 마치 어린 애들처럼 놀며, 모두를 파티에 초대한다"라고 표현했다. 놀이 자체가 쓸데없는 것이 아니라 지혜라 할 수 있는 것이다. 아이들은 열심히 놀면서 인생을 배운다. 데이비드 엘킨드가 『놀이의 힘』이란 책에서 강조했듯이 즐거운 놀이에 대한 경험뿐 아니라 기억까지도 스트레스를 완화하고 편안함과 위안을 선사한다. 특히 그의 관점에서 아주 중요한 부분은 아이와 어른 모두 건강하고 생산적으로 살기 위해서는 놀이와 사랑, 일이 통합되어야 한다는 부분이다. 즐거움의 욕구는 사랑이나 일 가운데 놀이를 통합할 수 있는 중요한 모델이다.

감탄을 잘한다

즐거움의 욕구는 감탄의 대가들이다. 작은 일에도 감탄한다. 필자가 교사로 재직할 때 같은 학교에 즐거움의 욕구가 높은 교사가 있었다. 그녀는 감탄을 참 잘했다. 아이를 보면서 "우와! 허리가 이렇게 곧게 펴졌어!", "와! 눈빛이 반짝거리는데!" 등의 말로 아이들의 행동 하나하나에 감탄을 표현했다. 그러면 아이들은 강요하거나 혼내지 않아도 허리를 곧게 펴고 앉아서 수업을 했다. 제인 넬슨은 감탄은 자존감과 행복의 근원이 된다고 하였다. 감탄을 잘하는 사람이 옆에 있으면 덩달아 행복해진다.

아이를 키우는 부모가 작은 일에도 웃고 감탄하는 모습이 담긴 영상을 보았다. 신기하게도 그런 부모의 모습을 보면서 크는 아이 역시 징징거리기보다 잘 웃고 긍정적인 모습을 보였다. 행복해 보였다.

이런 감탄의 원조는 하나님이다. 하나님은 태초부터 감탄하는 모습을 보여주셨다. "좋았더라", "좋았더라", "좋았더라" 매일매일 "좋았더라" 하고 감탄하셨다. 그런 감탄을 받은 것이 인간이라는 존재이다.

몰입이 가능하다

이들은 꼭 필요한 순간에 몰입을 잘한다. 실컷 노는 듯하지만 몰입해야 할 때는 다른 것이 보이지 않을 만큼 집중력이 커진다. 다른 욕구가 며칠 걸려 할 일을 하룻밤 안에 다 해내기도 한다. 무언가에 꽂히면 그것이 무엇이든 집중해서 거기에 몰두한다. 오타 하지메는 몰입이 잠재력을 발휘할 수 있는 상태이자 에너지를 최고로 발휘하는 상태라고 하였다. 몰입은 그것 자체로 즐거움을 선사하는 도구가 된다.

경험이 다양하다

즐거움의 욕구는 호기심이 많아서 다양한 경험을 한다. 다양하고 폭넓은 경험은 지혜가 된다. 호기심 많은 병아리가 모이를 얻는다는 말처럼 호기심이 많으면 여러 상황에 개방적이기에 뭐라도 얻어 낼 가능성이 훨씬 크다. 토머스 길로비치는 경험이 지속적인 만족을 가져다주는 경향이 있으며 사회적 관계를 강화하고, 인간이 무언가 활동적인 것을 경험할 때 가장 행복해진다고 하였다. 즐거움의 욕구는 행복해지는 방법을 아는 이들이다. 많은 경험을 할 수 있는 방법 중 하나로 여행이 있다. 이들은 여행을 통해 많은 경험을 한다. 찰스 멜처트는 여행을 많이 한 사람은 아는 것이 많으며 여행이 아주 효과적인 학습이라고 말한다.

배움과 가르침을 좋아한다

즐거움의 욕구는 배움을 좋아하고 가르치기도 좋아한다. 이들은 새로운 이론이 펼쳐지는 곳에는 꼭 가 있다. 새로운 것을 배우고 익혀서 다른 사람에게 재미있게 가르치는 역할을 한다. 찰스 멜처트는 가르침과 배움이 일어나는 바로 그 정신을 기쁨과 즐거움으로 삼는 것이 지혜라며, 배움을 유희로 볼 것을 권한다. 딱딱하고 진지한 표정으로 교육에 임하지 않고 배움을 유희로 보라고 한다. 즐거움의 욕구에게 배움은 유희다. 이들은 재미있는 새로운 분야라면 잠도 자지 않고 책을 읽을 수 있을 만큼 즐거워한다. 일상의 삶을 하나님의 선물로 여기고, 교육 과정을 힘들고 귀찮은 일이 아니라 많은 선물 중 하나로 생각하는 것이다.

부정 방향과 성숙 방향

탐닉과 중독

즐거움의 추구가 과해지면 심신의 균형이 깨지거나 건강이 망가지는 경우가 생긴다. 즐거움으로 느끼는 성이나 술, 게임 등에 탐닉하다가 중독에 빠지는 경우도 생긴다. 어떤 이들은 맛있는 음식을 즐기는데, 오로지 맛집을 찾아 몇 시간을 다니기도 한다. 머릿속에 먹는 생각뿐인 상황(빌 3:19)이 되지 않도록 자신을 잘 살펴야 한다. 또 웃고 떠들고 재미를 누리는 것은 좋지만, 삶이 온통 재미와 놀이인 줄 알면 화가 있다고 하신다(눅 6:25, 『메시지』성경). 즐거움만 추구하다가 하나님은 빠진 즐거움의 탐닉이 되지 않는지 주의해야 한다.

유혹에 빠지지 않게 조심하라

즐거움의 욕구는 먹는 것도 좋아하고 예쁜 것도 좋아한다. 이것이 잘못된 방향으로 가면 문제를 일으킨다. 제럴드 메이는『중독과 은혜』라는 책에서 아담과 하와가 악의를 가지고 반항한 것 같지는 않고 아이처럼 순진하여 속아 넘어간 것으로 보았다. 신과 같아질 수 있다는 욕망도 있었겠지만 우선 금지된 열매가 보암직도 하고 먹음직도 했기 때문에 먹은 것으로 본 것이다. 나아가 그들의 진정한 문제는 반항심이 아니라 어리석음으로 유혹에 약한 것이라고 진단한다. 일면 동의가 되는 부분이다. 여기서 우리는 특히 즐거움의 욕구가 '보암직도 하고 먹음직도 한 것'에 유혹이 많을 수 있음을 기억해야 한다. 먹는 것이 아니어도 예쁘고 보암직한 것들은 일단 구입하고 본다. 하지만 쓰지 않는 경우도 많다. 한 주부가 자기 집에 예쁜 쓰레기가 많다고 했던 말이 기억에 남는다. 예쁜 것을 좋아할 수 있다. 그것 자체가 잘못된 것은 아니다. 그러나 과하게 형편에 맞지 않는 것을 구입하기 위해 무리하는 경우도 생긴다. 예쁜 명품에 마음이 쏠려 빚을 내서라도 구매하는 사람도 있다. 보암직한 것이 감사와 감탄을 지나, 그저 예쁘기만 하면 가지고 싶고 또 가지고 싶은 유혹에 빠지는 어리석음이 되지 않도록 해야 한다.

즐거움(재미)와 기쁨을 구분하라

즐거움의 욕구는 항상 즐거워 보인다. 물론 그 속에 힘들고 어려운 일이 왜 없겠는가? 하지만 이들은 즐거움을 만드는 행동을 한다. 그러나 그것이 기쁨인가 확인해야 한다.

『진리, 베리타스』라는 책에 따르면 캘리포니아의 한 차량에 "옳고 그름이란 없다. 다만 재미있냐 따분하냐만 있을 뿐이다"라고 쓴 스티커가 붙어 있었다. 옳고 그름도 중요하지 않고 오직 재미만 추구하는 사회가 되었다는 것은 안타깝기 그지없는 일이다. 나쁜 일도 재미나 즐거움을 준다. 그러나 기쁨 즉 "내적인 만족감이나 평화, 만족, 희망이 가득한 상태"(『라이프 성경사전』)를 주지는 않는다. 삶이 온통 재미와 놀이만 있다고 생각하면 화가 있다는 말씀을 잘 새겨보아야 한다.

자기 자신으로 만족하면 화가 있다. 너희 자아는 오랜 만족을 주지 못할 것이다. 삶이 온통 재미와 놀이인 줄 알면 화가 있다. 고난이 기다리고 있고 그 고난이 너희에게도 닥칠 것이다. (눅 6:25, 『메시지』성경).

공감이 약하다

이들은 자신이 보는 것에 초점을 두어서 상대의 감정을 있는 그대로 공감하는 부분이 약하다. 내가 보기에 귀엽고 신기한 것에 초점을 맞추는 것이다. 아기가 화가 났는데 "아이고, 귀여워" 하는 반응은 아이 감정보다 부모 감정이 앞선 것이다.

즐거움의 욕구는 자신이 재미있고 좋으니 다른 사람도 자신과 비슷하리라 생각해서, 자신이 하는 행동이 상대방에게 고통을 줄 수 있음을 생각하지 못한다. 그래서 짓궂게 행동하고 농담을 하는데, 이를 힘들어하는 사람들이(특히 생존) 있음을 기억해야 한다.

또 리액션을 잘한다. "대박!", "최고!", "멋져!" 같은 말로 사람의 마음을 따뜻하게 하기 때문에 공감도 잘한다고 착각하기 쉽다. 그러나 자세히 보면 이들은 자녀가 힘든 상황이라 짜증 내고 슬퍼할 때 다른 재미난 놀잇감을 들이대면서 "이것 봐! 이거 재미있다!" 하며 그 감정을 잊어버리게 하려 노력한다. 아이들이 좀 자라서 외롭다거나 괴롭다고 하면 "맛있는 거 먹으러 갈까?" 하면서 분위기 전환을 시도한다. 이것은 공감이 아니다. 때로는 전환이 필요하겠지만, 이런 행동이 지속되면 아이는 자신의 부정적인 감정이 잘못된 것이라는 사인을 받는다. 공감이란 "외롭구나. 어떤 일 때문에 외로웠니? 정말 외로웠겠다" 등의 말로 감정에 머물러 주는 것이다. 늘 긍정적으로 생각하려 하는 이들의 장점이 뒤집어 놓으면 공감하지 못한다는 단점이 될 수 있음을 기억하고, 공감을 연습하는 것이 필요하다.

성찰이 부족하다

이들은 자기만족도가 가장 높은 이들이다. 그러다 보니 성찰이 약할 수 있다. 모든 것을 긍정적으로 보기 때문에 자신에 대한 부정적인 내용에 좀처럼 초점을 맞추려 하지 않는다. 진지하게 성찰하고 바꾸려 노력하는 과정 자체가 이들에게는 에너지가 정말 많이 드는 일이다.

욕구별 소그룹 활동 중에 성장을 위해서 다른 욕구를 하나 선택한다면 무엇을 선택할지 묻는 때가 있다. 그러면 즐거움의 욕구는 대부분 "난 이대로의 내가 좋아요" 하면서 다른 욕구 선택을 거부하고는 했다. 긍정적으로 자신을 보는 것도 좋고, 자기만족도가 높은 것도 좋다. 그러나 반성과 성찰이 없는 긍정은 성장에 독이 된다.

알 수 없는 영역을 인정하라

즐거움의 욕구는 호기심이 많다. 궁금한 것도 많다. 신앙적인 면에서도 '아기가 죽으면 천국에 갈까?', '이순신은 천국에 갔을까?', '예수님을 전혀 들어보지도 못했던 사람이 지옥 가면 불공평한 것 아닌가?' 등등 여러모로 궁금하다. 이런 궁금함이 이들로 배우게 하고 과학의 발전을 이루기도 했다. 사과가 왜 아래로만 떨어지는지를 궁금해하는 호기심이 결국 과학의 발전을 낳는다. 과학의 발전으로 옛날에는 도무지 알 수 없었던 현상들의 원인이 밝혀지고 있다. 그러나 인간은 내 경험 이상으로 이해할 수 없는 영역이 수없이 많다는 점도 인정해야 한다.

때에 맞지 않는 격려와 칭찬

"이른 아침에 큰 소리로 이웃에게 축복의 인사를 하면 그것을 오히려 저주로 여길 것이다."(잠 27:14, 새번역) 솔로몬 시대에도 이렇게 오버하는 사람들이 있었다니 재미있다.

즐거움의 욕구는 분위기를 띄우려고 오버하는 말을 자주 한다. 분위기를 띄우는 자체가 잘못된 것은 아니다. 그러나 때로는 분위기와 맞지 않게 과장된 말이나, 입에 발린 것처럼 들리는 말을 하기도 한다. "어머! 멋져요!", "대단해요!", "훌륭해요!"처럼 말이다. 또 다른 사람은 차분하고 조용하게 있고 싶은데 큰 소리로 그를 칭찬한다면 수용되기가 어렵다. 특히 생존이나 자유의 욕구는 더 많이 불편해할 수 있다. 구체적인 근거 없이 그냥 아무에게나 할 수 있는 말은 제대로 된 격려가 아니다. 참고로 생존의 욕구는 무조건 "멋져요"라는 칭찬보다는 "피부색과 옷 색이 아주 잘 어울리네요" 같은 근거가 있는 칭찬을 선호한다. 상대방의 상태를 파악하고 무엇을 원하는지 잘 보고 나서 격려와 칭찬을 할 필요가 있다.

순진한 낙관주의

세상은 기쁨만 있는 곳이 아니다. 슬픔도 있고, 낙망도 있고, 불안도 있으며, 외로움과 괴로움 등 다양한 감정이 존재한다. 기쁨으로만 가득 찬 삶은 불가능하다. 긍정만 추구하는 것은 불가능을 추구하는 일이다. 영화「인사이드 아웃」을 보면 기쁨이가 기쁨만 추구하다가 신중하지 못하게 실수하고 많은 것을 놓친다. 때로는 낙관만 추구하다가 거짓이 생길 수도 있다. 죄를 짓고도 회개하지 않고 변화하려 노력하지 않으면서 긍정적인 부분에만 초점을 두면 문제가 생기는 것이다. 나쁜 일이 생겼을 때 성찰하고 돌이키기보다 그 일을 마음에서 지워 버린다거나, 잘못된 행동을 한 후에 성찰하는 대신 "긍정적으로 받아들이고 앞으로 나아가자!"라고 한다면 불의로 진실을 덮는 상황이 된다.

요즘 긍정심리학이 대세를 이루고 있다. 우울하고 괴로운 시대에 긍정적으로 살지 않으면 침몰할 것 같은 두려움이 몰려오니 긍정 방향으로 돌아서고 있는 것으로 보인다. 그러나 조심해야 할 것은, 하나님 앞에서 애통하고 근심하는 것도 필요하다는 사실이다.

심리학자 멕 애럴은『스몰 트라우마』라는 책에서 상황이 어찌 되었든 긍정적이고 낙관적 사고방식을 가져야 한다는 믿음을 해로운 긍정성이라고 단언하였다. 긍정이 이로운 것이지만 낙관적 사고방식만을 고수하다 보면 부정적인 경험을 공유하거나 나누는 데 부끄러움을 느끼게 되고 결국 정신건강에 해를 끼친다. 특히 모든 것을 긍정하며 믿음으로 나아질 것이라고 토닥이는 사람에게는 깊은 이야기를 하기가 어렵다. 슬픔과 고통을 떨쳐 내는 것만이 답은 아니다. 해로운 긍정성은 생생한 경험을 처리하지 못하게 하고, 감정을 억압하게 하여 나쁜 영향을 미친다. 소망을 갖고 사는 것과 낙관주의는 다르다. 현실을 직시하지 않는 낙관은 소망이 아니다. 자신을 성찰하지 않는 낙관은 비도덕적이며 죄일 뿐이다. 어쩌면 좋은 것처럼 포장하여 우리를 노리는 사탄의 수단이 될 수 있다.

"항상 기뻐하라"(살전 5:16)는 말씀도 모든 것을 좋게 생각하라는 것이 아니다. 괴로움과 고통 속에서 애통함으로 자신의 죄를 고백하고 하나님을 의지함으로 얻게 되는 기쁨과 무조건적인 긍정은 질이 다르다.

일상의 영성을 찾으라

즐거움의 욕구는 일상의 영성이 힘들 수 있다. 설거지, 식료품 사기, 일하기, 아이들 태우러 가기, 청소하기 등이 전혀 새롭지 않고 늘 있는 일이기에 무료하고 따분할 수 있다. 즐거움의 욕구는 새로움과 재미를 추구하기 때문이다. 그러나 가끔은 따분한 일상이 부르심의 자리임을 기억하라. 그곳이 충성의 현장이다.

적용 질문 ❓

1. 즐거움의 욕구가 높아서 생기는 긍정 방향과 부정 방향은 어떤 것이 있는가?

2. 즐거움과 호기심, 다양한 경험을 추구하느라 놓치고 있는 삶의 영역은 무엇인가? 하나님이 부르신 일상의 자리는 어디인가?

3. 나는 어떻게 공감하고 있는가?

4. 하나님 앞에서 애통함이란 내게 무엇인가?

Christian Needs Coaching

04
우리에게 주신 욕구모델

16장.
성경 인물로 욕구 성장을 배우다

모든 행동은 욕구로 인한 것이기 때문에 성경 속 인물도 욕구로 분석해 볼 수 있다. 성경 속 인물을 욕구로 보면 훌륭한 부분을 배우기도 하고, 어떤 욕구를 잘못 써서 문제가 되고 죄를 짓게 되었는지도 알 수 있고, 변화되는 면도 욕구로 보면서 배울 수 있다.

여러 인물을 하나씩 살펴보면서 문제를 통해 우리의 나아갈 바를 배우고, 변화되는 과정을 보면서 우리의 방향을 잡고, 훌륭했던 부분은 배우는 시간이 되기를 바라는 마음이다.

사울왕

심사숙고 끝에 받은 자리, 결국 그것을 지키려다 끝난 인생

사울은 왕으로 부름받을 당시 "가장 작은 지파의 가장 작은 집안 사람인데

왜 나를 원한다고 합니까?"라며 고사한다. 이에 하나님은 당장 일어날 일들, 즉 표징을 이야기하여 확인시켜 주셨고, 나아가 사울이 예언자들과 함께 예언하는 일까지 일어나지만, 사울은 왕이라는 자리를 받아들이지 못했다.

사울은 생존 욕구가 강하면서 힘은 낮은 사람으로 보인다. 이 사람들은 자리에 큰 욕심이 없다. 주어진 곳에서 소박하게, 주어진 일에 최선을 다하는 성실한 사람들이다. 책임감이 강하고 자기를 드러내지 않으며 겸손하다. 시골의 작은 마을에서 잘 살고 있는데, 이대로도 충분히 만족스러운데 왜 새로운 일, 큰일을 해야 하나 하는 마음이 있었을 것으로 보인다. 사울의 이 모습 덕분에 왕으로 선택받았을 것이다.

겸손을 가능하게 하는 생존의 욕구는 다른 면에서 변화에 대한 두려움으로 드러난다. 뭔가 새로운 결정을 해야 할 때 조심스러워지고 고민이 많아진다. 이것저것 따져 안전하다는 느낌이 들어야 수용하는 사람이다. 그런 사울이기에 그 시절에 가장 권위 있는 선지자 사무엘이 왕이 될 것이라고 이야기해도 쉽게 받아들일 수가 없다. 표징을 보여 주어도 받아들이기가 어렵다. 자신이 예언하는 것을 체험해도 마찬가지다. 그 후 온 백성 앞에서 하나님이 사무엘을 통해 열두 지파 중에서 베냐민 지파를, 베냐민 지파 중에서 마드리 가문을 뽑고, 그 가문 중 사울이 뽑혔지만 사울은 짐꾸러미 뒤에 숨어서 어찌할 바를 몰라 했다.

그 시절 이스라엘에는 왕이 없었다. 왕이 하는 일을 옆에서 보았어도 왕이 된다는 것이 불안했을 사울인데, 본 적도 없고 알지도 못하는 자리이니 더 불안했을 것이다. 게다가 누군가를 이끌고 책임져야 하는 데 대한 부담감까지 몰려왔을 것으로 보인다.

인정받고 우두머리가 되고 싶은 마음보다 두려움이 앞선 것을 보면 사울은 생존의 욕구가 높고 힘의 욕구가 낮다. 왕으로 뽑힌 뒤에 "이 사람이 우리를 구할 수 있겠냐" 비아냥거리는 사람들이 있어도 잠자코 있는 모습을 보였다 (삼상 10:27). 스스로도 '내가 이 땅을 구할 수 있을까' 싶으니, 다른 사람들도 얼마든지 그렇게 생각할 수 있다는 마음이 들었을 것이다.

한편, 즐거움의 욕구는 새로운 것이 궁금해서 모험해 보려 하고, 자유는 새로운 상황에 대한 수용성이 있다는 측면에서 보면 사울은 자유나 즐거움의 욕구도 낮은 사람이다.

그 후 암몬족이 야베스를 침공할 때 하나님의 영이 사울에게 임한다. 이에 사울은 이스라엘 백성을 모아 전쟁에 나가 암몬 사람들을 물리치고 자신의 입지를 굳힌다. 그러자 백성들이 그동안 사울이 왕이 되는 것을 반대해 온 사람들을 다 죽이자고 한다. 사울은 여호와께서 구해 주셨으니 그렇게 하면 안 된다고 하는 모습을 보인다. 힘의 욕구가 낮기에, 자신은 연약한데도 하나님이 하셨다고 여기는 겸손한 모습이 또 나온다. 이후 사울은 왕이 되면서 힘의 욕구를 높여 간다.

사울이 왕이 되고 2년째, 블레셋과 전투를 앞두었을 때다. 블레셋의 위세에 눌린 군대는 두려워 떨고, 백성들은 산과 동굴로 숨거나 멀리 도망가는 일까지 벌어진다. 사무엘이 오기로 했는데 7일이나 기다려도 오지 않자 군인들이 하나둘 떠난다. 전쟁을 앞두고 하나님께 허락을 받아야 하는 사울왕은 더 기다리지 못하고, 자기가 번제물을 바쳐 버린다. 빨리 안정감을 누리려는 생존의 급한 마음이 드러나는 상황이다. 하나님이 일하실 것에 대한 믿음보다 걱정되는 상황을 먼저 해결하고 싶은 마음, 빨리 안정감을 찾고 싶은 마음이 하나님보다 앞서서 행동하게 해 결과적으로 일을 그르칠 수 있다. 조심해야 할 마음이다.

이런 상황이 있었음에도 하나님은 이스라엘 백성에게 승리를 허락하신다.

이기고 있는 와중에 사울왕은 엉뚱한 규칙을 제시한다. 전쟁이 끝날 때까지 음식을 먹으면 저주를 받을 것이라고 말한다. 생존의 욕구가 힘을 만나면 규칙을 세우면서 강제하게 된다. 사울은 그만큼 정성을 다하라는 의도였을 테지만, 괜한 규칙 때문에 사람들은 굶으면서 싸우느라 지치고 피곤할 수밖에 없었다. 하나님이 주시는 승리에 편승하기보다 자충수를 둔 것이다. 그 때문에 백성들은 승리 후 고기를 삶아 먹을 정신조차 없어 고기를 피째 먹는 죄를 저지르게 된다. 또 사울은 이 규칙을 듣지 못한 자신의 아들 요나단이 꿀을 찍어 먹은 것으로 인해 아들을 죽여야 하는 곤경에 처한다. 규칙이 어떻게 잘못된 방향으로 나가는지 잘 보여 주는 예이다.

　사울은 점점 강해져서 강대국으로부터 이스라엘을 구하는 왕으로 자리매김한다. 그러다 아말렉과의 싸움에서, 승리 후 아무것도 살려 두지 말라는 하나님의 명령을 들었지만 사울왕은 보기에 제일 좋은 동물들을 살려서 가지고 온다. 다 죽이기에는 '아까워서 남기는' 생존의 욕구가 여기에서도 드러난다. 하나님의 명령보다 아까움이 앞서는 상황이 되었다.

　사울왕은 강해지고 승리를 거두지만 여전히 불안하다. 자신이 불순종해서 다른 왕을 세울 것이라는 예언을 사무엘로부터 들은 데다, 눈앞에 왕이 될 만한 자질을 갖춘 사람이 보인다. 게다가 사람들은 "사울이 죽인 자는 천천이요 다윗은 만만이로다"(삼상 18:7)라고 노래를 부르고 있다. 질투와 분노가 치밀어오른다. 다윗이 이 자리를 차지하겠구나 싶다. 그러나 넘겨주고 싶지 않다. 자신이 고민하고 고민하며 어렵게 왕을 받아들인 만큼, 한 번 가진 자리를 놓기는 싫다. 자기는 잘해 보려고 노력하는데 하나님은 자꾸 자신을 책망만 한다. 그런데 다윗을 보니 하나님이 함께하시는 게 보인다. 가는 곳마다 승리하는 데다 착하기까지 하다. 그러니 더 미워진다.

　사울왕의 질투와 미움은 자신의 자리를 지키고 싶은 마음에서 나온다. 내

것을 지키고, 내 가족을 지키고 싶은 생존의 욕구에 기인하는 것이다. 당당함과 자신감은 없다. 결국은 그렇게 흘러갈 거라고 생각은 하지만 가만히 앉아서 그것을 받아들일 수가 없다. 자신이 가지고 있는 힘을 보고 그 힘을 쓴다. '내가 이 상황을 뒤엎어 버려야겠다. 다윗만 없으면 돼' 하는 마음이 생긴다. 눈앞에서 다윗에게 창을 던졌지만 두 번 모두 성공하지 못한다. 심지어 다윗에게 빵과 칼을 주었다는 이유로 제사장 아히멜렉의 집안을 도륙하는 만행까지 저지른다. 나중에는 3천 명의 사람들을 모아 다윗을 죽이려고 쫓아다닌다.

사울왕은 생존의 위협이라는 자신의 느낌에만 몰두하지, 정작 그 위협을 주는 다윗이 어떤 사람인지는 생각하지 못한다. 상황을 파악하기보다는 불안한 느낌에만 몰두하고 있는 것이다. 그렇게 다윗을 쫓아다니던 중, 사울왕은 자기를 죽일 기회가 두 번이나 있었는데도 죽이지 않은 다윗을 자각하게 된다. 다윗이 어떤 사람인지 알게 된다. 감동과 부끄러움에 "너는 틀림없이 왕이 될 것이고, 이스라엘 나라가 네 손에서 굳게 설 것이다.... 너는 내 자손을 멸절시키지도 않고, 내 이름을 내 아버지의 집안에서 지워 버리지도 않겠다고 내게 맹세하여라"(삼상 24:20-21, 새번역)라고 이야기하며 물러난다.

그 후 블레셋과의 싸움에서 사울은 화살을 맞아 큰 부상을 당한다. 할례받지 않은 적군에게 조롱받고 죽기 전에 빨리 죽기를 택해 스스로 칼에 엎드려 죽는다. 명예를 택하는 생존과 힘의 욕구로 사울왕은 마지막을 장식한다.

생존의 긍정적인 면으로 인해 왕이 된 사울왕은 생존의 왜곡된 면으로 인해 일을 그르치고 불순종하는 사람이 되어 비극적인 죽음을 맞이하게 되었다.

사울은 왕이라는 자리가 자신이 받기에 적절하지 않다고 여겨 고민하고 고민하다가 받았다. 생존의 욕구가 높은 사울왕으로서는 고민이 많았던 만큼 받은 이상 확실하게 해야겠다 싶어서 애착이 강했을 것이다. 그 애착 때문에 자리에 연연하게 되었고, 그 자리에서 벗어남은 곧 죽음이라 여겼기에 그것을 지키려고 온갖 악행도 서슴지 않았다.

생존의 욕구가 높은 사람들에게 사울왕은 참 많은 시사점을 안겨 주는 인물이다. 어떤 것이 장점이고, 어떤 것을 조심해야 하는지 이렇게 명확하게 보여 주는 인물도 없는 것 같다. 사울은 생존의 욕구가 높은 이들의 성숙을 향한 길에 작은 나침반 같은 인물이라 할 수 있다.

요나
생존, 힘, 자유로 하나님과 싸우는 선지자

요나는 참 독특한 사람이다. 선지자가 하나님의 말을 노골적으로 어기고 거부하며, 항의하기가 쉽지 않은데 요나는 한마디로 대들고 있다. 물론 그럴 이유는 충분하다. 하나님은 니느웨에 멸망을 선포하라고 하시는데, 그렇게 하시는 이유는 돌이킬 기회를 주시는 것이고 돌이키면 용서해 주실 것이기 때문이다. 니느웨가 어떤 곳인가? 니느웨는 앗시리아(앗수르)의 수도이다. 나훔 선지자의 예언서에 보면 앗수르는 이스라엘을 약탈하고(나 2:2) 이스라엘 사람들을 숱하게 죽였다. 게다가 거짓말과 노략질을 그치지 않았고, 음행을 일삼으며 마술로 사람들을 홀렸던 곳이다(나 3:1-4). 다시 말해 이스라엘을 괴롭히던 철천지원수였다. 그런데 하나님은 그들에게 기회를 주려 하신다. 요나는 먼저 생존의 욕구가 높다. 행동에 합당한 책임을 지고 벌을 받아야 한다는 상식을 가지고 있다.

이에 요나는 하나님의 낯을 피해서 슬그머니 다른 방향으로 간다. 회피전략, 즉 자유의 욕구를 쓴다. 태풍이 불어오는 이유가 자기가 하나님을 피해 도망가기 때문임을 알지만, 오히려 배 밑창으로 내려가 깊이 잠든다. 이것도 회피전략의 하나이다. 생각조차 하고 싶지 않기에 잠으로 피하는 것이다. 자유의 욕구는 직면하고 싶지 않은 상황은 잠을 자든 기억에서 삭제하든 어떻게

든 잊어버리려고 한다. 그러나 하나님은 직면하게 하신다. 뱃사람들이 요나를 깨워서 이 상황을 맞닥뜨리게 하신다. 요나는 결국 이 상황이 자신이 하나님을 피해 도망갔기 때문임을 말하고, 방법이 없으니 자신을 바다에 던지라고 말한다. 이것 또한 자유의 욕구가 보이는 대목이다. 고집이 세다. 자유의 특징 중 하나인 '뭐, 죽어도 상관없어' 하는 마음도 있었을 것으로 보인다. 힘의 욕구도 높다. 하나님의 뜻이 보이지만 숙이고 싶지 않다. 그렇게 바다로 던져진 요나. 하나님은 요나를 잘 아시고 물고기를 준비하신다. 요나는 물고기 배 속에서 꼼짝없이 죽었다고 여기면서 살려 달라고 기도드린다. 그리고 자신이 죽지 않았음에 감사한다. 희생제물을 바칠 것이며 서원한 것은 지키겠다고 기도한다. 그러나 회개의 말은 없다. 고집이 장난이 아니다.

그런데도 하나님은 요나에게 다시 기회를 주셔서 니느웨에서 외치게 하신다. 사흘 길이 되는 큰 성읍이지만 요나는 하룻길만 걸으며 외친다. 이것도 약간 하기 싫지만 억지로 하고 있는 느낌이다. 이것도 자유의 특징이다. 하라니까 하지만, 적당하게 하면 니느웨가 회개하지 않을 수 있겠다 싶었을 수 있다. 그러나 니느웨는 회개하고, 하나님은 재앙을 내리지 않으셨다.

요나는 화가 났다. 이렇게 될 줄 알았다면서 하나님께 기도로 따진다. 내가 스페인으로 도망갔던 것도 이럴 줄 알았기 때문이라고 말하면서 하나님께 화를 낸다. 나아가 자기가 한 일과 그로 인한 결과가 도무지 마음에 들지 않았는지 목숨을 거두어 달라고 말한다. 차라리 죽는 것이 낫다고 말한다. 요나는 생존의 욕구와 자유의 욕구 그리고 힘의 욕구가 강하다. 그는 철저하게 자기가 옳다고 여긴다. 악한 사람에게는 하나님이 응당한 벌을 내리시기를 바랐다. 그런데 다른 사람도 아니고 자기에게 그 일을 시키셔서 악인들이 회개하고 구원받는 모습을 보는 것이 너무 억울하고 열불이 나는 것이다. 하나님은 왜 악인에게 기회를 주시는지도 이해하기 어렵다.

하나님이 니느웨의 회개를 받으셨고 재앙을 내리지 않기로 하셨음을 알지만, 요나는 성읍 동쪽에 가서 그 성읍이 어떻게 되나 지켜보려고 초막을 짓고 앉았다(욘 4:5). 빨리 떠나 버릴 수도 있었을 텐데 지켜보는 이유는, 아마도 악인이 멸망하는 모습을 보고 싶어서가 아닐까 싶다. 자기가 하나님께 화내며 항의했으니, 조금이라도 혼내 주시기를 바라는 마음도 있었을 것 같다. 자신의 강한 어필이 하나님을 변화시키기를 바라는 상황이다.

생존과 힘의 욕구가 높은 사람의 자기 확신이 강하게 보인다. 절대로 포기하지 않는다. 그러나 요나에게는 하나님의 긍휼하심과 사랑은 잘 모르는 일이고 정의만 있었다. 하나님은 요나가 하나님의 마음을 알 수 있도록 은유를 사용하신다. 박넝쿨이 자라서 요나에게 그늘을 만들어 주다가 순간 벌레가 먹어서 말라 버린 것이다. 이 때문에 심적으로 팍팍해진 요나는 화를 내며 하나님께 죽기를 자청하는 협박을 한다. 그렇게 화를 내는 것이 옳으냐고 하나님이 따지자, 요나는 "옳다 뿐이겠습니까? 저는 화가 나서 죽겠습니다"(욘 4:9, 새번역)라고 또 화를 버럭버럭 낸다. 안 그래도 화가 나는데 뜻대로 되는 것이 없을 때 더 화가 나는 인간의 마음이다.

결국 하나님은 요나에게 강하게 말씀하신다. 네가 수고하지도 않고 키우지도 않은 넝쿨이 죽었다고 화를 낼 정도로 그것을 귀하게 여기면서, 좌우를 가릴 줄 모르는 12만 명의 사람이 있는 니느웨를 내가 어떻게 아끼지 않겠느냐고 하신다. 하나님은 어떤 악한 사람이라도 돌이키기를 원하신다. 그것이 하나님의 마음이다. 요나서는 이렇게 그냥 끝난다. 요나가 그 후에 어떻게 반응했는지는 나오지 않는다. 그저 하나님의 마음만 부각하며 끝을 낸다.

요나서는 정의를 부르짖는 사람들이 악에 대한 심판을 원하지만, 그들에게 사랑이 없으면 하나님의 마음이 아님을 알게 한다. 악하거나 싫어하는 나라가 재난을 당할 때 "잘됐다", "꼴 좋다" 하며 비난하는 사람들이 있다. 정의의 관점으로만 보면 악인은 당해도 싸다. 그러나 긍휼의 관점에서 보면 그들은 좌우를 분변하지 못하는 이들이며 그중에 어린이와 짐승들도 있다는 사실을 기억해야 할 것이다. 생존 및 힘과 자유가 정의의 관점에서 바라보다가 사랑을 놓치는 우를 범할 수 있음을 요나의 이야기를 통해 배우게 된다.

느헤미야
사랑, 힘, 생존으로 백성을 구하는 리더

느헤미야는 페르시아 왕의 신임을 얻어 자국민들과 함께 귀환하여 예루살렘 성을 재건하고, 이스라엘의 회복을 일구어 낸 사람이다. 느헤미야는 좋은 리더십의 모델을 보여 준다. 그 리더십을 욕구로 연구하며 배우려 한다.

먼저 느헤미야는 사랑의 욕구가 높아서 민족을 품는 사람이었다. 민족이 환란과 능욕을 받고 있으며 예루살렘 성이 허물어지고 성문이 불탔다는 이야기를 들은 느헤미야는 수일 동안 슬퍼하며 금식하고 기도한다. 민족을 향한 사랑이 얼마나 큰지를 알 수 있는 내용이다. 이스라엘 자손의 죄를 자기 죄처럼 생각하며 "나와 내 아버지의 집이 범죄하여"(느 1:6)라고 표현한다. '이들이, 저들이, 혹은 이 백성이 죄를 지어'라고 표현하지 않는다. '저들을 용서하소서'라고도 하지 않는다. 자기 민족이 지은 죄는 자신이 지은 죄와 같다. 보통은 "나는 괜찮은데 저들 때문에 그래요"가 많은 세상이다. 하지만 느헤미야는 나와 그들을 구분하지 않고 자신의 죄처럼 회개했다. 이것은 사랑과 힘의 욕구를 긍정적으로 잘 사용한 예이다.

또한 느헤미야는 총독으로 있는 동안 기근에 시달리는 백성들과 백성의 부역이 힘든 것을 생각해서 녹을 요구하지도 않는다. 총독으로서 많은 부하를 먹여 살려야 함에도 말이다. 자기희생과 헌신, 함께하는 사랑으로 백성들을 이끈 모습이다.

느헤미야는 생존의 욕구가 높은 사람이다. 꼼꼼하고 체계적이어서 구멍이 없다. 왕이 "네가 무엇을 원하느냐" 물을 때에도 그냥 바로 대답하지 않는다. 하나님께 묵도하고 왕에게 아뢰는 신중한 모습을 보인다. 왕에게 예루살렘 성의 건축을 요청할 때도 기한을 정하고, 필요한 재목까지 요구하는 계획성을 보인다. 돌아가는 여정에서 일어날 수 있는 문제와 반대 세력에 대비해 조서를 써 달라고도 한다. 만약의 경우까지 대비하는 조심성이 잘 드러난다. 이는 실제로 생길 수 있는 위험이었기에 꼼꼼한 대비와 조심성은 계획을 실행하는 데 꼭 필요한 것이었다. 느헤미야는 힘의 욕구와 생존의 욕구를 아주 긍정적인 방향으로 사용한다.

성의 재건을 방해하고 유다 사람들을 죽이려 하는 자들이 있을 때도 느헤미야는 유다 백성에게 일을 멈추지 말고 한 손으로는 일을 하며 한 손에는 병기를 잡으라고 한다. 이들은 허리에 칼을 차고 건축을 한다. 물을 길으러 갈 때도 병기를 잡았다. 하나님이 우리를 위해 싸우시리라 믿고 나아간다. 일을 추진하면서 방어까지 제대로 하는 모습이다. 흉년이 와서 높은 이자를 받고 형제를 팔고 사는 일을 듣게 되었을 때, 느헤미야는 처음에는 크게 노하였으나 이내 깊이 생각하며 숙고하는 모습을 보인다. 그런 후, 오늘이라도 이자 받기를 그치고 저당 잡은 것을 돌려주라며 그것을 실천하겠다는 맹세까지 하게 한다. 나아가 이것을 지키지 않을 상황까지 대비해서 이야기한다. 방법을 숙고하며 그것이 제대로 지켜지도록 하고, 지키지 않을 경우까지 대비한 후 당장 오늘부터 시행하도록 하는 실행력이 돋보인다. 이 또한 생존과 힘을 긍정적으로 사용한 예이다.

그 후 느헤미야는 개혁을 단행한다. 성경에 기록된 말씀을 지키지 못하고 있음을 보고 구체적인 영역 하나하나에서 개혁을 시작한다. 암몬 사람 도비야에게 내줬던 성전 뜰의 방을 다시 정결하게 하고, 암몬과 모압 사람들을 백성들과 분리한다. 또 레위 사람들이 받아야 할 몫을 백성들이 내지 않아서 레위 사람들이 제사장 일을 하는 대신 자기 밭으로 도망한 것을 보고 그들을 다시 제자리로 돌아오게 한다. 그리고 안식일에 장사꾼들이 오지 못하게 막고 경계한다. 이방 여인과 결혼해 우상 섬기는 죄를 짓는 사람들을 보고는 벌한 뒤에 바로잡는다. 대제사장의 손자부터 시작해서 위로부터의 개혁을 단행한다. 처벌하고 깨끗하게 하며 자기 자리로 복귀시키고, 끊어 내야 할 것은 끊어 내며 위로부터의 개혁을 단행했다. 생존과 사랑, 힘이 높은 사람들이 이 욕구들을 어떻게 써야 할지를 잘 보여 주는 사례이다.

느헤미야는 자유의 욕구는 낮아 보인다. 자유의 욕구가 높으면 융통성이 있고, 알아서 잘하기를 바라며, 강제하지 않으려 한다. 그런데 만약 이 상황에서 강제하지 않으려 하면 개혁은 불가능하다. 하나님을 한 번 믿으면 철석같이 믿는 믿음도 자유의 욕구가 낮기 때문에 가능하다. 자유의 욕구가 높았으면 여러 일을 이토록 꼼꼼하고 세세하게 진행하기는 어려웠을 것으로 보인다. 자유의 욕구는 리더십에 꼭 필요하기도 하지만, 죄와 잘못된 관습이 뿌리박힌 위기의 시대에는 자유의 욕구가 낮은 리더가 더 필요하다는 것을 느헤미야를 통해 볼 수 있다.

요즘은 자유의 욕구가 어디까지 충족되어야 하는지 늘 고민되는 시대이다. 이러한 시대에 느헤미야의 낮은 자유가 시사하는 바는 아주 큰 울림이 된다.

사도바울
힘과 생존의 부정 방향과 변화를 보여 주는 인물

사도바울에 대해서는 그의 변화 과정을 욕구로 살펴보려고 한다. 사울은 그리스도의 도를 따르는 사람은 누구든지 붙잡아 오려고 살기가 등등한 사람이었다. 스데반의 죽음에도 앞장섰던 사람이다. 자신이 교육받았던 하나님에 대한 믿음은 무조건 지켜야 한다고 생각하는 생존 욕구로 인해 다른 복음을 전하는 그리스도교는 도저히 용납할 수 없었다. 잘못된 것은 없애야 한다는 힘의 욕구가 결합하여 폭주하고 있었다. 이런 폭군이 사도바울로 변화가 되었다.

이 변화 과정을 살펴보면 우리의 변화 또한 가늠해 볼 수 있기에 정리해 보려고 한다. 이 과정에는 **첫째, 명확한 주님의 개입이 있었다.** 사울은 당대 최고의 교육을 받은 사람이기에 직접적인 주님의 개입이 없으면 누군가의 논리와 주장으로 바뀔 사람이 아니었다. 마음을 변화시키시는 분은 하나님이시다. 하나님은 사울에게 나타나서, 네가 예수 믿는 이들을 잡아 박해하고 있는데 그것은 나를 박해하는 것이라고 하면서 직접 자신을 보여 주신다. 거짓이라고 여기던 예수라는 존재가, 사이비 종교로 많은 이들을 혼란케 하는 핵심 인물이, 죽어 이미 이 땅에 없는 사람이 직접 자신의 존재를 보여 주신 것이다. 힘의 욕구에게는 직접적인 개입이 필요하다.

둘째, 그 마음을 읽어 주신 하나님의 긍휼하심이 있었다. '하나님 닮아 가기'에서도 다루겠지만, 사울이 하나님에 대한 열심으로 하나님을 위한다고 하는 일이 오히려 스스로를 다치게 하니 수고롭다시며 사울의 마음을 읽어 주신다. 예수 믿는 사람들을 박해하느라 고생하는 그 행동이 가시채를 뒷발질하는 고생과 같다고 하신다(행 26:14). 따끔하게 직면시키는 동시에 존재의 아픔을 읽어 주신 것이다. 마음 깊은 변화는 이런 사랑에서 나온다.

셋째, 고통과 멈춤의 시간이 있었다. 자신의 생각과 신념이 맞다고 자신하며 사람을 감옥에 처넣고 죽이기까지 했던 행동이 틀렸음을 자각한 사울은 고통스러웠을 것이다. 눈이 멀어 암흑이 찾아왔을 때, 그의 마음에도 암흑이 찾아왔을 것이다. 눈이 멀어서 보이지 않는 것이 오히려 다행스럽게 여겨질 만큼 혼란스러웠을 것이다. 그동안 자신 있던 자기 삶이 헛된 것임을 인정하는 과정이었을 것이다. 이후 사울은 바로 복음을 전하지만, 이내 목숨의 위협을 받아 자신의 고향으로 가서 10년을 조용히 살게 된다. 생존의 욕구와 힘의 욕구는 변화되려면 시간이 필요함을 아시고 이런 시간을 허락하신 것이 아닐까 싶다. 그 시간은 또한 멈춤의 시간이었을 것이다. 잠시 예수님을 만나서 생긴 생각의 변화를 넘어, 예수님이 중심이 된 삶이 체화되는 데 필요한 시간이었을 것이다.

넷째, 누군가의 기도가 있었다. 사울의 변화에 큰 역할을 한 것이 스데반의 기도라고 할 수 있다. 스데반은 죽기 직전에 "주여 이 죄를 그들에게 돌리지 마옵소서"(행 7:60)라고 기도하면서 죽었다. 자신의 죽음에 핵심적인 역할을 한 사울과 무리를 위해 드린 기도가 사울에게서 응답된 것이다. 변화를 위해서는 기도와 중보가 절실하게 필요함을 보여 준다. 원수를 사랑하고 박해하는 자를 위해 드린 그 기도가 사울을 주님의 사도로 변화시킨 중요한 디딤돌이었을 것이다. 사랑과 긍휼의 기도는 사람을 변화시킨다.

다섯째, 주변에 함께하며 도와주는 손길이 있었다. 예수님은 사울에게 나타나셔서 직접 어떻게 하라고 말씀하셔도 될 텐데 굳이 아나니아를 만나게 하신다. 예수님이 직접 제자들에게 나타나셔서 사울을 받아들이라고 하셔도 될 텐데, 바나바의 도움으로 제자 공동체에 받아들여지게 하신다. 결국 주님은 우리가 관계 속에서 바로 세워지고 그 안에서 자리매김하기를 바라시는 것이다.

여섯째, 부족함에도 기다려 주시는 하나님이 계셨다. 약함에 초점을 맞추지 않으시고 강점을 사용하시는 하나님의 인내하심이 있었다. 바울은 바나바와 함께 선교여행을 하던 중 마가라 하는 요한이 중도 하차한 일로 인해 이후 선교여행에서 마가를 배제하였다(행 15:36-39). 선교라는 중차대한 사명이 그에게는 하나의 목표였고, 중도 하차하는 연약한 사람은 그 목표를 이루는 데 걸림돌이 될 것이라 여긴 것이다. 이는 힘의 욕구의 특징 중 하나이다. 한 번 아니면 칼같이 끊어 버린다. 사람의 약함을 품지 못하고 다시 해 볼 기회를 주지 않는 모습은 사랑의 욕구가 낮은 모습이다. 여기서 중요한 점이 있다. 하나님은 사도바울의 약함에 초점을 맞추지 않으시고 목표를 향해 전진하는 힘을 사용하셔서 선교의 일을 감당케 하셨다. 이러한 과정을 통해 하나님은 사도바울을 변화시키셨고, 나중에는 마가 요한과 함께 사역하며 마가 요한이 자신에게 위로가 되고 유익한 사람이라고(골 4:10-11, 딤후 4:11) 고백하는 관계로 나아간다. 하나님의 인내하심과 사랑을 경험한 바울이 결국은 마가 요한을 품은 것이다.

엘리 제사장
자녀 교육을 망친 친절한 허용형 부모

자유의 욕구가 높으면서 힘의 욕구가 낮은 부모들이 꽤 있다. 허용형이고 친절한 부모들이다. 웬만한 것은 다 수용해 주고, 아이의 행동을 억지로 강제하려고 하지 않는다. 너는 너, 나는 나라는 독립된 개체임을 분명히 하면서 산다. 이것은 자녀들뿐 아니라 관계 맺는 사람들에게 편안함을 주고 좋은 사람이라는 느낌을 갖게 만든다. 그러나 이런 사람들에게 치명적인 약점이 있다. 장점이 오히려 발목을 잡는 것이다.

허용형 부모의 한계

엘리 제사장은 자유의 욕구가 높고 힘의 욕구가 낮은 사람으로 보인다. 허용형 부모이다. 엘리의 두 아들은 제사에 드리는 고기를 중간에 갈고리로 빼먹거나 생고기를 뺏는다. 그뿐만 아니라 회막 앞에서 예배드리는 여자들과 잠자리하는 죄를 저질렀다. 이런 일을 저지르는 것을 보고 아버지인 엘리는 그건 악한 일이니 하지 말라는 말을 한다(삼상 2:22). 그러나 두 아들은 상관치 않고 하던 대로 한다.

엘리도 분명 하지 말라고 말은 했다. 아무리 자식이지만 다 큰 어른들에게 하지 말라고 몇 번씩 말하기가 쉽지는 않았을 것이다. 성경에 더 이상 언급이 없는 것을 보면 엘리는 그 이상 반복해서 이야기하지 않은 듯하다. 하나님은 이것 때문에 벌을 받을 것이라고 하나님의 사람을 통해 엘리에게 이야기하셨다(삼상 2:27-36). 어린 사무엘을 통해서도 말씀하셨다. 그런데 이 이야기를 들은 엘리는 "여호와께서는 스스로 생각하셔서 옳은 대로 하실 것이다"(삼상 3:18, 쉬운성경)라며 그냥 받는다. 결국 하나님은 엘리가 그들을 말리지 않았다고 하시며(삼상 3:13) 이 가족에게 벌을 내리신다. 아들들은 전쟁에서 죽고 엘리는 황망하게도 의자에서 뒤로 넘어져 죽는다.

필자도 엘리와 같은 부류의 부모이다. 이 말씀을 묵상하며 필자를 비롯해 자유가 높고 힘이 낮은 사람의 발목을 잡을 세 가지가 보인다.

첫째는, '너의 인생은 너의 것'이라는 명확한 마음에 대한 것이다. 이것은 틀린 말은 아니다. 하지만 결국 내 발목을 잡을 말이기도 하다. 자유의 욕구가 높은 부모도 아이들에게 잘못된 일을 하지 말라고 말은 한다. 그러나 몇 번 말해도 계속 죄를 지을 경우, "그래, 그건 네 책임이니 어쩔 수 없지, 뭐"라거나 "그건 네 인생이니 네가 책임져야 한다"라면서 내버려둘 가능성이 크다. 남에게 피해를 주는 죄의 문제라도 자유의 욕구는 그건 네 책임이라며 방치한다. 간섭해서 꼬이는 상황이 싫기에 계속 관여하기를 원하지 않는다. 이것을 넘어서야 한다. 죄악과 관련된 일은 몸을 던져서라도 막아야 한다. 자유의 욕구가 높은 사람들은 그 일에 매이거나 일을 키우고 싶지 않아서 그냥 넘어가려고 한다. 이것이 결국은 일을 더 크게 만든다는 사실을 기억해야 한다.

둘째는, 상황을 쉽게 수용하는 모습이다. 믿음이 좋아 보일 수도 있지만 '징벌을 왜 그냥 수용할까' 싶은 마음이 든다. 숙명이라 여겼을까? 엘리는 두 번에 걸친 징벌 예언을 기회로 삼지 않았다. 하나님이 어리디어린 사무엘에게 징벌의 예언을 전하는 선택을 하시면서까지 분명 기회를 주신 것이었을 텐데 말이다.

하나님의 마음은 어떠셨을까? 참 미련한 인생이라고 보셨을 것 같다. 하나님께 나아가 용서를 빌고 아들들을 찾아가 "이런 벌을 받게 되니 돌이키자" 하면서 기회를 만들 수도 있었을 텐데, 엘리는 그냥 수용하고 끝내 버렸다. 하나님 뜻이라는데 '어쩔 수 없이 받아야지' 하는 마음이다. 뭔가를 해서라도 이 큰 벌을 막으려는 마음이 적어 보인다. 힘의 욕구가 낮고 자유가 높음이다.

벌 받을 것이 뻔한 상황에서 포기하는 것이 아니라 하나님과 씨름할, 즉 힘을 높일 필요가 있어 보인다. 하나님이 미리 말씀해 주셨던 것은 이런 씨름을 원하셨기 때문이 아닐까 싶다. 순응해야 할 때가 있고, 씨름해서라도 막아야 할 때가 있다.

셋째, 큰 갈등을 만들지 않는 모습이다. 하나님은 엘리에게 "너는 나보다 네 아들들을 더 귀하게 여기고"(삼상 2:29, 쉬운성경)라고 표현하신다. 하나님은 엘리의 어떤 마음 때문에 그러셨을까? 엘리도 분명 혼내기는 했는데 말이다. 아마도 이 문제로 실랑이를 계속하면, 아들들과 관계가 나빠질까 봐 그만 접은 것을 두고 하신 말씀이라는 생각이 든다. 그것은 하나님보다 아들들을 더 소중히 여긴 것이다. 아들들을 사랑한다고 하지만, 하나님의 심판을 받지 않게 도와야 한다는 사랑은 없는 구멍 난 사랑이다. 하나님을 위해 온몸으로 막아서면 갈등으로 인해 관계가 깨지고 불편할 것이 예상되는 상황에서 갈등보다 포기를 택한 것은 분명 하나님보다 그 관계를 우선시한 것이다.

우리는 하나님을 위해 갈등을 선택할 수 있는가? 갈등이 너무도 싫은 사람은 하나님보다 사람을 중시하는 것이라 할 수 있다. 하나님은 이들에게 "너는 나보다 네 아들을 더 귀하게 여기고" 혹은 "너는 나보다 다른 사람을 더 귀하게 여기고"라고 말씀하실 것이다. 그 선택은 멸망으로 가는 길이다. 실제로 상대방을 사랑하거나 살리는 길도 아니다. 이 준엄한 상황 앞에서 편안함을 선택할 것인가?

책임지게 하는 것, 포기하지 않고 끝까지 막아서는 것, 갈등이 일어나더라도 버티는 것. 이런 것들이 자유의 욕구가 높고 힘의 욕구가 낮은 부모들이 다시 생각해 보아야 할 주제이다.

다윗
부모로서 보이는 자유의 구멍

다윗은 위대한 인생을 살았고, 지금까지도 많은 이의 존경을 받는다. 그렇다면 부모로서는 어땠을까? 자녀들에게는 어떤 영향을 미쳤을까? 자녀들에게도 존경받는 인물이었을까? 다윗왕을 욕구로 보면서 다윗왕이 부모로서는 큰 구멍이 있음을 본다.

사랑으로 품는 위대함

먼저 다윗의 위대한 면 가운데 하나를 살펴보려 한다. 다윗은 사랑의 욕구가 큰 사람이었다. 깊고 친밀한 관계 맺기를 좋아했고, 한 번 함께한 사람들은 끝까지 품을 만큼 관계성을 중요하게 생각하는 인물이었다. 요나단과 나눈 우정이 좋은 예가 된다. 다윗은 요나단과의 우정에 그치지 않고 요나단의 사후, 아들 므비보셋을 끝까지 지키며 같은 상에서 식사하게 하는 끈끈함을 보인다.

다윗이 광야에서 도망자 신세로 살 때 어려움을 당하는 자, 빚진 자, 억울한 자들이 숱하게 몰려든다(삼상 22:2). 그들을 품을 만한 넓은 품이 다윗에게서 보였기에 모여들었을 것이다. 다윗은 그들을 끝까지 지킨다. 승전 후 빼앗은 물건의 소유를 놓고 논쟁이 붙었을 때는, 싸움에 직접 나가지 않은 백성들에게도 빼앗은 물건을 나누게 하여 '함께'의 중요함을 가르친다. 나가지 않은 이들의 마음을 배려한 모습이라 할 수 있겠다. 결국 다윗은 그것을 이스라엘의 전통으로 만든다.

자기를 죽이려고 쫓아온 사울왕을 죽일 수 있는데도 죽이지 않고 자신의 마음을 보여 주며 설득하는 모습만 봐도 다윗은 참 사랑이 넓고 깊은 사람이다. 심지어 원수까지도 품는 모습을 보인다. 수년간 그 많은 괴로움을 주었던 사울왕이 죽었을 때 다윗은 마음이 찢어질 듯 아파하며 슬피 울었다. 자기를 배신하고 왕좌를 빼앗으려 한 아들 압살롬이 죽었을 때도 슬피 운다(삼하 18:33). 다윗을 해하려는 사울이나 압살롬의 무리와 목숨 걸고 싸웠던 사람들이 민망해질 정도였다.

나아가 하나님과의 친밀한 사랑은 끝판왕이라고 할 수 있다. 모든 일에서 여호와께 여쭈어보며 행동했고 슬픔, 분노, 한 같은 모든 감정을 다 나누며 친밀한 교제를 나누었다. 전쟁에서 빼앗은 금은보화와 좋고 멋진 것은 모두 하나님의 성전에 바치는(대상 18:11) 모습도 하나님께 뭐라도 드리고 싶은 '사랑'의 모습이라 하겠다. 그래서 하나님도 다윗을 무척이나 사랑하셨다. 이런 사랑의 모습은 참으로 멋지고 훌륭하다.

이 사랑이 자녀 교육에서는 어떻게 드러났을까? 희한하게도 다윗은 자녀 문제에서는 구멍이 참 많아 보인다. 자녀들과의 관계는 다사다난 그 자체다. 누군가는 어쩔 수 없는 왕가의 비극이라고 치부할 수도 있겠지만 서로 죽고 죽이는 자녀들의 모습을 보아야 했고, 자녀에게 쫓겨 다녔고 자녀와 전쟁까지 했다. 이런 결과가 다윗의 죄 때문인 것도 있지만, 일정 부분은 자녀에 대한 다윗의 태도에서 기인하는 바가 크다고 본다.

사회적으로 너무나 멋지게 드러나던 사랑의 모습이 집안에서는 그저 이해와 수용만으로 드러난 것이 아닌가 싶다. 자녀 교육은 사랑만으로는 충분치 않음을 다윗의 삶이 역설적으로 설명한다.

적당한 거리 두기로 구멍을 만들다

다윗은 사랑과 함께 자유의 욕구가 높은 사람이다. 자유의 욕구를 가진 사람은 지시하거나 명령하는 것을 별로 좋아하지 않는다. 또 서로 매이는 것이 싫기에 웬만하면 갈등을 피한다. 이것은 적당한 거리 두기로 드러난다. 자녀들의 삶에 큰 문제가 생겨도 적극적으로 개입하지 않는다. 어쩌면 너의 삶은 네가 책임져야 한다는 생각이었을 수도 있겠다. 부모로서는 허용형 부모였다고 보인다. 독립적으로 자녀를 키우는 면에서는 가장 잘할 수 있는 유형이다. 그러나 그 단점 또한 명백하다.

사무엘하 13장을 보면, 암논이 이복동생 다말을 범하고는 오히려 미워하여 내치는 악을 저질렀을 때 다윗이 크게 화를 낸다. 그러나 아무 행동 없이 끝난다. 이로 인해 다말의 오빠 압살롬이 복수를 벼르다 암논을 죽이는 일이 벌어지게 된다. 다윗이 암논에게 적절한 책임을 지게 했으면 어땠을까 하는 아쉬움이 드는 대목이다. 그 후, 암논을 죽이고 멀리 도망가서 살던 압살롬이 그리워진 다윗왕은 압살롬을 돌아오게 한다. 하지만 2년간 얼굴 한 번 보지 않는다. 분명 그리워하지만 만나지 않는다. 껄끄러운 관계를 회복하려 하기보다 거리 두기를 계속한다. 사랑하기 때문에 그만큼 배신감이 커서 그랬을 수도 있다. 그러나 돌아오라고 해 놓고 자기를 한 번도 찾지 않는 아버지로 인해 압살롬은 서운함에서 나아가 악감정, 심지어 반역의 마음을 품게 된다. 결국 반역을 일으키고 압살롬과 다윗 사이에 전쟁이 일어나서 압살롬이 죽는 결과에 이른다. 사랑과 자유가 병존하면서 압살롬을 품지도 버리지도 못하는 어정쩡한 상태가 비극을 만든 것이다.

간섭하지 않는다

다윗이 나이 많아 늙어 잘 움직이지 못할 때, 솔로몬의 형 아도니야가 "내가 왕이 되리라"(왕상 1:5) 하면서 전차와 말을 준비하고 자신을 호위하는 병사를 데리고 다닌다. 다윗은 하나님이 솔로몬을 왕으로 세우실 것을 알고 있었다(대상 22:6-19). 그런데도 아도니야에게 "왜 왕처럼 행세하고 다니느냐" 묻지 않았고, 하는 일에 한 번도 간섭하지 않았다. 너무 나이가 많아서 다 귀찮아진 것일까? 아니다. 다윗은 나이와 상관없이 아들들에게 크게 간섭하지 않았다. 이 일로 인해 아도니야는 '되지 않을 꿈'을 꾸었고 헛된 꿈을 좇다가 결국은 왕이 된 동생 솔로몬에게 죽게 된다. 다윗이 미리 솔로몬이 왕이 될 것을 선포하고 모든 신하에게 이것을 확고히 했다면 아도니야가 드러내어 왕 행세를 하며 다니지도 않았을 것이고, 아도니야를 드러내어 돕는 신하들도 생기지 않았을 것이다. 다윗이 왕위 계승에 관해 안일하게 대처한 탓에 형제간에 피를 부르는 상황을 허용하게 된다. 자녀에게 어디까지 자유를 주고 간섭하지 않으며 내버려둬야 할지 늘 고민할 부분이다.

갈등 만들기를 싫어한다

다윗에게 특이한 모습이 하나 있다. 자신에게 해를 끼쳤던 사람들에게 원수를 갚지 않은 채 지내다가 마지막에 죽으면서 솔로몬에게 원수 갚기를 부탁한다. 분명 문제가 있음을 알지만 품고 살았던 사람들이었는데 다른 사람에게 해결을 부탁한다. 다윗은 부딪힌 문제에 대해서는 적극적으로 헤쳐 나가고 해결했지만, 스스로 이것이 문제라고 드러내어 갈등을 만드는 일은 되도록 하지 않았던 것 같다. 갈등 만들기를 싫어하는 사랑과 자유의 욕구의 한 모습이 아닐까 싶다. 문제에 맞닥뜨리기를 싫어하는 이 모습은 회피의 측면이기도 하다.

우리가 배워야 할 것

사무엘상하와 역대상에 나오는 다윗의 이야기 중 부모로서의 모습을 욕구로 보았다. 멋진 다윗이 자녀와의 관계에서는 유독 힘들고 괴로운 세월을 보낸 이유가 무엇 때문이었는지 보게 된다. 자유의 욕구로 인한 적절한 거리 두기는 사회생활에서는 큰 문제를 드러내지 않지만, 가정 안에서는 특히 부모로서는 독이 될 때가 많다.

사랑과 자유의 욕구를 가진 부모들이 많다. 이들은 대부분 너그러운 부모의 모습을 보인다. 그러나 다윗처럼 잘못된 문제에 대해서도 너그러울 수 있고, 그것은 자녀들에게 많은 문제를 일으킬 수 있다. 자녀 양육에는 사랑뿐 아니라 단호함이 있어야 하며, 내버려두지 말고 씨름을 해서라도 바꾸어 놓아야 할 영역이 있음을 기억하자.

다윗의 이야기에서도 놓치지 말아야 할 점이 하나 있다. 앞에서 언급했듯이 하나님은 다윗의 연약함에도 불구하고 하나님의 마음에 합한 사람이라고 인정해 주셨다는 사실이다.

적용 질문 ??

1. 성경 인물 이야기 중에서 나의 욕구 성향과 비슷한 부분이 있다면 어떤 사람이고 어떤 영역인가?

2. 성경 인물을 통해서 배운 것은 무엇인가?

17장.
욕구로 하나님 닮아 가기

하나님이 보여 주시는 5가지 욕구

인간은 하나님의 형상을 따라 창조되었기에 우리에게는 하나님의 형상이 있다. 그러므로 우리에게 있는 모습을 거슬러 올라가면 하나님의 형상을 유추해 볼 수 있다. 욕구로 하나님(예수님)을 유추해 보면 다섯 가지 욕구를 어떻게 사용해야 하는지 중요한 모델이 된다. 필자는 신학자가 아니기에 하나님의 속성을 다룬다는 것이 쉽지 않은 영역이라 필자의 신앙생활 속에서 느낀 하나님의 속성을 욕구라는 측면에서 짧게 다뤄 보려고 한다.

하나님의 생존

하나님은 우리 인간에게 꼭 필요한 부분과, 쉽게 잊어버리는 부분, 이해하기 어려운 부분에 대해 생존의 욕구적인 행동을 보이신다. 신명기에 보면 가

나안에 들어가서 어떻게 해야 할지 미리 상세하게 설명하는 본문이 있다. 모세의 특징이기도 하겠지만 하나님의 구체성과 세밀함이 드러나는 대목이다. 도피성, 증인 문제, 땅의 경계표 문제, 무죄한 피를 흘리지 않기 위한 조치 등 어떻게 해야 할지 막연할 수 있는 부분에 대해 세세하게 설명해 주신다. 특히 안전조치 미흡으로 사고가 나지 않게 하고, 사고가 난다면 책임을 지게 하여 재발을 막으라고 하신다. 심지어 새집을 지을 때 지붕에 난간을 만들어 사람이 떨어지지 않게 해야 하고 그렇지 않으면 살인죄가 되는 것까지 말씀하신다 (신 22:8). 어미 새와 새끼를 아울러 취하지 말아야 복을 누리고 장수하리라고 (신 22:6-7) 하시며, 생태계 보전을 위해 탐욕을 제한하셨다. 율법의 정신은 생존 욕구의 특성이 중요함을 일깨워 준다. 더하여 그것이 바로 사랑이라고 가르친다. 이렇게 하나님은 함께 살아가는 사회에서 서로를 배려하고 함께 살기 위해서 어떻게 해야 하는지 구체적으로 섬세하게 알려 주신다. 이 모든 것은 결국 사랑하는 방법이고 우리가 하나님 안에서 생존하는 방법이다. 무엇보다 하나님의 사랑은 머리털까지 다 세시는 생존의 사랑이시다.

하나님의 즐거움

예수님은 먹기를 탐하고 포도주를 즐기는 사람이라는 비난을 받으셨다(눅 7:33-34). 물론 예수님을 싫어한 사람들이 하는 '비난을 위한 비난'이었겠지만 이는 예수님이 먹는 것을 좋아하셨음을 보여 준다. 그래서일까 예수님은 자신의 죽음과 십자가의 피에 대한 비유를 할 때도 빵과 포도주를 사용하신다. 늘 제자들과 함께하는 즐거운 일이었기에 주제가 될 수 있었을 것이다. 무엇보다 예수님은 그 시절에 가까이하지 말라고 했던 죄인들, 그중에서도 많은 사람이 싫어했던 이들과 함께 음식을 드신다. 그들을 만나기만 하고 그냥 갔어도 되지만 예수님은 꼭 식사를 하셨다. 제자들에게도 만찬 자리에서 마지막으로 하고 싶은 말씀들을 하셨다. 예수님은 먹는 것을 교제와 수용의 도구로 사용하셨음을 보여 준다. 초대교회에도 먹는 즐거움은 늘 넘쳤다.

떡을 떼며 기쁨과 순전한 마음으로 음식을 먹고 하나님을 찬미하며 (행 2:46-47)

하나님은 성령이 충만할 때 함께하는 도구로 먹는 즐거움을 사용하셨다. 그래서 즐겁게 먹는 것은 중요하다. 여기서 생존이 먹을 때와의 차이를 잠시 이야기하자면 생존의 욕구는 그냥 먹으면 되는 것이지 먹는 것에서 즐거움과 기쁨을 찾지는 않는다. 하나님은 기쁨으로 음식을 먹으라고 하셨다(전 9:7).

앞에서도 언급했듯이, 하나님의 즐거움은 감탄하실 때 가장 확연히 드러난다. 하나님은 천지를 창조하시고 "좋았더라", "좋았더라" 하시며 매일 매일 감탄하신다(창 1장).

하나님은 우리로 말미암아 기쁨을 이기지 못하시며 즐거이 부르며 기뻐하시는(습 3:17) 분이시다. 즐거워하시며 기뻐하시는 즐거움의 하나님이시다. 우리에게 항상 기뻐하라, 감사하라고 말씀하시는 것도 즐거움을 원하시는 하나님이시기 때문이다.

하나님의 자유와 즐거움

성경을 보면 하나님이 자유와 즐거움의 욕구가 함께하는 모습으로 우리에게 메시지를 전하시는 것이 인상 깊다. 하나님은 우리에게 말만이 아니라, 각인될 수 있는 다양한 방식으로 말씀하신다. 환상으로, 기적으로, 연극적 요소로 말씀하신다. 말만이 아니라 보이는 행동과 이미지적인 요소들로 마음에 박히도록 메시지를 전하신다. 특히 예레미야서를 보자. 13장에는 허리띠를 사서 바위틈에 감추었다가 여러 날 후에 썩은 허리띠를 가져오게 함으로 메시지를 전하시고, 18장에는 토기장이의 집에서 질그릇을 빚는 모습을 보게 하시며 메시지를 전하신다. 19장에는 이스라엘 백성들에게 메시지를 전한 다음 그 앞에서 항아리를 깨라고 하신다. 깨진 항아리를 다시 합칠 수 없듯이 성을 무너뜨리겠다고 하신다. 24장에서 예레미야에게 말씀하실 때도 썩은 무화과와 좋은 무화과가 든 광주리를 보여 주시며, 유다 포로를 좋은 무화과처럼 회복시키실 것을 말씀하신다. 27장에서 예레미야는 역할극 하듯 줄과 멍에를 직접 걸고 왕을 만난다. 강력한 사인을 주고 싶으실 때 하나님은 이렇게 연극적 요소를 활용하신다. 예술가 하나님이시다.

신약에서도 하나님은 이러한 모습들을 보여 주신다. 나사로가 죽기 전에 병을 고쳐 주시기보다 죽은 후에 살리심으로 더 큰 메시지를 전하시는 모습, 사마리아 여인에게 개라는 비유를 하심으로 그의 믿음을 오히려 드러내시는 모습도 인상적이다. 그 외에도 예수님은 수많은 비유로 말씀하신다.

이는 쉽게 이해하도록 돕기 위함이기도 하지만, 상상하고 깊이 생각하게 하여 말씀을 마음에 새기도록 돕기 위한 방법이다. 하나님은 남다르게 우리를 교육하신다. 하나님은 우리를 너무나 잘 아시는 참 교육자이시다.

하나님의 사랑

하나님의 사랑은 이 책에서 더 이상 이야기하지 않아도 될 만큼 모두가 아는 내용이다. 목숨을 내주신 사랑, 기다리시는 사랑, 죄인임에도 받아들이시는 사랑 등 많지만, 몇 가지를 욕구로 보면서 인간의 사랑과 좀 다른 부분에 초점을 맞추어 나누어 보고자 한다.

먼저 하나님의 사랑은 서운함이 없다. 3년이나 동고동락하던 제자들이 예수님이 잡혀가는 순간에 도망가고 배신해도 이들을 책망하거나 서운해하지 않으신다. 오히려 이들을 긍휼히 여기시고, 배신했던 베드로의 마음을 다독이셨다. 인간의 사랑은 "네가 어떻게 그럴 수 있어?"라는 말로 배신감을 표현한다. 그러나 예수님은 인간의 약함을 아신다. 인간은 긍휼히 여기고 불쌍히 여겨야 할 존재이다. 원래 그런 존재임을 아셨기에 예수님은 극한의 고통에서도 의연하셨다. 다른 말로, 되돌려받기를 기대하지 않는 사랑이셨다. 상대가 어떤 사람인지 알면 서운함이 줄어들 수 있다. '사람은 이런 존재야'라는 전제가 나를 서운하게도 하고 괜찮게도 한다. 서운함을 자주 느낀다면, 사람에 대한 기대 수준이 높은 것은 아닌가 다시 생각해 볼 일이다.

둘째, 사람마다 그 사람에 맞게 대하신다. 부활하신 예수님은 도마에게는 직접 자신의 손을 만져 보게 하시고, 엠마오로 가던 제자들에게는 이야기를 통해 자신을 드러내시며, 여인들에게는 천사들을 통해 예수님이 살아나셨음을 알려 주신다. 사랑은 누구에게든 똑같이 대하는 것이 아니다. 그 사람의 어떠함에 맞추어서 한 사람 한 사람의 마음을 살피시는 분이 하나님이시다. 하나님은 진짜 그 사람에게 필요한 것에 맞추어 도우시고 인도하는 분이시다.

셋째, 하나님은 대안을 제시해 주는 사랑을 하신다. 아무것이나 보이는 대로 해 주는 사랑이 아니라 꼭 필요한 일만 대신해 주는 사랑을 하신다. 예수님은 죄로 인해 죽을 수밖에 없는 우리를 대신해서 죽으셨다. 그 일은 예수님이 대신해 주는 것 외에는 방법이 없었기 때문이다. 그러고는 자신을 대신할 보혜사 성령님을 우리에게 주신다. 예수님이 인간의 몸을 입으셨기에 한계가 있었던 물리적 환경을 뛰어넘어 모든 이들의 마음으로 임하실 성령을 주신 것이다. 필자는 이것이 예수님이 보여 주신 사랑의 결정판이 아닐까 싶다. 스스로 할 수 있는 일에는 대신해 주는 사랑을 쓰지 않으시고, 우리에게 불가능한 일은 대신해 주신다.

또 예수님은 십자가에 죽으시면서 어머니 마리아에게 자신을 대신할 아들을 연결해 주셨고, 이후 요한이 마리아를 집에 모신다. 마리아에게는 분명 다른 아들들이 있었는데 왜 요한에게 의탁하셨을까? 십자가에 죽으시기 전에 요한이 마리아 옆에 있었기 때문이기도 하겠지만, 요한이 사랑이 많은 사람이기 때문이었을 수도 있다. 요한은 '예수님의 사랑받는 제자'라는 별칭이 있을 만큼 많은 사랑을 받았다. 그 사랑 덕분이었을까, 요한은 사랑이라는 단어를 가장 많이 쓰는 사도이다. 번역에 따라 달라서 숫자를 특정할 수 없지만 요한복음과 요한일서에만 사랑이라는 단어가 수십 번 이상 쓰였다. 요한은 그 사랑으로 마리아를 돌봐 주었을 것으로 보인다. 우리는 대부분 '내가 사랑해 주지 않으면 안 된다'라는 비합리적 신념을 가진다. 하지만 예수님은 대안을 제시하셨다. 내가 다 하지 않고 대안을 제시해 주는 사랑이 더 크고 깊은 사랑일 수 있다.

넷째, 층위가 다른 사랑을 보이셨다. 예수님은 땅에 계시는 동안 모두에게 똑같이 사랑을 주신 것이 아니다. 모두를 사랑하셨지만 층위가 달랐다. 왜 이런 모습을 보이셨을까 생각해 보면 인간의 몸을 입으셔서 물리적 한계가 있었기 때문일 것이다. 그러므로 인간의 한계 안에서 어떻게 사랑하는지를 보여 주신 것이 아닐까 생각한다. 가장 가까웠던 베드로, 요한, 야고보와는 특별한 장소에 데리고 다니실 만큼 친밀한 관계를 유지하셨다. 그리고 열두 제자가 있었고, 70인의 제자들이 있었다. 이러한 층위는 특히 사랑의 욕구를 자유롭게 한다. 모든 이를 사랑할 수 없고, 모든 사람을 똑같이 사랑할 수 없음에도 이들은 모든 사람을 골고루 똑같이 사랑해야 한다는 환상을 가지는 경우가 꽤 있다. 예수님의 층위는 그런 환상을 버리는 데 도움을 준다. 사실 자녀들도 똑같이 사랑할 수 없다. 물론 이것이 차별을 정당화하는 데 사용되어서는 안 된다.

다섯째, 자신을 괴롭히는 사람에 대한 공감과 긍휼히 여김이 있으셨다. 사울이 그리스도인들을 핍박하고 죽이는 일을 할 때 하나님은 사울을 원수로 취급하고 벌을 주실 수도 있었다. 그러나 하나님이 그를 만나 하시는 말씀은 우리의 허를 찌른다. "사울아 사울아 네가 어찌하여 나를 박해하느냐 가시채를 뒷발질하기가 네게 고생이니라."(행 26:14) 하나님은 예수를 박해하는 것에 대해 엄하게 꾸짖으시면서도 사울의 마음을 보신다. 소가 가시채를 뒷발질하는 것처럼 스스로에게 괴로운 일임을 읽어 주신 것이다. 이 구절을 보면서 가슴이 먹먹했다.

나를 고통스럽게 하는 사람도 고통스러울 수 있음을 알아주는 것! 이건 어마어마한 일이다. 필자의 경우, 상담 장면에서는 상담사이니 객관적으로 보면서 읽어 줄 수 있다. 그러나 내게 핍박을 가하는 사람의 마음을 읽어 주는 것은 불가능한 일처럼 느껴진다. 시간이 지나서 나중에 '아마 그 사람도 그랬을 거야' 정도의 이해는 가능했던 것 같다. 핍박받으면서 상대방의 마음을 헤아리는 것은 정말 어려운 일이다. 그래서 주님은 방법을 알려 주셨다.

너희 원수를 사랑하며 너희를 박해하는 자를 위하여 기도하라 (마 5:44)

나를 괴롭히는 사람을 위해 기도할 때 가능한 일인 것이다. 이 또한 쉽지 않지만, 주님은 우리 힘이 아닌 보혜사 성령을 의지함으로 가능하기에 명령하신 것이 아닐까 싶다.

하나님이 보여 주시는 힘

포기하지 않으신다. 하나님은 포기하지 않는 분이시다. 우리를 끝까지 포기하지 않으신다. 출애굽한 이스라엘 백성의 계속된 죄악에도 하나님은 그들을 포기하지 않으시고 40년을 참으시며 그들이 가나안으로 들어갈 준비가 될 때까지 기다리신다. 힘의 욕구의 목표를 향한 뚝심이 어떤 것인지 보여 주신다.

이들을 이끌어 낸 모세를 처음 부르실 때 모세가 자신을 왜 부르셨는지 잘 모르겠다고 하고 자신은 부족하다고 하지만 끝까지 설득하시고 대안까지 만들어서 그를 세우시는 하나님도 포기하지 않으시는 하나님의 모습이다.

예수님의 직설. 예수님이 십자가에 죽으시고 살아나야 할 것을 말씀하셨을 때 베드로는 항변하며 예수님을 말린다. 이때 예수님의 반응은 상당히 거세다. 베드로를 사탄이라고 부르며 물러가라고 하신다(마 16:21-23). 예수님은 꼭 필요한 순간에 해야 할 말을 단호하고 엄하게 하신다. 그냥 타이르실 법도 하지만 강하게 말씀하신다. 이 장면은 베드로가 "주는 그리스도시요 살아계신 하나님의 아들"이심을 고백하고, 예수님이 베드로가 교회의 반석이 되며 베드로에게 천국 열쇠를 주신다는 말씀을 하신 직후다. 어찌 보면 베드로는 자신의 고백으로 칭찬을 받았다. 이로 인해 마음이 좀 거만해졌을까? 예수님의 수난 예고에 예수를 붙들고 항변하면서 "안 됩니다. 절대로 이런 일이 주님께 일어나서는 안 됩니다"(마 16:22, 새번역)라고 한다. 새번역에는 이어서 베드로가 "예수께 대들었다"라고 표현되어 있다. 물론 베드로는 예수님을 사랑하는 마음이 있었을 것이다. 잠시 교만해진 틈에 예수님에게 훈수 두는 행동이 튀어나와, 예수님이 이를 막으신 것 같기도 하다. 무엇보다 예수님이 세상에 오신 목적을 막으려는 행동이기에 단호하게 잘라 내신 것이 아닐까 싶다. 예수님도 이 잔이 옮겨지기를 기도할 만큼 하나님과 단절되는 고통이 큰 사건이었기에, 자신을 위한다는 마음이 예수님을 넘어지게 하는 말이 될 수도 있었기에 더 단호하게 거절하신 것이 아닐까 싶기도 하다. 꼭 필요한 순간에 혼낼 수 있는 것이 예수님이 보여 주신 힘이다. 아무리 사랑하는 사람이어도 죄가 되는 행동은 단호하게 이야기할 수 있어야 하는 것이다.

사랑에 꼭 필요한 힘을 쓰신다. 예수님은 "천국은 마치 품꾼을 얻어 포도원에 들여보내려고 이른 아침에 나간 집 주인과 같으니"로 시작되는 비유를 말씀하신다(마 20:1). 포도원에 품꾼을 들이는 비유를 통해 자신의 마음을 알려 주신다. 포도원 주인은 일자리가 없어서 놀고 서 있는 사람들에게 포도원 일자리를 제공하고 품삯도 준다. 그런데 아침부터 와서 종일 일한 사람들이 늦게 온 사람들도 자신과 똑같은 품삯을 받는 것을 보고 이의를 제기한다. 이때 주인의 설명은 하나님의 강력한 힘을 느끼게 한다.

> 친구여 내가 네게 잘못한 것이 없노라 네가 나와 한 데나리온의 약속을 하지 아니하였느냐 네 것이나 가지고 가라 나중 온 이 사람에게 너와 같이 주는 것이 내 뜻이니라 내 것을 가지고 내 뜻대로 할 것이 아니냐 내가 선하므로 네가 악하게 보느냐 이와 같이 나중 된 자로서 먼저 되고 먼저 된 자로서 나중 되리라 (마 20:13-16)

이 반박 내용을 보면, 하나님이 선한 뜻이 있으실 때는 공평이라는 이름으로 이의를 제기하더라도 더 당당하게 나가신다.

사이다 발언을 하시는 예수님. 우리는 성자란 늘 다정다감한 모습이라 생각한다. 실제로 예수님은 그 시대에 소외된 사마리아인이나 간음하다 걸린 죄인들에게는 다정하게 대하셨다. 그러나 예수님은 부드럽기만 한 분이 아니었다. 꼭 필요한 일에는 꼭 필요한 감정인 화를 사용하셨다. 위선을 일삼는 바리새인들에게는 "독사의 자식"이라는 험한 말까지 쓰시면서 분노를 표현하신다. 성전에서 매매하는 사람들에게는 상과 의자를 뒤엎어 버리는 과격한 행동까지 하신다.

문제에 저항하고 문제를 바꾸기 위해서는 도전도 불사하시는 것이 예수님의 모습이다. 우리 가운데는 그저 평화만을 추구하려는 사람들이 많다. 그래서 문제를 제기하는 사람들을 보면 불편하다. 그러나 예수님은 화내면서 도전하셨고, 지적하시고, 잘못됨을 드러내셨다.

우리는 어디에 분노하는지 살펴보자. 악에 대해 분노하는가? 바꾸려고 문제를 제기하고 있는가? 그저 내 일신상의 편안함을 위해 회피하고 있지 않은지 돌아볼 일이다. 나아가 문제 제기를 하는 사람에게 문제를 만든다고 불편해하고 있지는 않은지 살펴보아야 한다. 또한 악에 대한 분노가 아니라 그저 자신에게 불편함을 끼친 사람이나 나에게 화를 낸 사람에게 분노하고 있지는 않은지, 우리의 분노가 거룩함을 드러내는 분노인지 점검해야 한다.

하나님의 자유

규례에 대한 이의 제기를 받으셔서 융통성을 발휘하시는 하나님. 민수기에 보면 기업을 물려받는 문제로 딸들이 이의를 제기하는 내용이 있다. 슬로브핫은 아들은 없이 딸만 낳고 죽었다. 이로 인해 그들 가문은 기업을 물려받을 수 없는 상황이었다. 모세가 하나님께 아뢰자, 하나님은 그동안의 규례와 다르게 이들에게 기업을 돌려주라고 법을 만들어 주신다. 융통성을 발휘하신 것이다.

> 어찌하여 아들이 없다고 우리 아버지의 이름이 그의 종족 중에서 삭제되리이까 우리 아버지의 형제 중에서 우리에게 기업을 주소서 하매… 슬로브핫 딸들의 말이 옳으니 너는 반드시 그들의 아버지의 형제 중에서 그들에게 기업을 주어 받게 하되 그들의 아버지의 기업을 그들에게 돌릴지니라(민 27:4-7)

하나님은 규례를 철통같이 지키라고 하시는 분이 아니었다. 뜨거워진 마음에 자신을 드린다거나 하는 쉽지 않은 서원을 했다가 상황이 바뀌어 지킬 수 없게 되는 경우가 있다. 이때 서원을 들은 아버지나 남편이 허락하지 않으면 난감한 상황이 벌어질 것을 아시고, 그 서원을 무효로 할 수 있게 만들어 놓으셨다(민 30:1-16). 우리의 약함을 아셔서 틈도 없는 완벽함을 요구하지 않으실 뿐 아니라 예외를 허락하시는 참 좋으신 하나님이시다.

억지로 하지 않으시는 하나님. 하나님은 전쟁에 나갈 사람들도 억지로 끌고 오지 않으신다. 우리가 익히 아는 막 결혼한 사람뿐 아니라 약혼한 사람과 새 집을 지은 사람, 포도원을 만들고 과실을 먹지 못한 사람, 믿음이 작아서 두려워하는 사람을 모두 집으로 돌려보내셨다(신 20:5-9). 뒤돌아보며 연연할 수 있는 사람은 돌려보낸 것이다. 상황을 고려하여 그들이 마땅히 누려야 할 것들을 누리게 하셨을 뿐 아니라 강제로 따르게 하지 않으신 것이다. 사실 이렇게 억지로 하지 않으시는 것은 하나님이 함께 행하시며 그들을 위해 적군과 싸워 구원하실 것이기 때문이었다(신 20:4). 하나님을 진짜 믿으면 전쟁의 순간에도 배려할 수 있고 강제하지 않을 수 있음을 알게 하는 대목이다.

적용 질문 ??

1. 하나님의 욕구 관련 모습 중 내가 닮고 싶은 부분을 하나 정해 본다면 어떤 것인가?

2. 누구에게 언제 어떤 방법으로 실천해 보겠는가?

욕구로 기도하라. 예수님에게서 배우는 욕구 기도

예수님의 기도를 보면 욕구로 기도하시는 모습을 볼 수 있다. 예수님은 욕구 기도의 모델이다. 예수님의 기도를 욕구 측면에서 정리해 보면 다음과 같다.

첫째, 솔직한 욕구를 아뢰신다. 예수님은 "고민하여 죽게 되었다"(새번역에는 "괴로워 죽을 지경"이라고 표현)는 솔직한 고백과 함께 "이 잔을 내게서 지나가게 하옵소서"(마 26:37-39)라고 욕구 또한 솔직하게 아뢰셨다. 땀방울이 핏방울이 될 만큼 절절히 애끓는 마음으로 기도하셨다. 예수님의 기도는 우리에게 기도의 모델이 된다. 하나님은 우리가 솔직하게 원하는 것을 아뢰기를 원하신다. 절절한 만큼 그대로 고하기를 원하신다. 그렇게 내 속을 드러내기를 원하신다.

둘째, 하나님의 원하심에 초점을 두신다. 예수님은 자신의 욕구를 그대로 아뢴 뒤에 "나의 원대로 마시옵고 아버지의 원대로 하옵소서"(마 26:39) 하시며 기도를 마친다. 우리의 기도를 돌아보면, 어떤 사람은 "내 원대로 해 주옵소서!"라고 간절히 포기하지 않고 기도한다. 반면 어떤 사람은 자신의 원하는 것에는 전혀 초점을 두지 않고 그저 "하나님이 원하시는 대로 해 주세요" 하는 사람도 있다. 둘 다 장단점이 있다. 간절한 기도는 야곱처럼 포기하지 않는 기도를 가능하게 한다. 그러나 자신의 목적과 원하는 것에 초점이 있기에, 하나님의 뜻에 맞추려는 면이 약할 수 있다. 반면 "그저 하나님이 원하시는 대로 해 주세요"는 신앙의 경지에 도달한 것처럼 보인다. 자유의 욕구가 높은 사람들은 이것이 쉽게 된다. 잘나서가 아니라 그저 욕구 성향상 쉽게 되는 것이다. 그러나 그다지 간절하지 않아서 쉽게 내려놓는 것은 내려놓는 것이 아니다. 딱히 칭찬받을 일도 아니다. 주님의 기도를 본받으려면 자유의 욕구는 절절함을 회복해야 한다.

그래야 내려놓은 것도 무게감이 있다. 한편, 하나님의 마음이 어떨지를 생각해 볼 필요도 있다. 자녀를 키우다 보면 원함이란 것이 딱히 없이 그냥 알아서 해 달라고 하는 경우가 있다. 그러면 부모는 답답하다. 왜 자신이 원하는 것을 잘 모를까 안타깝기도 하다. 하나님 마음도 비슷할 것이다. 가장 좋은 것은 예수님이 보여 주신 것처럼 자신의 원함을 제대로 알고 그에 맞게 감정적으로도 토로하면서 원함을 하나님께 말씀드리는 것이다. 그렇게 토로하고 나면 하나님의 뜻을 받고 감당할 힘을 주신다. 예수님도 토로하고 기도한 후 십자가의 길로 담담하게 나아가셨다.

셋째, 욕구의 방향이 하나님 보시기에 맞는지 확인해야 한다. 예수님도 하나님의 뜻이면 받겠다고 하면서 그것을 확인하셨다. 우리는 고통을 피하고 싶고 편안하고 싶고 평화롭고 싶다. 그러나 이것이 긍정 방향인지 부정 방향인지, 즉 하나님이 원하시는 방향인지 확인할 필요가 있다. 내 욕구를 위한 행동이 적절한가, 하나님 보시기에 괜찮은가 점검해야 한다.

욕구로 기도하라. 다른 사람의 불편함에 대해서는 오직 기도만 가능하다

우리는 실제로 원하는 것을 늘 기도하고 있다. "도와주시기를 원합니다"라는 말이 기도에 상투어처럼 붙어 있다. 이미 원하는 것을 기도하고 있는데 욕구로 기도한다는 것은 무엇일까?

앞에서도 잠깐 다루었지만, 래리 크랩은 『분노』라는 소책자에서 자신이 바라는 것을 욕구로 보는지 목표로 보는지에 따라 우리의 행동에 엄청난 영향을 끼친다고 하였다. 목표로 보면, 그것을 위해 내가 할 수 있는 구체적인 행동이 생긴다. 욕구로 보면, 내가 어찌할 수 없기에 기도하는 것이 알맞은 반응이라고 하였다.

어찌할 수 없는 것이란 누군가를 통해 채울 수 있는 것들이다. 잘 채워지지 않기 때문에 상대방이 내 욕구를 채울 수 있는 상태로 바뀌기를 바란다. 그러나 다른 사람의 어떠함은 우리가 바꾸어 놓을 수 없다. 물론 배우자가 원하는 대로 맞추어 바뀌는 경우도 있기는 하지만 그것은 극소수이다. 바뀔 수 있다면 숱한 부부 갈등이 생기지도 않았을 것이다. 처음에는 좀 바뀌는 듯해도 시간이 지나면서 바뀌지 않는다는 사실 때문에 갈등하고 헤어지게 되는 경우도 많다. 이렇게 다른 사람을 바꾸려 하는 것을 래리 크랩은 "조작하는 행동"이라고 표현했다. 그것은 다른 사람에게 죄책감을 갖게 해서 변화시키는 것으로 섬김의 목표와 맞지 않는다고 못 박는다.

그렇다면 어떻게 해야 하나? 하나님께 기도할 수밖에 없다. 하지만 우리는 거꾸로 기도하는 경우가 많다. 목표이기에 직접 행동하면 될 일에 대해서는 기도만 하고 행동하지 않는다. 반대로 상대방이 바뀌기를 바라는 욕구에 대해서는, 기도하지 않으면서 상대방에게 투덜대고 변화를 강요하다 싸움이 되는 경우가 허다하다. 누군가를 바꾸어 달라고 기도하는 것에 대해 죄책감이 들어서 기도는 못 하면서 자신이 뜯어고치려고 하는 아이러니한 일도 있다. 다른 사람의 욕구 성향은 바꿀 수 없다. 우리가 할 일은 불편함에 대해 기도하는 것뿐이다.

적용 질문 ??

1. '내가' 바뀌어야 할 부분에 대해 어떻게 기도하고 있고 어떻게 행동하고 있는가?

2. 다른 사람이 '바뀌기를 원하는 부분'에 대해 어떻게 행동하며 어떻게 기도하고 있나?

3. 자신이 원하는 것에 대해 어떻게 기도하고 있나? 간절한 기도와 하나님의 뜻대로 해 달라는 기도 사이에서 어떤 태도를 취하고 있는가?

4. 예수님의 기도에서 닮고 싶은 부분은 무엇인가?

나가며

서로의 욕구를 존중하는 분위기를 소망하며

스콧 펙의 『마음을 어떻게 비울 것인가』라는 책 서두에 나오는 이야기가 떠오른다. 쇠락해 가는 수도원에 남은 다섯 명의 수도사가 랍비에게 어떻게 해야 할지를 물었다. 그랬더니 랍비는 "당신들 안에 구세주가 있다"라는 말을 했다. 이후 그들은 누가 구세주일지 모르기 때문에 다른 사람을 각별히 존중하게 되고, 자기 자신도 존중하는 자세를 가지게 된다. 그 존중감이 뿜어져 나와 수도원 곳곳에 깃드니 오히려 많은 신자가 수도원을 찾아오게 되었다는 이야기이다. '존중하는 자세가 깃든 분위기'를 생각만 해도 아름답다.

필자는 욕구코칭이 존중하는 분위기의 작은 토대가 되기를 바란다. 나와 달라도 '이런 욕구라서 그렇구나' 하면서 존중하는 분위기가 이곳저곳에서 조금씩 늘어나기를 바란다. 하나님께서 각자를 다른 사람으로 만드셔서 공동체를 세워 가신다는 믿음이 공동체의 바탕이 되기를 바란다. "지극히 작은 자 하나에게 한 것이 곧 내게 한 것이니라"(마 25:40)라는 말씀처럼 상대방이 '예수'라는 마음으로 대하는 분위기가 교회 공동체와 가정 공동체에 충만하기를, 각자 속한 곳이 그런 마음으로 서로 존중하는 곳이 되기를 기도한다.

박사과정 교수님이 하셨던 말씀이 있다. "내가 하고 싶은 이야기가 있는지 자신의 생각을 존중해서 말해 보세요." 나를 존중한다는 것이 무엇인지도 우리는 잘 모른다. 내 생각을 존중해서 말해 보는 것도 존중이다. 욕구까지 존중해서 표현한다면 더 넓은 존중의 길이 될 것이다.

욕구의 조화가 필요하다

욕구에 맞게 대한다는 것이 소통에 큰 도움이 되지만, 인간은 하나의 욕구로 결정되는 존재가 아니다. 다섯 가지 기본 욕구라는 말답게 다섯 가지 욕구가 모두 존재하기 때문이다. 그렇다면 자유의 욕구가 많은 청소년과 청년들을 어떻게 대해야 할까? 그들을 자유로만 대해서는 성장과 변화가 없다. 그들의 욕구에 맞게 대한다고 아무것도 하지 않으면, 아무것도 되지 않고 남는 것도 없다. 무작정 기다리고 가만히 있으면 청소년이든 청년이든 움직이지 않는다.

교회의 한 리더를 본 적이 있다. 자유의 욕구가 높아서 웬만하면 멤버들을 기다려 주고 억지로 끌려 하지 않았는데 결국 모든 멤버가 나오지 않는 상황이 되었다. 한편, 내용만 좋다면 끌어내는 노력이 열매를 맺는 것을 본다. H라는 청년은 최근 청년부가 잘되고 있다는 곳으로 교회를 옮겼는데, 교회 청년부가 자신을 귀찮게 한다고 했다. 하지만 열심히 나간다. 한 번 모임을 하면 예배 후에도 두 시간은 기본이라고 한다. 초신자 교육도 몇 주간 따로 받아야 한다. 때로는 새벽기도에 청년들이 몰려 나가서 함께 기도하기도 한다. 그 외에도 모임이 많다. 토요일에 찬양모임이 월 1회 있고, 같이 축구하는 팀도 있고, 테니스 치는 팀도 있고, 영화 보는 팀도 있다고 한다. 희한한 것은 그렇게 귀찮게 함에도 청년부가 늘고 있다는 점이다.

왜 그럴까? 그 안에서 사귐이 있고, 삶을 공유할 수 있는 만남이 있고 즐거움이 있기 때문이다. 인간은 누구든 소속의 욕구가 있다. 귀찮아도 소속의 욕구가 채워지면 그 모임에 나오고 싶어진다. 또 사람들은 모두 즐거움의 욕구가 있다. 함께 즐거워할 수 있는 곳을 왜 마다하겠는가? 열정이 있는 곳에 함께하고 싶은 존재가 인간이다.

그렇다면 자유의 욕구를 어떻게 대해야 한다는 말인가? 일단 존중이 필요하다. 자유로운 영혼들을 인정해 주어야 한다. 그러나 그대로 두면 그들은 늘 귀찮아서 혼자이기를 꿈꾼다. 혼자보다 더 괜찮은 '함께함'을 만들어 주어야 한다. 여기서 조심할 것이 있다. 꼰대 행동이 없어야 한다. 어른들이 청년부에게 이래라저래라 하지 않음이 중요하다. "우리 때는 말이야"라면서 기준을 제시하지 않아야 한다.

자유로운 영혼들을 존중하되(자유) 내버려두지 않고 적절한 모임(사랑)으로 이끌며(힘) 놀이와 흥(즐거움), 그리고 열정이 있는 곳에는 누구든 참여하고 싶다. 즐거움이 있는 곳에는 누구든 갈 수 있다.

욕구 간 갈등이 당연한 공동체임을 인정하기

나아가 가정 공동체든 교회 공동체든 좋기만 할 수 없음을 인정하는 것이 우리 삶에 중요하다. 공동체란 다양한 욕구가 모두 필요한 곳이다. 각자 가진 욕구가 퍼즐처럼 맞춰져서 공동체가 만들어지는 것이다. 문제는 각자 욕구의 부정적인 면이 그대로 다 드러난다는 데 있다. 그러면 사람들은 교회가 어떻게 그럴 수 있냐고 한다. 그러나 교회는 그럴 수밖에 없다. 죄인들이 모인 곳이며, 성화되기 위해 모인 공동체이기에 부패하고 악한 모습이 그대로 드러날 수밖에 없다. 중요한 것은 그곳에서 하나님 나라를 만들어 가는 것이다. 이찬수 목사는 설교에서 "교회는 양과 염소뿐 아니라 사자와 이리, 뱀까지 다 있는 곳이기에 상처받지 않으려고 하면 안 된다"라고 하였다. 그 말에 동의한다. 상처는 당연하다. 그러함에도 하나님 나라를 꿈꾸면서 서로 존중하며 나아간다면, 사자와 어린양이 함께 뒹구는 하나님 나라를 조금이라도 우리 속에 만들어 갈 수 있지 않을까? 욕구로 접근하는 것이 하나님 나라를 만들어 가는 데 작은 도구로 쓰임받기를 바란다.

하나님 안에서 욕구를 코칭하라

우리의 신앙과 삶은 빛(긍정 방향) 가운데 있거나 어둠(부정 방향) 가운데 있을 수밖에 없다. 이 책을 읽으며 부정 방향이 있거나 많다면 깨닫게 하셨음에 감사하자. 부정적인 방향의 행동을 고치고 싶을 때 마냥 고치려 노력하기보다 행동하게 하는 힘인 욕구를 하나님 앞에서 다루는 것이 지름길이다. 세상을 이기신 주님을 힘입어 어둠의 영향에서 벗어날 수 있음을 믿음으로 바라보자. 기도함으로 우리의 욕구가 십자가를 통과하여 새롭게 회복되기를 소망한다.

이 책을 읽는 모든 분이 욕구코칭으로 자신과 상대방을 이해하게 되어 마음에 평화를 이루기를 기도한다. 욕구를 하나님이 원하시는 방향으로 잘 조절하며 채우는 방법도 찾게 되기를 소망한다. 욕구가 관계 속에서는 용납의 도구가 되고 판단하지 않는 힘으로 사용되기를 간절히 소망한다. 하나님은 외모를 보지 않으시고 우리의 마음과 중심을 보시는 분이시다(삼상 16:7). 하나님을 닮는 마음으로, 드러난 행동과 결과가 아니라 마음과 중심을 살피는 일을 욕구코칭을 통해 시작해 보길 권한다.

참고문헌

C. S. 루이스(2018), 『순전한 기독교』, 장경철·이종태 역, 홍성사.

그레엄 골즈워디(2009), 『복음과 하나님의 지혜』, 김영철 역, 성서유니온선교회.

김성경(2024), "성경적인 욕구이해를 통한 기독교 상담의 적용 연구", 『복음과 상담』, 32/1.

김성경·곽상경·정혜경(2019), 『소통왕 학부모를 부탁해』, 수업디자인연구소.

김준수(2012), "인간 동기의 심리학적 이론과 성경적 이해", 『복음과 상담』, 18권

김준수(2018), "수용전념치료의 심리적 유연성 분석과 기독교적 평가", 『ACTS 신학저널』, 36권

김창현(2013), 『아무것도 하지 않는 영성』, 예수전도단.

김현섭·김성경(2018), 『욕구코칭』, 수업디자인연구소.

나오미 글래서(1998), 『마음의 병을 고친 사람들 이야기』, 조성희 외 5인 역, 사람과사람.

대릴 반 통게렌(2024), 『겸손의 힘』, 신예용 역, 상상스퀘어.

데이비드 엘킨드(2008), 『놀이의 힘』, 이주혜 역, 한스미디어.

데이비드 올슨 외(2011), 『커플 체크업』, 김덕일·나희수 역, 학지사.

데이비드 폴리슨(2012), 『성경적 관점으로 본 상담과 사람』, 김준 역, 그리심.

래리 크랩(2018), 『분노』, 권영미 역, IVP.

로렌 휘트먼(2023), 『성경적 상담의 길잡이』, 박안나 역, 토기장이.

로렌스 크랩(1995), 『성경적 상담학 개론』, 전요섭 역, 아가페문화사.

로버트 스턴버그 외(2009), 『왜 똑똑한 사람이 멍청한 짓을 하는가』, 이영진·박영호 역, 21세기북스.

로버트 스턴버그 외(2010), 『지혜의 탄생』, 최호영 역, 21세기북스.

로버트 우볼딩(2016), 『현실치료 상담의 적용1』, 김인자 역, 한국심리상담연구소.

멕 애럴(2023), 『스몰 트라우마』, 박슬라 역, 갤리온.

모건 스콧 펙(2012), 『마음을 어떻게 비울 것인가?』, 박윤정 역, 율리시즈.

문요한(2018), 『관계를 읽는 시간』, 더퀘스트.

스티븐 아터번(2008), 『욕구 다스리기』, 안광현 역, 도서출판 소망.

스티븐 아터번·데브라 체리(2008), 『하나님이 허락하신 욕구』, 김태곤 역, 생명의 말씀사.

앤서니 후크마(1990), 『개혁주의 인간론』, 류호준 역, 기독교문서선교회.

양재혁(2015), "초등학생의 기본욕구와 사회성이 학교생활 적응에 미치는 효과", 「교육치료연구」, 7/3.

오스 기니스(2002), 『진리, 베리타스』, 김병제 역, 도서출판 누가.

오타 하지매(2020), 『인정받고 싶은 마음』, 민경욱 역, 웅진지식하우스.

윌리엄 글래서(2003), 『결혼의 기술』, 우애령 역, 하늘재.

윌리엄 글래서(2016), 『당신의 삶은 누가 통제하는가』, 김인자 역, 한국심리상담연구소.

유진 피터슨(2012), 『메시지 신약』, 김순현·윤종석·이종태 역, 복 있는 사람.

이경희(2023), 『욕망과 영성』, 비아토르.

이관직(1998), "잠언과 목회상담과의 관계: 잠언 1:1-7을 중심으로", 「신학지남사」, 65/4.

이관직(2017), 『성경으로 불안 극복하기』, 두란노서원.

이동귀·손하림·김서영(2021), 『네 명의 완벽주의자』, 흐름출판.

제럴드 메이(2005), 『중독과 은혜』, 이지영 역, IVP.

제인 넬슨·린 로트(2018), 『긍정의 훈육 청소년 편』, 김성환·정유진 역, 에듀니티.

제임스 스미스(2016), 『하나님 나라를 욕망하라』, 박세혁 역, IVP.

조미자(2019), 『불안』, 핑거.

찰스 F. 멜처트(2002), 『지혜를 위한 교육』, 송남순·김도일 역, 한국장로교출판사.

토머스 길로비치·리 로스(2018), 『이 방에서 가장 지혜로운 사람』, 이경식 역, 한국경제신문사.

팀 켈러(2017), 『팀 켈러의 내가 만든 신』, 윤종석 역, 두란노.

폴 트립·티모시 레인(2009), 『사람은 어떻게 변화되는가?』, 김준수 역, 생명의 말씀사.

할 스톤·시드라 스톤(2015), 『다락방 속의 자아들』, 안진희 역, 정신세계사.

교육디자인네트워크 (www.edudesign21.net)

교육디자인네트워크는 교육혁신을 위한 씽크 및 액션 탱크 역할을 지향합니다.

- 현장 교원과 연구자를 중심으로 따뜻한 전문가주의와 실천연구 조직
- 교사는 연수받는 존재에서 연구하고 공유하는 존재
- 이론과 경험, 정책과 현장, 교육과 연구, 초등과 중등의 이분법 극복
- 각 영역별 연결과 협업, 소통과 나눔이 있는 플랫폼 조직
- 학습공동체, 연구공동체, 역량공동체, 실천공동체
- 연구자, 학부모, 교원, 전문직원 등이 함께 어우러지는 공동체를 지향합니다.

현재 교육디자인네트워크에는 수업디자인연구소, 교육과정디자인연구소, 교육디자인리더쉽연구소, 교육정책디자인연구소, 부모교육디자인연구소, 보건교육디자인연구소, 비주얼러닝디자인연구소, 유아교육디자인연구소, 코칭디자인연구소 등 9개 연구소가 함께 하는 수평적인 플랫폼 조직입니다.

사단법인 교육디자인네트워크는
- 네트워크 협의회 운영을 통한 각 연구소별 소통과 협업, 연대 강화
- 성장단계별 아카데미 공동 운영
   (예 : 새내기, 수석교사, 전문직원, 학부모 등)
- 연구소의 연구 및 실천 성과 홍보
   (예: 뉴스레터, 블로그, 페이스북 페이지 등)
- 논문과 보고서, 저서를 통한 출판 운동
- 각 연구소의 콘텐츠를 결합한 학교혁신 운동
- 분야별 컨설팅(예 : 연구, 수업 등)
- 정기모임을 통한 학습
- 각 연구소 사업 홍보 및 지원 등의 사업을 추진하고 있습니다.

앞으로 뜻을 같이 하는 사람들과 단체와의 협력을 하면서 교육 혁신의 꿈을 함께 이루어가고자 합니다.

- 서울 광화문센터 : 서울특별시 종로구 세종대로23길 47
   미도파빌딩 411호
- 군포 대야미센터 : 경기도 군포시 대야2로 147, 201호
- 연락처 : 변미정 실장 (031-502-1359), eduhope88@naver.com

욕구코칭연구소

Spring Center

- spring(샘) : 메마르고 지친 이들에게 샘 같은 공간
- spring(봄) : 봄의 약동하는 에너지를 얻는 공간
- spring(도약) : 아픔과 상처, 한계를 뛰어넘는 공간

부모교육디자인연구소

부모교육디자인연구소는 교육의 주체인 부모들의 내면과 부부 관계, 자녀 관계를 회복할 뿐 아니라 교사와 협력 소통할 수 있도록 돕는 성장의 공간입니다.

1. 부모와 자녀 소통 세미나
2. 부부관계 회복 및 역할 배움 세미나
3. 부모와 교사 소통 세미나
4. 개인 상담, 부모자녀관계 상담, 자녀상담

욕구코칭연구소

인간 내면의 깊은 욕구를 통해 자신과 상대방 나아가 관계 속 갈등에 대한 이해를 넓힐 수 있도록 강의와 집단세미나, 연구, 집필로 가족, 학교, 직장, 공동체를 돕는다.

1. 욕구코칭 강의

   ① 영역 : 놀이, 진로, 학습코칭, 교사부모소통, 인성교육, 관계 기술, 리더십, 문제행동 대처법, 격려법, 재정활용, 내면 딜레마, 직장 내 갈등, 그림책

   ② 강의대상 : 학부모, 교사, 학생, 직장인, 공동체, 부부, 부모 자녀, 코치, 목회자 등 자기 이해를 원하는 분, 갈등을 해석하기 원하는 분, 다른 사람을 돕기 원하는 분 누구나

2. 욕구코칭 전문강사 양성 프로그램

    기본(8시간) → 심화(30시간) → 전문(30시간)
    2급, 1급 민간자격과정 (수익의 30%는 사회환원)

3. 욕구코칭연구회 모임(전문과정 수료자 대상)

    - 연구물 발표, 두레박 모임 운영, 컨퍼런스, 엠티
    - 전문강사 출강 – 단위학교 학생 대상 욕구코칭 프로그램 운영
    - 강사역량 강화를 위한 스터디 모임, 보수 강의 진행

4. 교사대상 원격연수 탑재 : 욕구코칭(아이스크림), 관계수업(티처빌), 소통왕 학부모를 부탁해(비바샘)

김성경 소장

- 연락처 : 010-7714-1359
- 이메일 : chogirl88@naver.com
- 네이버 블로그 욕구코칭연구소
- 페이스북 욕구코칭연구소
- 인스타그램 chogirl88

수업디자인연구소
INSTRUCTION DESIGN INSTITUE

수업디자인연구소(www.sooupjump.org)는
수업 혁신과 교사들의 수업 성장을 돕기 위해 수업 관련 콘텐츠를
지속적으로 연구 개발하고, 연수와 출판을 통해 콘텐츠를 확산하고,
수업 전문가를 지속적으로 양성하고
수업공동체 운동을 지원하고자 합니다.

활동 방향

1. 수업 혁신을 위한 다양한 콘텐츠 개발 및 보급
2. 지속적인 수업 성장을 위한 수업 코칭 활동
3. 수업 전문가 양성
4. 수업공동체 지원 및 좋은 학교 만들기 활동
5. 교육디자인네트워크 활동 및 교육관련 단체들과의 연대 활동

활동 내용

1. 수업 혁신 콘텐츠 개발 연구
   (질문이 살아있는 수업, 수업공동체 만들기, 철학이 살아있는 수업 등)

2. 수업 혁신 콘텐츠 보급 (출판 및 학습도구 제작 등)

3. 외부 연구 프로젝트 추진

   (교육부 주관 인성교육 및 자유학기제 자료 개발, 비상교육 주관 질문이

   살아있는 교과수업 자료집 시리즈 등)

4. 교원 대상 연수 활동

   (서울 강남, 경기 광명, 구리남양주, 군포교육지원청 등 주관 연수,

   각종 교사학습공동체 및 일선 학교 대상 연수,

   온라인 원격 연수(티스쿨원격연수원, 티쳐빌원격연수원 등))

5. 수업 혁신 콘텐츠 온라인 홍보

   (홈페이지, 블로그 및 각종 SNS 활동 등)

6. 수업 전문가 양성 프로그램

   (수석 교사 및 일반 교사 대상 수업 디자이너 아카데미 운영)

7. 수업콘서트(교사들을 위한 수업 이벤트)

8. 수업 코칭 활동

   (개별 및 단위학교, 교육청 주관 수업코칭 프로그램 수업코치 및 헤드코치)

9. 교사 힐링 캠프(교사 회복 프로그램)

10. 학교 내 교사학습공동체 지원 및 외부 교육 단체 및 기관연대

변미정 실장

• 연락처 : 031-502-1359   • 이메일 : eduhope88@naver.com